Mailand

Beate Giacovelli

1. Auflage 2020

Inhalt

Orientiert in Mailand

Stadt und Stadtviertel ■ S. 10 | Sightseeing-Klassiker ■ S. 12 | Sightseeing-Alternativen ■ S. 14 | Essen gehen ■ S. 16 | Shopping ■ S. 18

Wege durch Mailand

Das Herz der Stadt

Tour 1: Der Mailänder Dom

Ausgehend vom Wahrzeichen der Stadt führt die Tour durch die Galleria Vittorio Emanuele II zum weltberühmten Teatro alla Scala, zu prächtigen Museen und versteckten Plätzen.

■ **S. 22**

Im Modemekka

Tour 2: Rund um das Quadrilatero d'Oro

Der Streifzug durch das berühmteste Modeviertel der Welt, in dem die Elegantesten der Eleganten anzutreffen sind, führt zu Mailands ältestem Park und in das beschauliche „Viertel der Stille".

■ **S. 40**

Eine Burg für Kunstliebhaber

Tour 3: Rund um das Castello Sforzesco

Auf der noblen Fußgängerzone Via Dante mit schicken Läden und Straßencafés flaniert man schnurgerade auf die zinnenbekrönte Festung zu, die sich mitten in der Stadt erhebt und mehrere großartige Museen beherbergt.

■ **S. 52**

Vom Bohème-Viertel in die Moderne

Tour 4: Brera und Porta Nuova

Vom einstigen Künstlerviertel mit vielen Galerien, Vintage-Läden, Bars und Restaurants geht es zur futuristischen Piazza Gae Aulenti mit preisgekrönten Wolkenkratzern und vertikalem Wald.

■ **S. 68**

Unterwegs mit

Beate Giacovelli

Jahrgang 1967, aufgewachsen in Wien, absolvierte ein Kolleg an der Österreichischen Medienakademie „Kuratorium für Journalistenausbildung" und war anschließend als Redakteurin und Chefin vom Dienst beim Magazin Reisen tätig. Während eines vierjährigen Aufenthaltes in Schottland lernte sie ihren italienischen Mann kennen und lebt seit 2003 in der Lombardei, vor den Toren Mailands. Von hier aus recherchiert und schreibt sie Reportagen für Reisemagazine. 2012 erschien ihr Erstlingswerk „111 Gründe, Italien zu lieben" im Schwarzkopf & Schwarzkopf Verlag, 2016 kam „111 Orte am Comer See, die man gesehen haben muss" im Emons Verlag heraus.

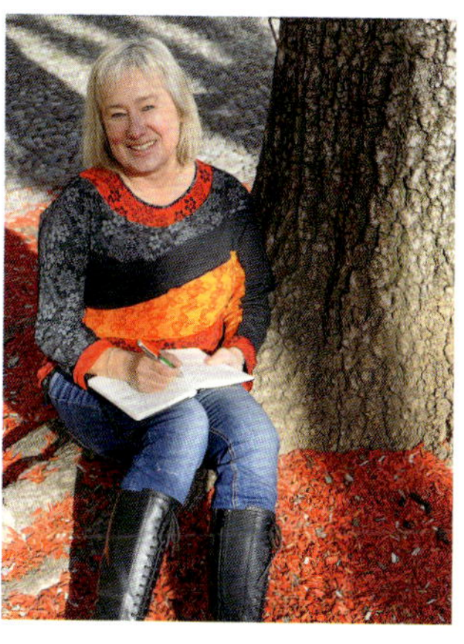

Was für eine Stadt!, dachte ich, als ich 2003 vor die Tore Mailands zog. Ich war fasziniert vom „anderen" Italien, dem pulsierenden Italien des 21. Jahrhunderts. Während sich viele schöne Städte in altem Glanz sonnen, ist Mailand ständig in Bewegung. Die Metropole wächst in die Höhe, man sieht es ihr von Weitem an: Sie hat eine radikal veränderte Skyline, wuchtig und hoch, erschaffen von den besten Architekten der Welt. Spektakuläre Museen eröffneten, Ex-Schwerindustrie-Orte verwandelten sich in Künstlerviertel, dazwischen sprießen zeitgenössisch gestaltete Grünflächen und gerade wird die neue U-Bahn-Linie M4 gebaut.

Nach all den Jahren liebe ich es immer noch, ziellos durch das Künstlerviertel Brera oder entlang der Navigli, der antiken Kanäle, zu flanieren, wo ich in originellen Galerien und Läden stöbere oder mir mit Freunden einen *aperitivo* in einer der urigen Kneipen direkt am Wasser gönne. Keine Frage, Mailand ist auch hektisch und laut bis spät in die Nacht, und doch gibt es verträumte Winkel wie die prächtige Casa Atellani mit noch erhaltenem Weingarten von Leonardo da Vinci. Il Sole 24 Ore, ein seriöses Wirtschaftsblatt, erkor Mailand 2018 zur italienischen Stadt mit der höchsten Lebensqualität. Zu Recht, wie ich finde: Milano é bellissima! Das entdeckt jedoch nur, wer sich auf den Weg macht.

Buon viaggio!

Was haben Sie entdeckt?

Haben Sie ein besonderes Restaurant, ein neues Museum oder ein freundliches Hotel entdeckt? Wenn Sie Ergänzungen oder Tipps zum Buch haben, lassen Sie es uns bitte wissen!

Schreiben Sie an: Beate Giacovelli, Stichwort „Mailand" |
c/o Michael Müller Verlag GmbH | Gerberei 19, D – 91054 Erlangen |
beate.giacovelli@michael-mueller-verlag.de

Tour 1

Der Mailänder Dom

Tour 2

Rund um das Quadrilatero d'Oro

Tour 3

Rund um das Castello Sforzesco

Tour 4

Brera und Porta Nuova

Tour 5

Rund um Sant'Ambrogio

Tour 6

Die Navigli

Ziele rund um die Innenstadt

Ausflüge rund um Mailand

Bergamo ■ Monza ■ Crespi d'Adda ■ Cremona ■ Brescia ■ Certosa di Pavia und Pavia

Nachlesen & Nachschlagen

Sprachführer ■ Verzeichnisse

Kirchen, Klöster und Museen

Tour 5: Rund um Sant'Ambrogio

Ein Stadtviertel mit vielfältigen Attraktionen, darunter Leonardo da Vincis weltberühmtes „Abendmahl", versteckte Kirchen und Kreuzgänge sowie das größte Museum für Wissenschaft und Technik Italiens.

■ S. 84

Mailand am Wasser

Tour 6: Die Navigli

Die Tour führt vom Dom über die Einkaufsstraßen Via Torino und Corso di Porta Ticinese zu den Navigli, deren stets belebte Ufer zum Stöbern in Galerien oder zum Bummel durch die zahlreichen Kneipen verlocken.

■ S. 94

Ziele rund um die Innenstadt

Ausflüge rund um Mailand

Was haben Sie entdeckt?

Haben Sie ein besonderes Restaurant, ein neues Museum oder ein schönes Hotel entdeckt? Wenn Sie Ergänzungen oder Tipps zum Buch haben, lassen Sie es uns bitte wissen!

Schreiben Sie an: Beate Giacovelli, Stichwort „Mailand“ |

c/o Michael Müller Verlag GmbH | Gerberei 19, D – 91054 Erlangen |

beate.giacovelli@michael-mueller-verlag.de

nachhaltig, ökologisch, regional

meinTipp Die besondere Empfehlung unserer Autorin

Straßenkunst belebt den Corso Garibaldi

Orientiert in Mailand

Stadt und Stadtviertel ■

Sightseeing-Klassiker ■

Sightseeing-Alternativen ■

Essen gehen ■

Shopping ■

Orientiert in Mailand

Stadt und Stadtviertel

Mailand, Hauptstadt der Lombardei, ist zwar nur die zweitgrößte, aber sicherlich die wohlhabendste Stadt Italiens und in vieler Hinsicht die heimliche Hauptstadt. Die Industrie- und Geschäftsmetropole gilt außerdem als Banken-, Medien- und Modezentrum des Landes. Die Stadt misst 182 km², auf denen 1,4 Millionen Menschen zu Hause sind.

Lebensqualität

Die Wirtschaftszeitung *Il Sole 24 Ore* kürte Mailand 2018 zur Stadt mit der höchsten Lebensqualität in Italien.

Die besten Architekten der Welt verliehen der Metropole einen neuen Look.

Historischer Stadtkern

In Mailand kann man sich leicht orientieren. Die Stadt ist in neun Stadtbezirke *(municipi)* unterteilt, von denen hauptsächlich das *Municipio 1 Centro storico*, historisches Zentrum, touristisch bedeutsam ist. Herz und Mittelpunkt der Stadt ist der Duomo Santa Maria Nascente. Vom Dom sind es durch die prächtige Galleria Vittorio Emanuele II nur wenige Schritte zum Opernhaus Teatro alla Scala und von hier nur ein Katzensprung in das Quadrilatero d'Oro, eines der berühmtesten Modeviertel der Welt, oder in das ehemalige Künstlerviertel Brera mit der Pinakothek. Mailand können Sie sich erlaufen: Die meisten Ziele sind vom Dom aus in weniger als einer halben Stunde zu Fuß zu erreichen, auch die Navigli, die antiken Wasserkanäle, wo nachts das Leben tobt.

Ringe der Stadt

Ein Blick auf den Stadtplan lässt nachvollziehen, wie sich die Metropole im Laufe der Jahrhunderte in konzentrischen Ringen ausgehend vom Domplatz ausdehnte. Der heutige innere Ring, die **Cerchia dei Navigli,** erhielt seinen Namen von dem *naviglio*, Kanal, der genau dort floss, wo sich einst die mittelalterlichen Stadtmauern erhoben. Noch stehen einige der alten Stadttore wie die Porta Ticinese auf dem gleichnamigen Corso oder die Porta Nuova auf der Via Manzoni. Bis in die 1930er-Jahre lagen einige der Kanäle zum Beispiel in der Via Fatebenefratelli oder der Via San Marco noch offen. Heute ist dort ein Parkplatz und zweimal in der Woche ein Markt.

Der zweite Kreis lässt sich ebenfalls gut auf der Karte erkennen: die **Cerchia delle mura spagnole** (oder Cerchia dei Bastioni), der spanische Verteidigungsgürtel aus dem 16. Jh., der an der Porta Romana noch teilweise sichtbar ist. Wer mit der Tram-Linie 9 vom Hauptbahnhof zu den Navigli fährt, entdeckt noch Mauerreste. Ende des 19. Jh. wuchs Mailand um einen weiteren Ring, die Circonvallazione esterna, die heute größtenteils von Buslinien befahren wird.

Ein neues Mailand entsteht

Mailand hat sich in den vergangenen Jahrzehnten stark verändert, man sieht es der Stadt schon von Weitem an. Noch bis nach der Jahrtausendwende ragten nur vereinzelt Bauwerke mit über 100 m Höhe aus dem Dächermeer, heute reckt sich im ehemals heruntergekommenen Viertel Porta Nuova eine komplett neue Skyline mit grandiosen Glas- und Stahltürmen in den Himmel, die meisten noch keine zehn Jahre alt. Auf der kreisrunden Piazza Gae Aulenti funkeln die geschwungenen Glasbauten des Torre UniCredit, des mit 231 m höchsten Gebäudes Italiens. Das Stadterneuerungs-Projekt Porta Nuova, eines der größten Europas, erhielt 2018 den MIPIM-Award – den „Oscar der Immobilienbranche" – in der Kategorie „Best Urban Regeneration Project".

Und es wird weiter gebaut, geplant, gegraben: Zurzeit wächst die Stadt auf dem ehemaligen Messegelände „Ex-Fiera" in die Höhe. Stararchitekten wie Zaha Hadid, Daniel Libeskind und Arata Isozaki entwarfen das Quartier City Life, eine Mischform aus Geschäfts- und Wohnbebauung: elegante Wohnsiedlungen, die sich um drei spektakuläre Wolkenkratzer gruppieren, umgeben von einem rund 170.000 m² großen, von Wasserläufen durchzogenen Park mit Tausenden Bäumen und installierten Kunstwerken.

Mailands U-Bahn-Netz erhält eine neue, fünfte Linie: Die Metro M4 (blau) soll ab 2021 den Stadtflughafen Linate mit dem Zentrum verbinden und bis zum Stadtgebiet Lorenteggio reichen. Großbaustellen begegnen Sie z. B. auf der Piazza San Babila oder vor der Basilica Sant'Ambrogio.

Grünes Mailand

Mailand legt immer mehr Wert auf Begrünung: Sehenswert ist die 2018 eingeweihte Biblioteca degli Alberi im Stadtviertel Porta Nuova. Direkt daneben thront der Bosco Verticale (vertikaler Wald): zwei preisgekrönte Wohntürme, an deren Außenfassaden Tausende Bäume, Büsche und Pflanzen wachsen. Beliebte Ruheoasen sind der Parco Sempione hinter dem Castello Sforzesco mit Aussichtsturm, Sportarena und Aquarium, die Giardini Pubblici Indro Montanelli, die sich mit einem sehenswerten Museum für Naturgeschichte und dem Planetarium zwischen dem Corso Venezia und den Schutzwällen der Porta Venezia erstrecken, sowie das Kleinod Giardini di Villa Reale mit kleinem See direkt gegenüber, einer der ersten „Englischen Gärten" Mailands.

Orientiert in Mailand

Sightseeing-Klassiker

Mailänder Dom, Teatro alla Scala, Galleria Vittorio Emanuele II, Castello Sforzesco, „Abendmahl" von da Vinci, ganz zu schweigen von den hochkarätigen Museen – Mailand quillt fast über vor Sehenswürdigkeiten, die meisten davon nah beieinander und vom Domplatz gut zu Fuß erreichbar.

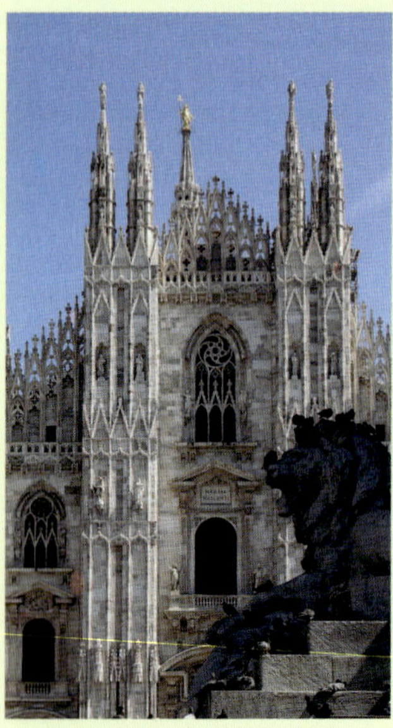

Ein besonderes Erlebnis ...

... ist es, dem Mailänder Dom aufs Dach zu steigen: Von den Domterrassen blickt man durch einen Wald filigraner Turmspitzen und Tausender Figuren auf die ganze Stadt und ihre ultramoderne Skyline – bei schönem Wetter bis hin zu den Alpen.

Mailands Herz

▪ **Duomo di Santa Maria Nascente:** Ein Mailandbesuch beginnt immer auf dem Domplatz, auf dem sich die gotische Kathedrale mit der vergoldeten *Madonnina*, Madonna, auf der Spitze erhebt. Ein Meisterwerk aus Marmor, geschmückt mit unzähligen Statuen und Türmen sowie spektakulärem Inneren. Kommen Sie früh am Morgen, andernfalls müssen Sie wegen strenger Sicherheitskontrollen am Eingang mit teils langen Warteschlangen rechnen. → Tour 1, S. 26

▪ **Galleria Vittorio Emanuele II:** *Salotto*, Salon, nennen die Mailänder die über 150 Jahre alte Einkaufspassage gleich neben dem Dom, unter deren prunkvoller Glaskuppel sich Luxusboutiquen, historische Läden, Restaurants sowie Heerscharen an Touristen versammeln. Ein Highlight: die Bar *Camparino*, geschmückt mit Jugendstilmosaiken – hier schenkte Davide Campari 1867 zum ersten Mal seinen knallroten Aperitif aus. → Tour 1, S. 30

Große Oper ...

▪ **Teatro alla Scala:** Legendärer Operntempel, in dem Werke von Verdi, Rossini, Bellini oder Donizetti erklangen und Stimmen erhabener Diven wie der Callas und der Trebaldi ertönten. Falls Sie keiner Aufführung beiwohnen können, besichtigen Sie unbedingt das Museo Teatrale alla Scala, zu dessen Besuch ein Blick in das innen prächtig ausgestattete Theater und auf die Bühne gehört. → Tour 1, S. 31

... und Modemekka

▪ **Quadrilatero d'Oro:** In einem Karree aus vier Straßen, die berühmteste ist die Via Monte Napoleone, reihen sich Edelboutiquen und Flagship-Stores namhafter Modezaren dicht an dicht. Hier kann man entspannt flanieren und den *ultimo grido*, den letzten Schrei, der Modewelt in opulent dekorierten Schaufenstern bestaunen. Shopping als exklusives Vergnügen. → Tour 2, S. 40

Eine Burg mitten in der Stadt

■ **Castello Sforzesco:** Die zinnenbekrönte Burg, einst Sitz des Visconti-Clans und der Sforza-Fürsten, beherbergt zahlreiche interessante Museen und liegt eingebettet im Parco Sempione, dem größten Park der Stadt, in dem sich viele Sehenswürdigkeiten verbergen – hier wimmelt es stets von Touristen. → Tour 3, S. 59

Viel besuchte Museen

■ **Pinacoteca di Brera:** Eine der wertvollsten Gemäldesammlungen Italiens, sie profitierte von Napoleons konfiszierten Kunstwerken aus ganz Norditalien. In den kürzlich renovierten Sälen sind Meisterwerke von Raphael, Andrea Mantegna, Giovanni Bellini und vielen mehr zu sehen. → Tour 4, S. 72

■ **Pinacoteca Ambrosiana:** Nehmen Sie sich ausreichend Zeit für die in 24 Sälen ausgestellten Kunstwerke, zu deren Highlights der „Der Obstkorb" von Caravaggio oder das „Porträt eines Musikers" von Leonardo da Vinci zählen. → Tour 6, S. 101

■ **La Triennale:** Das Design-Museum inmitten des Parco Sempione beherbergt u. a. die bedeutendste Sammlung italienischen Designs der Moderne Italiens. Mit interessanten Wechselausstellungen, Designer-Café und Bookshop ein Ort der Inspiration. → Tour 3, S. 63

Auf den Spuren von Leonardo da Vinci …

■ **Das „Abendmahl":** Leonardo da Vinci malte die berühmteste Abendmahlszene der Welt – seit 1980 UNESCO-Weltkulturerbe – an die Wand im Refektorium eines Klosters. Für den Besuch des Freskos ist eine Reservierung obligatorisch, für Wochenenden am besten Monate im Voraus. → Tour 5, S. 90

… und des Stadtheiligen Ambrosius

■ **Basilica di Sant'Ambrogio:** Hier schlägt Mailands spirituelles Herz. In dem Gotteshaus, das auf das Jahr 379 zurückgeht und dem Stadtheiligen Ambrosius geweiht ist, finden viele Hochzeiten und Taufen statt. In der Kapelle San Vittorio in Ciel d'Oro kann man u. a. das einzige authentische Bild des Sant'Ambrogio bestaunen. Auf der Piazza Sant'Ambrogio vor der Kirche feiern Studenten der nahen „Università Cattolica del Sacro Cuore" gerne ihren Uni-Abschluss bei Prosecco und mit Lorbeerkranz im Haar. → Tour 5, S. 88

Orientiert in Mailand

Sightseeing-Alternativen

Mailand hat viel mehr zu bieten als den Duomo oder die Scala. In der Metropole locken viele unbekanntere Ecken und Glanzlichter, die nur unweit der Haupttouristenpfade liegen. Die Auswahl an alternativen Sehenswürdigkeiten fällt schwer. Hier finden Sie meine persönlichen Favoriten.

Kunst, Design und Mode

Interessante Dauer- sowie temporäre Ausstellungen zeitgenössischer Kunst und Architektur sind in der **Fondazione Prada** (→ S. 115) oder im Pirelli **HangarBicocca** zu sehen (→ S. 116). In den **Armani-Silos** können Sie Giorgio Armanis spektakuläre Kollektionen bestaunen (→ S. 112).

Flanieren an alten Ufern ...

■ **Navigli-Viertel:** Mailänder lieben es, entlang der mittelalterlichen Kanäle zu spazieren. Neben Kneipen und Restaurants direkt am Wasser warten hier, versteckt in Innenhöfen, kleine Künstlerateliers, Boutiquen und originelle Läden darauf, entdeckt zu werden. Am Wochenende wird es immer sehr voll. → Tour 6. S. 94

... und auf futuristischen Plätzen

■ **Piazza Gae Aulenti:** Dominiert wird das „Herz des modernen Mailands" im Viertel Porta Nuova vom 231 m hohen Torre UniCredit, Italiens höchstem Gebäude, in dessen Glasfassade sich das preisgekrönte Hochhaus Bosco Verticale und die 2018 eröffnete Biblioteca degli Alberi, ein zeitgenössischer, öffentlich zugänglicher botanischer Garten, spiegeln. → Tour 4, S. 77

Museen in zweiter Reihe

■ **Gallerie d'Italia:** Eine fantastische Gemäldesammlung schräg gegenüber dem Teatro alla Scala. Spektakulär sind allein die eleganten Säle der drei miteinander verbundenen klassizistischen Stadtpaläste. Zu sehen sind Werke italienischer Künstler aus dem 19. und 20. Jh. Besonders interessant sind die alten Stadtansichten. → Tour 1, S. 33

■ **Museo del Novecento:** Das Museum für Kunst und Malerei des 20. Jh. ist im prächtigen Palazzo dell'Arengario beherbergt. Hier atmet man eine Atmosphäre von Kunst, Kultur und Schönheit. Schon die elliptische Rampe im Inneren und der wundervolle Blick auf den Mailänder Dom vom obersten Stockwerk sind einen Besuch wert. → Tour 1, S. 30

■ **Mudec:** Dieses Museum der Weltkulturen auf dem Gelände der ehemaligen

Ansaldo-Fabrik wurde vom britischen Architekten David Chipperfield gestaltet. Zu sehen sind über 7000 Objekte, darunter Gemälde, Textilien, Musikinstrumente aus aller Welt. Dazu gibt es spannende Wechselausstellungen, allein die Architektur des Museums lohnt einen Besuch. → Ziele rund um die Innenstadt, S. 112

■ **Museo Mangini Bonomi:** Alte Knöpfe, Kanonenkugeln, Eierbecher, Hörapparate, Rasierklingen, Spucknäpfe, Zaumzeuge, Schirme, Heizkörper und vieles mehr – wer sich für teils kuriose Alltagsgegenstände verschiedener Epochen interessiert, ist hier richtig. Das Museum ist eine kleine Schatzkiste. → Tour 6, S. 101

■ **Laboratorio Ansaldo:** In der Nähe der Navigli befinden sich die Bühnenwerkstätten der Mailänder Scala, im einstigen Ansaldo-Stahlwerk. Künstlern und Handwerkern zuzusehen, wie sie Bühnenbilder in Hallen so groß wie Fußballfelder kreieren, ist ein faszinierendes Erlebnis. → Ziele rund um die Innenstadt, S. 112

Sehen und staunen

■ **Cimitero Monumentale:** Dass reiche Mailänder großen Wert auf pompöse Grabstätten legten, offenbart sich bei einem Gang über den Monumentalfriedhof. Dort ruhen zahlreiche Prominente aus Politik, Kunst und Kultur unter originellen Grabmälern und Installationen. Ein Museum unter freiem Himmel – hier kann man problemlos einen halben Tag verweilen. → Ziele rund um die Innenstadt, S. 118

■ **Le Cinque Vie:** Streifen Sie durch die Cinque Vie (fünf Straßen), eines meiner Lieblingsviertel, in unmittelbarer Nähe zur lauten Via Torino. Hier befinden Sie sich im antiken Herzen der Stadt mit engen Gässchen, kleinen Plätzen, alten Kirchen, Künstlerateliers, Traditionsläden und Überresten aus römischer Zeit. → Tour 6, S. 110

Mailand von oben

■ **Torre Branca:** 108 m hoch ist der filigrane Turm im Parco Sempione, der 1933 anlässlich der Triennale in nur zweieinhalb Monaten nach Plänen des Architekten Giò Ponti errichtet wurde. Ein Fahrstuhl bringt Sie auf eine Aussichtsplattform, von der Sie einen tollen Blick über die Stadt und auf Mailands ultramoderne Skyline haben. → Tour 3, S. 62

■ **Castello Sforzesco:** Nicht versäumen sollten Sie eine Führung hinauf auf die Zinnentürme des Castello Sforzesco. Von hier können Sie die gesamte Burganlage mit ihren Innenhöfen, großem Schlosspark und Arco della Pace besichtigen sowie einen schönen Blick über die Dächer der Stadt genießen. → Tour 3, S. 59

Essen gehen

Italien ist ein Paradies für Gourmets, da macht auch die wahre *cucina milanese*, die oftmals aus deftigen, traditionellen Gerichten besteht, keine Ausnahme. *Mangiare e bere bene*, gut essen und trinken: Darauf legen Mailänder Wert – wie alle Italiener.

Informationen zur mailändischen Küche finden Sie ab S. 138.

Ausführliche Restaurantbeschreibungen gibt es jeweils am Ende einer Stadttour.

Eine Liste aller Restaurants finden Sie ab S. 182.

Mailändische Küche

Die Po-Ebene vor den Toren der Stadt ist Zentrum der italienischen Rinderzucht und Schweinemast, seit dem 15. Jh. wächst hier auch *riso* – Italien ist Europas größter Reisproduzent. Daher ist die wahre *cucina milanese*, mailändische Küche, ausgesprochen deftig, reis- und fleischlastig. Das gastronomische Angebot in Mailand ist jedoch breit gefächert, Restaurants mit toskanischen, sizilianischen, piemontesischen oder apulischen Spezialitäten lassen kaum Wünsche offen. Zu all der Vielfalt findet sich auch der passende Wein, z. B. Schaumwein nach Champagnerart aus der nahen Franciacorta, Weine aus dem Anbaugebiet Oltrepò Pavese südlich von Pavia oder rote Tropfen aus der Valtellina, dem Veltlin.

Die Lokale

Es gibt in Mailand teure Gourmettempel mit berühmten Sterne-Köchen, aber auch gute und günstigere Lokale. Ristorante, Trattoria, Osteria – die Unterschiede verwischen zusehends. Hinter mancher schlicht erscheinenden Trattoria kann sich z. B. ein nobles Restaurant verbergen. Generell kann man sagen, dass ein Ristorante für gehobene, eine Pizzeria für eher günstigere Preise steht. Trattoria oder Osteria sind meist vergleichbar mit einer deutschen Gaststätte. Viele Lokale in Mailand rücken Tische ins Freie, selbst im Herbst und Winter kann man bei schönem Wetter unter Heizpilzen draußen essen.

Morgens eilig, mittags leicht, abends opulent

Das Ritual fast aller Mailänder ist jeden Morgen das gleiche: *caffè*, Espresso, oder *cappuccino* im Stehen (für Getränke serviert am Tisch gibt's einen Aufschlag) in der Bar um die Ecke. Dazu eine *brioche*, gefüllt z. B. mit *crema* oder *cioccolato*.

Mittags bevorzugen die Mailänder ein leichtes Mittagessen: einen *insalatone*, großen Salat, oder ein fantasievoll belegtes Brötchen aus einer *paninoteca* oder einer *prosciutteria*. Viele (selbst teure) Lokale bieten mittags ein günstiges *menù a prezzo fisso* (auch: *menu turistico)* zu einem Fixpreis (ab ca. 15 €) an. Man wählt z. B. *primo e contorno* (Vorspeise plus Beilage), *secondo e contorno* (Hauptspeise mit Beilage) oder *un piatto unico* (kleine Portionen einer Vor- und Hauptspeise auf einem Teller). Im Preis inbegriffen: wahlweise Wasser oder ein Glas Wein, Espresso, *coperto* (Zuschlag für Brot und Gedeck). Wer *alla carta* speist, muss tiefer in die Tasche greifen.

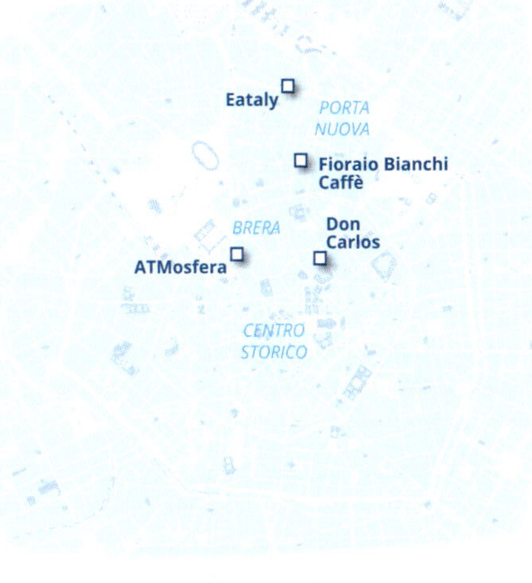

Den Feierabend läuten Mailänder mit einem *aperitivo*, Aperitif, ein, anschließend schlemmt man in den Lokalen meist ausgiebiger, *la cena*, das Abendessen, kann Stunden dauern und geht über mehrere Gänge: *antipasto* (Vorspeise), *primo* (erster Gang), *secondo* (zweiter Gang) mit *contorno* (Beilage), *dolce* (Dessert), *caffè* und *digestivo* (Digestif). Traditionell essen zu gehen ist richtig teuer, vor allem in der Innenstadt. Zu zweit ist man schnell 80 € und mehr los. Entfernt man sich etwas vom Zentrum, nehmen Preise und die Gefahr, in eine Touristenfalle zu tappen, ab.

5 Tipps für 5 Abende

■ **„Eataly" – Slow Food und da Vincis „Abendmahl":** Wer sich auf der Website des Gourmet-Tempels Eataly anmeldet, kann Leonardo da Vincis „Abendmahl" exklusiv besichtigen, wenn das Museum bereits geschlossen ist, anschließend im Eataly-Store Slow Food auf höchstem Niveau probieren und am „social table" gleich neue Leute kennenlernen. → Tour 4, S. 76

■ **„ATMosfera" – Feine Küche in der Tram:** Abendessen in einzigartiger Atmosphäre in historischen, nostalgisch eingerichteten Straßenbahnen, die zu rollenden Restaurants umfunktioniert wurden. Man genießt beim gleichzeitigen Sightseeing ein Spitzenmenü. → Tour 3, S. 66

■ **„Fioraio Bianchi Caffè" – Speisen im Blumenladen:** Hier gibt's italienische Küche mit französischen Einflüssen. Man tafelt zwischen duftenden Blumensträußen im Vintage-Ambiente des historischen Blumenladens Fioraio Bianchi. → Tour 4, S. 79

■ **„Le Cesarine" – Zu Gast bei Fremden:** Hobbyköche laden via Website Urlauber zum selbstgekochten Menü in die eigene Wohnung ein. Man kann in einheimische Kochtöpfe blicken und auf Wunsch authentische mailändische Küche probieren. → S. 143

■ **„Don Carlos" – Dinieren im Grand Hotel:** Das Restaurant im Grandhotel et de Milan huldigt dem Komponisten Verdi, man genießt italienische Küche auf höchstem Niveau umgeben von Gemälden, Bildern und Skizzen aus der Welt der Oper. → Tour 1, S. 37

Orientiert in Mailand

Shopping

Für Fashionistas ist die Modehauptstadt Mailand ein Eldorado: Kleidung, Schuhe und Accessoires sind in teils opulenten Schaufenstern von Boutiquen, Showrooms, Concept Stores oder Outlets wie Kunstwerke in Szene gesetzt.

I Saldi! Schlussverkauf!

Beim Sommerschlussverkauf ab dem ersten Samstag im Juli oder im Winterschlussverkauf nach dem 6. Januar lassen sich Designer-Schnäppchen mit Preisnachlässen von 30 bis 70 % finden. Über alle Termine und Events der Fashion-Szene informiert die Nationale Handelskammer der Mode in Mailand: www.cameramoda.it/en.

Shoppingtipps in den einzelnen Vierteln finden Sie am Ende jeder Tour.

Eine Liste der im Buch genannten Läden finden Sie ab S. 184.

Modehauptstadt Mailand

Zwei- bis dreimal im Jahr, vor allem Ende Februar bzw. Anfang März und im September, dreht sich in Mailand alles um die Mode. Dann lockt die Fashion Week „Milano Moda Donna“ Models, Modezaren, Pressefotografen, Modejournalisten und Fashionistas aus aller Welt an. In der Stadt herrscht zu dieser Zeit Ausnahmezustand: Es ist kaum ein freies Taxi zu haben, kaum ein Platz im Restaurant, und überall tummeln sich schöne, schlanke Menschen. Jederzeit eine *bella figura*, eine gute Figur zu machen, ist den modebewussten Mailändern jeden Alters ausgesprochen wichtig: Chic muss es sein, gerne ausgefallen und Hauptsache *firmato*, „signiert“ von Designerhand. Kaufhäuser und große Ketten in der Innenstadt haben übrigens auch sonntags geöffnet, häufig auch kleinere Läden und Galerien.

Quadrilatero della Moda

Mit „Mode-Viereck“ sind die noblen Straßen Via Monte Napoleone, Via della Spiga, Via Manzoni und Corso Venezia gemeint. Hier stellen die besten Modeschöpfer der Welt in eleganten Boutiquen und Showrooms ihre neuesten Kreationen aus: Dolce & Gabbana, Armani, Hermes, Gucci, Prada, Valentino, Ferragamo – man kann unmöglich alle aufzählen. Vieles davon ist natürlich für den Normalverbraucher eher zum Windowshoppen geeignet, doch finden sich zu den *saldi*, dem Schlussverkauf, attraktive Schnäppchen. Dann stürmen Modefans aus aller Welt die Läden, oft ist der Andrang so groß, dass die Türen vorübergehend verriegelt werden, weil die Boutiquen überfüllt und die Verkäufer überfordert sind. → Tour 2

Schnelles Shoppen

Wer wenig Zeit hat, aber auf Shopping nicht verzichten möchte, findet in der

Galleria Vittorio Emanuele II oder dem Kaufhaus La Rinascente, beide in unmittelbarer Nähe zum Dom, etablierte italienische und internationale Designermode und -accessoires. Günstigere Mode (Zara, H&M, Mango etc.) gibt es auf dem Corso Vittorio Emanuele II, der breiten Fußgängerzone direkt hinter dem Dom.

Beliebte Einkaufsmeilen

Brera: Im Künstlerviertel geht's mit kleinen Designer- und Vintage-Läden, Kunstgalerien, Antiquitätenhändlern und noblen Duftboutiquen kreativ zu. → Tour 4

Via Torino: In der Straße findet man großteils Mainstreamketten wie *OVS*, *Bershka* oder *Zara*, Kosmetikläden wie *Kiko* oder *Bottega Verde* (Naturkosmetik) sowie Schuhgeschäfte für ein junges Publikum. → S. Tour 6, S. 95 und 108

Corso Porta Ticinese: Hier herrscht ein extravagant-alternatives Flair mit Läden von Jungdesignern, Secondhandshops und originellen No-Name-Boutiquen. → Tour 6, S. 96 und 108

Corso Buenos Aires: Mit über einem Kilometer ist er die längste Einkaufsstraße Mailands (stark befahren!) mit rund 350 Geschäften aller Art (Calvin Klein, Zara, Benetton …) und vielen Multikulti-Lokalen – für jeden Geldbeutel ist etwas dabei. → Tour 2, S. 49

Outlets

McArthurGlen Seravalle Designer Outlet: Im größten Designer Outlet Italiens mit 240 Geschäften und über 300 Marken können Sie Schnäppchen mit bis zu 70 % Ermäßigung ergattern (www.mcarthurglen.com).

Franciacorta Outlet Village: Das künstliche „Dorf" mit mehr als 160 Läden liegt inmitten der für exzellente Schaumweine bekannten Region Franciacorta, auch hier sparen Sie bis zu 70 % (www.franciacortaoutlet.it).

Scalo Milano Design District: Viele Mailänder Familien zieht es am Wochenende in das nur 20 Min. von Mailand entfernte Outlet mit den Bereichen Design, Fashion, Food und einem großen Park. Preisnachlässe von 30 bis 70 % (www.scalomilano.it).

Die angeführten Outlets (tägl. 10–20 Uhr) erreichen Sie vom Zentrum in rund einer Stunde mit Shuttlebussen (Zani Viaggi), die mehrmals täglich vor dem Castello Sforzesco abfahren.

Vu cumprà, die fliegenden Händler

In Mailand trifft man überall auf sogenannte „Vu cumprà", fliegende Händler, die vom billigen Armbändchen bis zu Taschen fast alles anbieten. Achtung: Imitate von Luxuslabels zu einem Spottpreis zu erwerben ist in Italien strengstens verboten. Wer ertappt wird, muss mit einer hohen Geldstrafe rechnen. „Vu' cumprà?" bedeutet übrigens: „vuoi comprare?" (Willst du kaufen?).

Auf Mailands versteckte Innenhöfe erhascht man meist nur durch Zufall einen schnellen Blick

Wege durch Mailand

Rund um den Dom

Tour 1

Das Opernhaus Scala, die Galleria Vittorio Emanuele II, versteckte Plätze, außergewöhnliche Kirchen und großartige Museen – die Gegend rund um den Duomo Santa Maria Nascente quillt fast über vor Sehenswürdigkeiten.

- **Duomo Santa Maria Nascente,** imposantes Wahrzeichen der Stadt, S. 26
- **Galleria Vittorio Emanuele II,** schönste Einkaufspassage Italiens, S. 30
- **Teatro alla Scala,** Mailands berühmteste Botschafterin, S. 31
- **Museo del Novecento,** prächtiges Museum moderner Kunst, S. 30
- **Gallerie d'Italia,** Gemäldesammlung, verteilt auf drei Stadtpalazzi, S. 33

Das Herz der Stadt

Der Mailänder Dom

Ein erster Mailandbesuch beginnt immer auf der weiten Piazza del Duomo, auf der sich das helle Steingebirge des gotischen Duomo Santa Maria Nascente mit der vergoldeten Madonnenstatue – von den Mailändern liebevoll *Madonnina* (kleine Madonna) genannt – auf der Spitze erhebt. Kein Platz eignet sich besser, um sich auf die lombardische Metropole einzustimmen: Er ist Treffpunkt der *Milanesi* beim Einkaufsbummel, erstes Ziel von Touristen aller Herren Länder, Bühne für Konzerte oder Sportevents und Revier der Straßenhändler (nehmen Sie keine „geschenkten" Armbändchen an, sonst werden Sie ewig wegen einer kleinen Spende verfolgt).

Von hier erreicht man sternenförmig in kurzen Spaziergängen die wichtigsten Sehenswürdigkeiten der Stadt. Am frühen Vormittag ist noch wenig los, später scheint sich die ganze Welt einzufinden: Japaner und Amerikaner recken Selfie-Sticks in die Höhe, treten sich in der langen Warteschlange vor dem Domeingang auf die Füße, mit Fähnchen winkende Reiseführer weichen tief fliegenden Tauben aus. Über das üblicherweise hektische Treiben wacht hoch zu Ross das Bronzestandbild von Vittorio Emanuele II – des ersten Königs (1820–1878) des vereinigten Italiens.

Hinter dem Monarchen gedeihen seit 2017 Palmen und Bananenpflanzen, finanziert von der US-Kaffeehauskette Starbucks. Lange tobte ein erbitterter Streit in der Stadt – Gegner verlangten heimische Pflanzen – um die „Begrünung" des sonst eher grauen Platzes, der darin gipfelte, dass Vandalen die ersten gepflanzten Palmen in Brand setzten.

Nur einen Steinwurf von dem umstrittenen Grünstreifen entfernt eröffnete der US-Konzern 2018 die größte Starbucks Reserve Roastery Europas – ein Touristenmagnet (→ Tour 3, S. 64).

Südlich an den Domplatz grenzen der Palazzo dell'Arengario, ein monumentaler Bau aus den 1930er-Jahren mit dem spektakulären Museo del Novecento, sowie der königliche Palazzo Reale, dessen linker Flügel das sehenswerte Museo del Duomo beherbergt. Auf dem Domplatz liegt außerdem der Haupteingang zur elegantesten Einkaufspassage Italiens, der Galleria Vittorio Emanuele II mit riesiger Glaskuppel.

Hierher können Sie vor Regen oder drückender Hitze fliehen und ganz nach dem berühmten Lied „Quatter pass in galleria" von D'Anzi und Carosso „vier Schritte" tun. Der Nordausgang der Galleria führt zum Teatro alla Scala, mit etwas Glück ergattern Sie kurzfristig eine Karte für die Abendvorstellung.

Zur blauen Stunde, wenn die Sonne hinter den Dächern verschwindet, kann

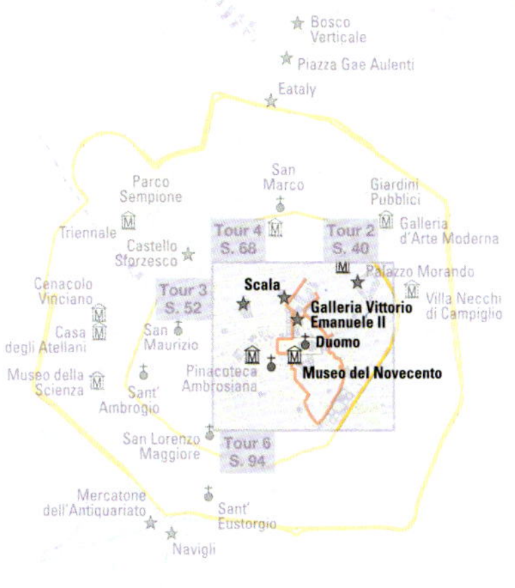

man auf den Domterrassen im Rahmen einer geführten „Sunset-Tour mit *aperitivo*" flanieren und sich bei einem Glas Prosecco zwischen Hunderten filigraner Fialen, Zinnen, Giebel und Statuen auf einen Ausgehabend einstimmen.

Tour-Info: Die folgende Tour mag auf der Karte kurz erscheinen, doch es gibt viele Sehenswürdigkeiten, Museen, versteckte Plätze und feine Details zu entdecken.

Spaziergang

Dieser Rundgang beginnt auf der weitläufigen Piazza del Duomo (Metro M1, M3 Duomo), die sich vor dem Steingebirge des gotischen **→ Duomo Santa Maria Nascente,** an dem über 500 Jahre gebaut wurde, erstreckt. Die vollständig aus Marmor gefertigte Fassade mit prächtigen Skulpturen lohnt das nähere Hinsehen. Unter dem Platz kamen 1942 während der Grabungen für den Bau der Metro Reste der antiken Vorgängerkirchen Santa Tecla und Santa Maria Maggiore zum Vorschein, die dem Bau des Doms weichen mussten und heute in der – vom Dom über eine hinabführende Treppe zu erreichenden – **Area archeologica** besichtigt werden können.

Gleich rechts neben dem Gotteshaus erhebt sich der **Palazzo Reale,** in dem seit 2017 das Ticketbüro des Mailänder Doms sowie das **→ Museo del Duomo** und eines der beiden Tourismusbüros der Stadt untergebracht sind. Wie ein moderner Südflügel schließt sich der **Palazzo dell'Arengario** mit dem **→ Museo del Novecento** an. Wer sich für die Moderne Italiens interessiert, sollte dieses lohnende Museum nicht verpassen. Bevor es weitergeht, können Sie sich einen *caffè* und hausgemachte *brioche* im eleganten **Giacomo Caffè** im Palazzo dell'Arengario – mit Logenblick auf den Dom – gönnen.

Zu Fuß (über 200 Stufen!) oder per Fahrstuhl geht es auf die **Domterrassen**: Hier spaziert man durch einen märchenhaft anmutenden Steinwald aus gotischen Spitzen und Türmchen und blickt bei klarer Sicht bis zu den schneebedeckten Alpen. Gut bestaunen – ohne Schlange stehen zu müssen – lässt sich das Dach des Doms von der zum Greifen nahen Terrasse des Kaufhauses **La Rinascente**, auf der man kostenlos eine kleine Runde drehen darf.

Hinter dem Dom liegt die **Veneranda Fabbrica del Duomo**, die ehrwürdige Dombauhütte, die 1387 ihre Arbeit zum Dombau aufnahm und bis heute die unzähligen Skulpturen und Türmchen, denen die hohe Luftverschmutzung zusetzt, fortwährend hegt und pflegt.

Durch einen triumphartigen Bogen gelangt man in die elegante **→ Galleria Vittorio Emanuele II**, im Volksmund *il salotto*, Wohnzimmer der Stadt, genannt, die den Domplatz mit der Piazza della Scala verbindet. Unter ihrer 47 m hohen Eisen- und Glaskuppel versammeln sich schicke Boutiquen, teure Restaurants und Cafés sowie einige alteingesessene Läden. In der **Bar Camparino** sollte man sich unbedingt einen Campari gönnen – der gleichnamige Drink wurde hier erfunden. Einen Besuch lohnt das **→ Leonardo3 Museo** (Nordausgang).

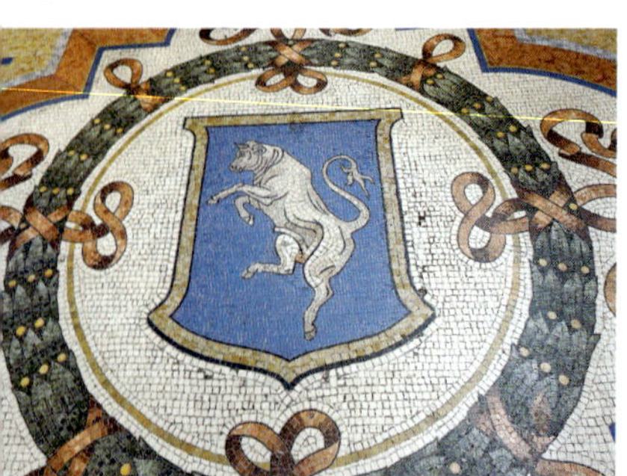

Stier im Wappen der Stadt Turin

Wer sich auf den Weichteilen des Stiers im **Turiner Stadtwappen** unter der Kuppel auf der Ferse dreimal um die eigene Achse dreht, dem sei, sagt man, das Glück gewiss. Touristen stehen hier Schlange, das Mosaik muss regelmäßig restauriert werden. An dieser Stelle erstrahlt übrigens zur Weihnachtszeit alljährlich ein mit Tausenden Svarowski-Kristallen geschmückter Christbaum.

Der Nordausgang der Galleria Vittorio Emanuele II führt zur **Piazza della Scala**. Schon von Weitem erblickt man die **Statue Leonardo da Vincis**, umgeben von seinen vier Lieblingsschülern. Rechts neben der Statue versteckt sich Mailands schönste **Vedovella**, der einzige aus Bronze gefertigte Trinkbrunnen der Stadt (→ S. 179).

Linker Hand thront der Stolz der Stadt, das **Teatro alla Scala**, über dem der umstrittene ellipsenförmige Aufbau des Architekten Mario Botta „schwebt". Nach der gewaltigen Galleria wirkt die Originalfassade des 1778 eröffneten Opernhauses ziemlich schlicht. Das hausinterne **→ Museo Teatrale alla Scala** sollten Sie sich nicht entgehen lassen, zum Besuch des Museums gehört ein Blick ins Theater und auf die Bühne.

Schräg gegenüber der Scala befindet sich die **→ Gallerie d'Italia**, eine wertvolle Gemäldegalerie in drei miteinander verbundenen Stadtpalazzi, allein die prächtigen Säle lohnen einen Besuch.

Ein weiteres sehenswertes Museum liegt ganz in der Nähe, das **→ Museo Poldi Pezzoli** in der Via Manzoni 12 mit seiner umfassenden Kunstsammlung aus dem 15. bis 19. Jh.

Gegenüber dem Teatro alla Scala befindet sich der elegante **Palazzo Marino** aus dem Jahr 1558, heute Sitz der Mai-

länder Stadtverwaltung. Wenn man rechts daran vorbeigeht, erreicht man die kleine, ruhige **Piazza San Fedele**, auf die früher die Hauptfassade des Palazzo Marino ausgerichtet war. In der Mitte würdigt ein Denkmal den berühmten italienischen Schriftsteller Alessandro Manzoni, („Die Brautleute"), der 1873 über die Treppen der **→ Chiesa San Fedele** stürzte und bald darauf starb. Sein Geburtshaus, die **→ Casa Manzoni,** befindet sich ganz in der Nähe, in der Via Morone 1.

An der Apsis der Chiesa San Fedele (rechts) geht es Richtung Largo Raffaele Mattioli in die Via Omenomi, benannt nach der **Casa Omenoni**, dem Haus der „Riesenmänner": Seinen Namen verdankt der einstige Wohnsitz (1573) des exzentrischen Bildhauers Leone Leoni den acht gewaltigen männlichen Skulpturen an der Fassade, die die Last der oberen Stockwerke zu schultern scheinen. Sie stellen die von den Römern bezwungenen Barbaren dar.

Über die Via Agnello und die schmale Via Pattari erreicht man vorbei an der kleinen **Piazza Fontana** – den anmutigen Brunnen mit seinen Sirenen und Delfinen entwarf Giuseppe Piermarini

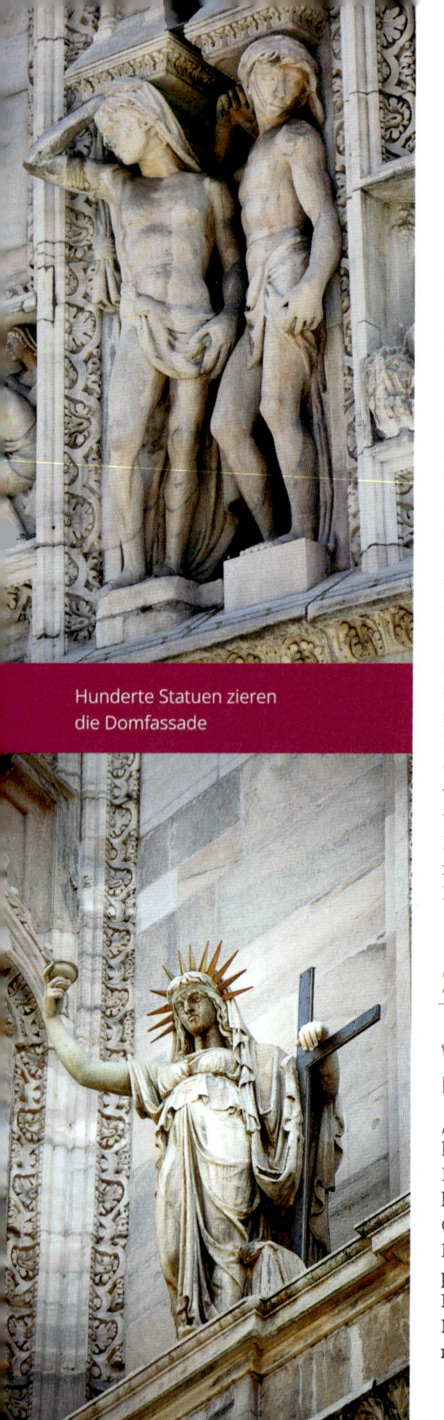
Hunderte Statuen zieren die Domfassade

(1782), der Architekt der Mailänder Scala – die Piazza Santo Stefano mit dem → **Santuario di San Bernardino alle Ossa**, eine der schaurigsten Kirchen Mailands mit unzähligen Totenköpfen und Menschenknochen.

Wer will, gelangt von hier über die Via Santa Tecla zurück zum Ausgangspunkt dieser Tour. Wer Zeit und Lust hat, flaniert weiter über die Via Festa del Perdono und erreicht nach wenigen Schritten linker Hand das einstige Krankenhaus → **Ca' Grande**, in dem heute die staatliche Universität mit wunderschönem, frei zugänglichen Innenhof untergebracht ist. Rund um die Ca' Grande finden Sie einige nette Studentencafés.

Weiter auf der Via Festa del Perdono biegt man rechts in die Via Pantano und erreicht den 106 m hohen **Torre Velasca** aus der zweiten Hälfte der 1950er-Jahre, dessen charakteristische Pilzform so manchen Besucher verstört: „Turm der Hosenträger" nennen die Mailänder das Gebäude, wegen der Stützpfeiler, die die weit ausgestellten oberen Stockwerke tragen. Von hier sind es über die Piazza Diaz nur wenige Schritte zurück zur Piazza del Duomo (Metro M1, M3 Duomo).

Sehenswertes

Wahrzeichen der Stadt

Duomo Santa Maria Nascente

„Longh cume la fabbrica del Domm", lange wie der Bau des Doms, sagen die Mailänder im Dialekt, wenn eine Sache kein Ende nimmt. 1386 unter Gian Galeazzo Visconti begonnen, wurde die Fassade erst 1813 unter Napoleon Bonaparte beendet, der sich hier 1805 zum König Italiens krönen ließ. Für den Dombau mussten tonnenschwere Marmorblöcke vom gut 100 km entfernten

Mailand im Kasten

Il Rito della nivola – der schwebende Erzbischof

Er ist die kostbarste Reliquie im Dom: Ein Nagel vom Kreuze Christi, der seit 1461, untergebracht in einem wertvollen Tabernakel, 45 m hoch über dem Chor thront. Einmal pro Jahr (am Sa, So und Mo um den 14. Sept.) findet der *Rito della nivola* statt: Dann schwebt der Erzbischof Mailands, derzeit Mario Delpini, in einer wolkenförmigen, mit Engeln verzierten „Gondel", der *nivola,* in die Höhe, um die Reliquie zu Boden zu bringen, wo sie Gläubige drei Tage aus der Nähe bestaunen dürfen.

Candoglia in der Nähe des Lago Maggiore auf Lastkähnen über das Kanalsystem der Navigli (S. 94) nach Mailand gebracht werden, bis dahin, wo heute die Via Laghetto verläuft. Mit einer Länge von 158,5 m, einer maximalen Breite von 93 m und einer Grundfläche von rund 12.000 m² ist der Mailänder Dom eines der größten Gotteshäuser der Welt.

Die Außenseite des Doms

Es gibt wohl kaum einen Dom, der so bevölkert ist: Mit 135 filigranen Turmspitzen, 150 Wasserspeiern, aus deren Mäulern Regenwasser abfließt – 96 werden von Riesen geschultert, die auf den Kanten der Strebepfeiler stehen –, 1100 Statuen im Innen- und 2300 Figuren im Außenbereich. „Hier wohnen Drachen mit aufgerissenem Schlund, erschreckende Tiere, Affen mit lüsternem Grinsen, die verrücktesten Delirien eines mittelalterlichen Künstlers", schrieb der spanische Schriftsteller Vicente Blasco Ibánez 1896. Links über dem Hauptportal sehen Sie die Statue „Legge Nuova", sie wurde 1810 von Camillo Pacetti errichtet. Einige meinen, sie sei das Modell, das Frederic Auguste Bartholdi zur Errichtung der Freiheitsstatue von New York (1885) herangezogen hatte.

Die Apsis hat eine mächtige, polygonale Form und ist reich mit Skulpturen und Ornamenten geschmückt. Auf dem mittleren Fenster erblickt man die Strahlenverzierung „Sonne der Gerechtigkeit", zu ihrer Linken den heiligen Ambrosius und die Jungfrau Marie, zur Rechten den heiligen Galdinus und den Erzengel Gabriel.

Dem Dom aufs Dach steigen

„In Mailand bestiegen wir trotz aller Ermüdung das Domdach und belustigten uns an dem tollen Figurenvolk des protzigen Marmorgartens", schrieb Hermann Hesse (1903). Das Dach setzt sich aus begehbaren, leicht abfallenden Terrassen zusammen, die über Wege und Treppen miteinander verbunden sind. Rund um das Dach streben 135 Heiligenstatuen auf schlanken Säulen, Fialen genannt, Richtung Himmel. Über allem wacht die Hauptfiale, ein Werk von Francesco Croce aus dem Jahr 1769, auf dem die vergoldete *Madonnina* (18. Jh.) thront. Mit ihr erreicht der Dom eine Höhe von 108,5 Metern. Der Blick von den Domterrassen durch einen Wald filigraner Turmspitzen und Tausender Figuren auf die Stadt und ihre ultramoderne Skyline – bei schönem Wetter bis hin zu den Alpen – ist ein Erlebnis.

Das Innere des Doms

Wer die Taschenkontrolle am Hauptportal – es soll Glück bringen, das Knie Jesu und die Waden des Folterknechts (beide blank poliert von Hunderttausenden Händen) im Bronzerelief der Türe zu berühren – überwunden hat, taucht in ein mystisches Halbdunkel: Im gewaltigen fünfschiffigen Innenraum schreitet man auf dem schönen Marmorboden an 52 mächtigen Säulen, deren Kapitelle mit Hunderten Heiligen und Märtyrern geschmückt sind, und reich bebilderten Kirchenfenstern – sie zählen zu den schönsten und größten der Welt – vorbei. Für eine Besichtigung sollten Sie sich Zeit nehmen, denn es gibt Erstaunliches zu entdecken. Hier einige Anregungen: Ein Blickfang im rechten Kirchenschiff ist die Statue des **heiligen Bartholomäus** (1562). Er ist als komplett gehäuteter, noch lebender Mensch dargestellt, der seine Haut wie ein Tuch um sich geschlungen hat, sodass jede Ader, jeder Muskel sichtbar ist. Im nördlichen Querarm zieht der siebenarmige **Trivulzio-Kandelaber**, ein 5 m hoher Bronzeleuchter aus dem 12. Jh., eingefasst mit Halbedelsteinen, die Aufmerksamkeit auf sich. Beachtenswert sind außerdem das **Baptisterium** von Tibaldi (16. Jh.) mit einem Taufbecken aus der romanischen Epoche, der große Altar der **Madonna dell'Albero** im Nordquerschiff mit wertvollen Hochreliefs, die vom Leben der Madonna erzählen, sowie die berühmte **Sonnenuhr des Doms**. Sie besteht aus einem Messingstreifen auf dem Boden (in der Nähe des Eingangs), entlang dessen die zwölf Tierkreiszeichen angeordnet sind. Durch ein Loch im Gewölbe des Südschiffs dringt nur mittags um 12 Uhr ein Sonnenstrahl, der den jeweiligen Monat anzeigt.

Die Krypta

Unter dem Chor befindet sich die achteckige, reich mit Silber verkleidete Totenkammer namens **Scurolo di San Carlo**. Hier ruht Carlo Borromeo (1538–1584), in einem Glassarkophag. Im Nachbarraum ist der **Domschatz** mit filigranen Silber- und Elfenbeinarbeiten untergebracht.

Cappella musicale del Duomo

Der Kirchenchor des Doms ist einer der ältesten der Welt (1402) und bis heute tätig. Er setzt sich aus 20 Männer- und 45 Knabenstimmen, den *pueri cantores*, deren Ausbildung sehr anspruchsvoll

Frühmorgens ist die beste Zeit für einen Bummel auf dem Domplatz

Der Mailänder Dom → Karte S. 25

Tickets & Öffnungszeiten Dom

▪ Einzeltickets

Dachterrassen: Zu Fuß 10 €, erm. 5 € (6–12 J.), frei bis 6 J. Mit dem Aufzug 14 €, erm. 7 € . Zugang: An der Außenseite, gegenüber dem Kaufhaus Rinascente.

Dom: 3 €, erm. 2 €. Auf der linken Seite des Doms befindet sich ein zweiter Eingang für einen abgegrenzten Bereich zum Beichten oder Beten – hier benötigen Sie kein Ticket.

▪ Kombi-Tickets (72 Std. gültig)

Culture Pass: Dom + Museum + Chiesa San Gottardo + Archäologische Ausgrabungen 8 €, erm. 4 €.

Duomo Pass Lift: Dom, Archäologische Ausgrabung, Dommuseum, Chiesa San Gottardo, Dachterrassen mit Lift 17 €, erm. 9 €.

Duomo Pass Stair (ohne Lift) 13 €, erm. 7 €.

Fast Track Pass (verkürzte Wartezeit): Dom, Archäologische Ausgrabungen, Dommuseum, Chiesa San Gottardo, Dachterrassen mit Lift 25 €, erm. 13 €. Ausweispflicht für Ermäßigungen!

Geführte Touren (u. a. auch für Kinder) für max. 25 Pers. kosten 27 €, erm. 19 €, Dauer 90 Min. Spektakulär ist die *Sunset Tour mit aperitivo* (ital., engl.) für 35 €, erm. 20 €, Dauer 60 Min. Im Preis inbegriffen: Führung, Buffet, Getränk. Informationen und Buchung: www.duomomilano.it.

▪ Öffnungszeiten

Dachterrassen: Tägl. 9–19 Uhr.

Dom und archäologische Ausgrabungen: Tägl. 8–19 Uhr.

Dommuseum und Chiesa San Gottardo: 10–18 Uhr, Mi geschl. Die Öffnungszeiten können wegen religiöser Feiern etc. variieren.

ist, zusammen und tritt auch heute noch jeden Sonntag und zu religiösen Feiertagen im Dom auf.

Area archeologica

Eine enge Treppe führt hinab zu den archäologischen Ausgrabungen: Zu sehen sind u. a. die Überreste der Basilica Santa Tecla (4. Jh.) – die dem Bau des Doms weichen musste – und Reste des Battistero di San Giovanni.

Zentrale Anlaufstelle für Tickets und Informationen rund um den Dom ist der im Säulensaal des gleich rechts vom Dom gelegenen Palazzo Reale untergebrachte **Info Point**. Man bekommt die Eintrittskarten dort entweder am Ticket-Schalter (Wartenummer ziehen) oder am Ticket-Automaten, vormittags gibt es allerdings in der Regel lange Wartezeiten, daher am besten nachmittags/abends (sie sind 72 Std. gültig) oder aber einfach **online** auf www.duomomilano.it kaufen. Wegen strenger Sicherheitsmaßnahmen ist am Domeingang ebenfalls mit Wartezeiten zu rechnen. Gegenstände wie Scheren, Nagelfeilen, Glasflaschen, Rucksäcke etc. dürfen nicht mitgeführt werden. **Strenge Kleiderordnung:** Auch bei heißen Temperaturen ist der Eintritt nur in angemessener Kleidung erlaubt. Hosen müssen knielang, die Schultern bedeckt sein. Andernfalls kann ein dünner Umhang (2,50 €) erworben werden.

Piazza Duomo 14/a, Metro M1, M3 (Duomo), ✆ 02/72023375, tägl. (Mai–Okt.) 9–18 Uhr. Nov.–April Mo–Fr 9.30–16.30, Sa, So- und Feiertag 9–17 Uhr.

Dommuseum

Museo del Duomo

Im linken Flügel des Palazzo Reale ist das sehenswerte Dommuseum untergebracht. Ausgestellt sind Original-Buntglasfenster aus dem 15. Jh., Hunderte Skulpturen, Fialen und Türmchen, die seit 600 Jahren den Dom schmücken, wertvolle Wandteppiche, Bischofsstäbe sowie Werke aus Gold, Silber oder Elfenbein. Imposant ist das *modellone*, ein großes Holzmodell des Doms, dessen Ursprünge auf das 16. Jh. zurückgehen. Im Ticketpreis inbegriffen ist die Besichtigung der **Chiesa San Gottardo in Corte** (14. Jh.) mit wertvollen Fresken aus der Schule Giottos und dem Grabmal von Azzone Visconti.

Piazza Duomo 12, Metro M1, M3 (Duomo). Tickets und Öffnungszeiten → Kasten oben.

Italienische Moderne

Museo del Novecento

Der Palazzo dell'Arengario rechts neben dem Dom steht für die faschistische Architektur Italiens. 2010 zog in die Räume des von Architekt Italo Rota neu gestalteten Palazzo das Museo del Novecento ein. Ausgestellt sind 400 eindrucksvolle Werke des berühmten italienischen Futurismus, aber auch des Kubismus und der Arte Povera. Es finden auch Sonderausstellungen statt. Den Besuch krönt ein fantastischer Blick auf den Dom. Im internationalen Bookshop können Sie sich mit Kunst- und Designbüchern eindecken, im Erdgeschoss des Caffè Giacomo in Ausstellungskatalogen der letzten 25 Jahre schmökern.

Mo 14.30–19.30, Di, Mi, Fr, So 9.30–19.30, Do und Sa 9.30–22.30 Uhr. Tickets (auch online erhältlich) 10 €, erm. 8 € (18–25 J.), 5 € (13–18 J.), gratis bis 12 J. Geführte Touren (auf Deutsch) reservieren. ✆ 02/6597728. Piazza Duomo 8, Metro M1, M3 (Duomo), ✆ 02/88444061, www.museodelnovecento.org.

Mailands Wohnzimmer

Galleria Vittorio Emanuele II

Die 1867 eröffnete Einkaufspassage, benannt nach dem ersten König des vereinten Italiens, wurde von Giuseppe

Galleria Vittorio Emanuele II, edelste Shoppingmeile der Stadt

Mailand im Kasten

Il rattin – das Mäuschen der Galleria

Il rattin war eine Art Wägelchen mit vier Rädern, das ab 1867 die Kuppel der Galleria Vittorio Emanuele II mittels eines ausgeklügelten Mechanismus beleuchtete: Sobald die Sonne unterging, glitt *il rattin* rasend schnell über hoch oben an der Kuppel montierte Schienen und entzündete mittels einer kleinen Flamme Hunderte Gaslampen. Ein Pfeifen kündigte die Beleuchtung an. Das Spektakel wurde von vielen Mailändern allabendlich verfolgt, sie tauften das Wägelchen sofort auf den Namen *il rattin*, im mailändischen Dialekt „Mäuschchen". Seit dem Jahr 1881 wird die Galleria elektrisch beleuchtet, *il rattin* können Sie im Palazzo Morando im Museo Costume Moda Immagine (→ S. 44) bestaunen.

Mengoni errichtet. Der Architekt kam hier 1877 bei einem Sturz vom Baugerüst ums Leben, ob Unfall oder Freitod bleibt ein Rätsel. Unter der 47 m hohen Kuppel aus Glas und Stahl trafen sich bereits im 19. Jh. Dirigenten, Sänger und Operngäste der nahe gelegenen Scala, um sich einen *aperitivo* im Camparino oder einen *caffè* bei Salvini zu gönnen, die Hutkreationen von Borsalino oder Edles aus Leder in der ersten Boutique (1913) des Modelabels Prada zu bestaunen. Heute sind hier teure Läden, Cafés und Restaurants, das Sieben-Sterne-Hotel „Town House Galleria" sowie das Leonardo3 Museo (→ S. 31) untergebracht.

Seit 2015 kann man auf der **Highline Galleria,** einem Steg hoch auf dem Dach, flanieren. Am Ende der Route befindet sich die Pizzeria *I dodici Gatti*. Mit einem Sonderticket (16 €) erhalten Sie Zugang zur Highline Galleria sowie ein kleines Mittagessen (Pizza, Getränk, *caffè*, tägl. 12–12.45 Uhr, 14–14.45 Uhr und 19–19.45 Uhr. Online-Buchung, mind. 48 Std. im Voraus). Hinweis: Der Ausblick von der Highline Galleria auf die Stadt – kein Domblick – ist begrenzt.

Di–Fr 11.30–14.30 und 18–21, Sa und So 11.30–21 Uhr. Regelmäßig Veranstaltungen. Eintritt 12 €, erm. (unter 25 J.) 9,60 €. Eingang in der Via Silvio Pellico 2/Ecke Domplatz (mit dem Panoramalift fährt man in den 4. Stock), Metro M1, M3 Duomo, www.highlinegalleria milano.com.

Auf den Spuren da Vincis

Leonardo3 Museo – Il Mondo di Leonardo

Dieses Museum sollten Sie nicht verpassen: Rund 200 Modelle spektakulärer Erfindungen des Renaissancekünstlers wurden nachgebaut bzw. in 3D-Darstellungen anschaulich gemacht. So lernt die mechanische Libelle fliegen, Musikinstrumente spielen und das letzte Abendmahl wird virtuell in seinen (farblichen) Originalzustand versetzt.

Tägl. 9–22.30 Uhr. Eintritt 12 €, erm. 11 € (bis 26 J.), Kinder bis 6 J. 1 €, Familienticket (mind. 3 Pers.) 10 € Erw., Kinder (7–14 J.) 6 €. Audioguide 4 €. Piazza della Sala, Eingang Galleria Vittorio Emanuele, Ecke Piazza della Scala, Metro M1, M3 (Duomo), ✆ 02/49519981, www.leonardo3.net.

Weltberühmter Operntempel

Teatro alla Scala

Für *Milanesi DOC*, „echte" Mailänder, ist die Scala eine Art Nationalheiligtum, um Karten für eine Vorstellung muss man sich Wochen im Voraus bemühen, spontan kann man sein Glück an der Abendkasse probieren. Alljährlich beginnt die Spielsaison am 7. Dezember, dem Tag des Stadtheiligen Ambrosius. Die *inaugurazione* ist *das* gesellschaftliche und mediale Ereignis des Jahres, pompös inszeniert. Karten dafür kosten bis zu 2500 €.

Die Scala wurde im Auftrag der österreichischen Kaiserin Maria Theresia errichtet, um das bei einem verheerenden Brand (1776) völlig zerstörte Teatro Regio Ducale, untergebracht im Palazzo Reale, zu ersetzen. Dafür musste die Chiesa Santa Maria alla Scala weichen, von der das Opernhaus seinen Namen erhielt. Nur zwei Jahre brauchte Architekt Giuseppe Piermarini, um die 1778 eingeweihte Scala zu erbauen, in der alle bekannten Operngrößen aufgetreten sind: Verdi feierte hier seine Uraufführungen, Primadonnen wie die Callas oder Renata Tebaldi animierten das als kritisch geltende Mailänder Publikum zu stehenden Ovationen. Als 1943 ein Bombenhagel die Scala in Schutt und Asche legte, wurde das Opernhaus in Rekordzeit wieder aufgebaut und stand 1946 unter der Leitung des legendären Dirigenten Arturo Toscanini aus den Trümmern auf. Von 2001 bis 2004 renovierte der Schweizer Architekt Mario Botta das Teatro, es schloss seine Pforten und wich in das Teatro degli Arcimboldi (→ S. 145) aus. Anlässlich der Rückkehr in die Scala 2004 wählte man dasselbe Stück wie bei der Premiere 1778: Antonio Salieris „Europa riconosciuta". Seit Kurzem bietet die Scala auch *Grandi Spettacoli per Piccoli*, Opernaufführungen für Kinder, an (→ S. 33).

Die **Bühnenwerkstätten** (Laboratori Ansaldo, → S. 113) der Mailänder Scala befinden sich im Stadtteil Tortona, selbst wer nicht am Belcanto interessiert ist, sollte sich einen Besuch nicht entgehen lassen – auch wenn es sich als etwas kompliziert erweisen kann, einen Besichtigungstermin zu vereinbaren. Planen Sie daher einen Besuch schon vor Antritt Ihrer Reise.

Via Filodrammatici 2, Metro M1, M3 (Duomo), ✆ 02/88791, www.teatroallascala.org.

Kartenverkauf

Biglietteria (Box Office) auf der Piazza della Scala/Largo Ghiringhelli 1, Mo–Sa 10.30–18, So 12–18 Uhr.

Weitere autorisierte Verkaufsstellen: z. B. Mariposa Duomo (Unterführung Metrostation Duomo), Box Office Duomo c/o Mondatori (Piazza Duomo 1) oder Box Office Galleria c/o Feltrinelli (Via Ugo Foscolo 2, Eingang Autogrill). Kaufen Sie Tickets ausschließlich von autori-

Teatro alla Scala, der Stolz der Mailänder

sierten Stellen (eine Liste finden Sie auf der Website der Scala).

Infotel Scala: ✆ 02/72003744, 9–13 Uhr.

Abendkasse: An Vorstellungstagen 2:30 Std. vor Spielbeginn geöffnet. Mit Glück ergattern Sie eines der 140 Tickets für die Gallerien (Stehplätze, für die man sich ab 13 Uhr in eine Warteliste eintragen kann) oder ein Last-Minute-Ticket (25 % Ermäßigung). Mit dem Pass „La ScalaUNDER30" (10 €) Ermäßigung für unter 30-Jährige für bestimmte Vorstellungen (www.lascalaunder30.org).

Kinderoper: www.teatroallascala.org/en (Wenn Sie unter „Box Office" ganz unten auf der Seite auf „Tickets and prices", dann „Prices/Season" klicken, gelangen Sie zu „Great Performances for children).

Online-Tickets: https://teatroallascala.ticketone.it.

Blick auf die Bühne

Museo Teatrale alla Scala

Das Museum befindet sich links vom Haupteingang des Opernhauses. In kleinen Sälen, die einst dem Glücksspiel – über das sich das Theater zeitweilig finanzierte – dienten, können Sie zahlreiche Erinnerungsstücke wie ein Schwert, das Napoleon Giuditta Pasta schenkte, Partituren, Briefe, Noten, Dirigentenstöcke, Porträts sowie alte Musikinstrumente bestaunen. Komponist Verdi wird in einem Extra-Zimmer besonders gefeiert. Interessant dokumentiert anhand von Bildern und kurzen Texten ist die lange Geschichte der Scala. Zum Besuch des Museums gehört ein Blick ins Theater und auf die Bühne, sofern keine Proben stattfinden. Wer sich besonders für Luciano Pavarotti interessiert, muss das Pavarotti-Restaurant mit kleinem Museum im 4. Stock der Galleria Emanuele II aufsuchen (www.pavarottimilano.com), im Museum der Scala gibt es kein einziges Bild des Opernsängers.

Tägl. 9–17.30 Uhr. 9 €, erm. 6 € (13–18 J.), frei bis 12. J. Piazza della Scala, Metro M1, M3 Duomo, ✆ 02/88797473, www.museoscala.org.

In den Bühnenwerkstätten Laboratori Ansaldo

Traumhaftes Museum

Gallerie d'Italia

Eines der schönsten Museen der Stadt erstreckt sich gleich über drei miteinander verbundene Stadtpalazzi, darunter ein ehemaliges Bankgebäude: Allein der frühere Tresorraum – heute als Depot benutzt – ist einen Besuch wert. Die außerordentliche Sammlung der Bank Intesa San Paolo umfasst italienische Kunstwerke aus dem 19. und 20. Jh. und ist in mehrere Themenbereiche unterteilt, die die Epochen von der Romantik (Hayez) über Naturalismus (Calvi, Poma, Gola) und Symbolismus (Morbelli, Sartorio) bis hin zum Futurismus (Boccioni) umfassen. Besonders interessant sind die alten Stadtansichten von Mailand. Seit 2015 ist Alessandro Manzonis Garten zwischen der

Casa Manzoni (S. 34) und dem Palazzo Anguissola Antona Traversi der Öffentlichkeit zugänglich. In der Caffetteria Vòce Aimo e Nadia (auch Gourmetrestaurant) nebenan können Sie beim *caffè* entspannen und im Bookshop stöbern.

Di–So 9.30–19.30, Do bis 22.30 Uhr. Eintritt: 5 €, erm. 3 € (unter 26 J.). Handtaschen müssen abgegeben werden (gratis). Piazza della Scala 6, Metro M1, M3 (Duomo), www.gallerieditalia.com.

Geburtshaus des Dichters

Casa del Manzoni

In Italien kennt jedes Kind seinen Namen: Alessandro Manzoni. Der 1785 in Mailand geborene Schriftsteller hat den berühmtesten Roman der italienischen Literatur geschrieben: *I Promessi Sposi* („Die Brautleute") – eine zwischen Mailand und dem Comer See angesiedelte Geschichte von Renzo und Lucia, deren Leben und Liebe in den historischen Wirren des 17. Jh. unterzugehen droht. In Manzonis Geburtshaus ist alles perfekt erhalten: Bibliothek mit Ausgaben seiner Werke, persönliche Erinnerungsstücke, Arbeits- und Sterbezimmer. Manzoni ist im Tempio Famedio auf dem Cimitero Monumentale (S. 118) bestattet, Verdi widmete dem Schriftsteller seine Messa da Requiem, uraufgeführt in der Chiesa San Marco (S. 74).

Via Gerolamo Morone 1, Metro M1, M3 (Duomo), ✆ 02/86460403, www.casadelmanzoni.it.

Berühmter Autor: Alessandro Manzoni

Kunstgenuss in Privaträumen

Museo Poldi Pezzoli

Baron Gian Giacomo Poldi-Pezzoli (1822–1879) vermachte der Stadt seinen Palazzo und seine Kunstsammlung – er ist eines der vier Hausmuseen der Stadt (S. 45). In erlesener Atmosphäre besichtigt man hier kunstvolle Tapisserien und Muranoglas, Möbel, Schmuck, Waffen, Bibliothek und Gemälde italienischer Meister wie Botticelli, Mantegna, Tiepolo, Piero della Francesca oder Piero del Pollaiuolo.

Tägl. (außer Di) 10–18 Uhr. 10 €, Jug. (11–18 J.) 4,50 €. Via Manzoni 12, Metro M3 (Monte Napoleone) M1 (Duomo), ✆ 02/794889, www.museopoldipezzoli.it.

Kirche des Stadtadels

Chiesa San Fedele

Die Lieblingskirche der feinen Mailänder Gesellschaft wurde von Pellegrino Tebaldi im 16. Jh. errichtet. Ein Blick in den Innenraum lohnt sich: Hinter der schlichten Fassade verbirgt sich eine interessante Mischung aus antiker und zeitgenössischer Kunst. Über das 2014 eröffnete interne **Museo San Fedele** können Sie die *cappella delle ballerine* (Kapelle der Tänzerinnen), Krypta, Sakristei, Gemälde und Reliquien besichtigen.

Museo San Fedele: Mi, Do, Fr 14–18, Sa 10–18, So 14–18 Uhr, Eintritt: 3 €, Kinder bis 12 J. gratis; Führung: 7 €, bis 25 J. 4 €. Piazza San Fedele 4, Metro M1, M3 (Duomo), ✆ 02/863521, www.sanfedeleartefede.it.

Schauriges Knochenhaus

Chiesa San Bernardino alle Ossa

Diese ungewöhnliche Friedhofskirche des Mittelalters ist immer noch ein Geheimtipp. Sie wurde im Barock vollkommen erneuert. Rechts an die Kirche angeschlossen befindet sich eine schaurige Kapelle, deren Wände mit aufeinandergestapelten Totenschädeln und Knochen ausgefüllt sind. Der Legende nach sollen zu Allerseelen (2. Nov.) die Knochen eines Mädchens, das links vom Altar begraben ist, zum Leben erwachen und mit den übrigen Knochen und Schädeln einen gespenstischen Tanz aufführen.

Piazza Santo Stefano/Via Verziere 2, Metro M1 (Duomo oder San Babila).

Mit Menschenknochen ausgeschmückte Kirche

Hörsäle in Krankenzimmern

Ca' Grande

„Großes Haus", nennen die Mailänder das ehemalige Krankenhaus *Ospedale Maggiore* aus der zweiten Hälfte des 15. Jh. Es ist eines der ersten Renaissancegebäude Norditaliens, heute gehen hier Studenten der *Università Statale* ein und aus. Das Ca' Grande ist ein geeigneter Ort, um in den wunderschönen frei zugänglichen Innenhöfen eine Pause einzulegen. Beeindruckend ist die Fassade mit eleganten Reihen zweibogiger Fenster, Spitzbögen und Marmorfiguren längs der Via Festa del Perdono.

Via Festa del Perdono 7, Metro M1 (Duomo), M3 (Missori).

Praktische Infos

→ Karte S. 25

Essen & Trinken

Die Restaurants und Cafés rund um den Dom sind meist hochpreisig. Service und Qualität in den Straßencafés des Corso Vittorio Emanuele II lassen manchmal zu wünschen übrig. Nette Restaurants finden Sie im Brera-Viertel nur wenige Schritte hinter dem Opernhaus Scala oder rund um die Via Torino, die an den Domplatz anschließt. In Restaurants empfiehlt es sich, einen Tisch zu reservieren.

Caffè-Bars

Lavazza Flagship-Store **12**, 2017 eröffnete die Turiner Kaffeerösterei ihren ersten Flagship-Store auf der zentralen Piazza San Fedele, es ist vieles in einem: Elegantes Design-Café, Rösterei, Bistrot und Gourmetlokal. Unter einem imposanten Kronleuchter können Sie nicht nur frisch gerösteten *caffè* und dazu Süßes, sondern auch Speisen wie Pilzcarpaccio, Salate, appetitliche Sandwiches oder einen *aperitivo* zu sich nehmen. Die Preise sind gehoben. Piazza San Fedele 2, Mo–Fr 7.30–20.30, Sa 8.30–20.30, So 9.30–19.30 Uhr, www.lavazza.it.

meinTipp **Pasticceria Marchesi** **18**, von diesem eleganten Café können Sie durch die Fenster hinunter auf das Treiben der Galleria blicken. Man sitzt in dunkelgrünen Samtsesseln, die Wände sind mintgrün gestrichen, Böden und Tische aus Marmor. In Vitrinen findet man eine so große Auswahl süßer Köstlichkeiten, dass die Wahl nicht leicht fällt. Der Panettone ist einer der besten der Stadt – und eignet sich schön verpackt, wie er ist, als Mitbringsel. Die Konditorei gehört heute dem Modelabel Prada. Tägl. 7.30–21 Uhr. Rechts vom Eingang der Galleria Vittorio Emanuele II, www.pasticceria marchesi.it.

meinTipp **Giacomo Caffè** **28**, wer in einem königlichen Palast frühstücken möchte, der sollte Cappuccino und süße brioche im eleganten Giacomo Caffè zu sich nehmen. Es befindet sich im Atrium des Palazzo Reale, durch die Fensterfront hat man einen traumhaften Blick auf den Dom. So geschmackvoll wie die Einrichtung mit großen Spiegeln und Gemälden sind auch die Speisen. Es werden kleine Snacks, hausgemachte Kuchen und sehr guter *caffè* angeboten. Tägl. 7.30–19.30, Do und Sa bis 22.30 Uhr. Piazza Duomo 12, Palazzo Reale, ✆ 02/89096698, www.giacomocaffe.com.

Caffè Trussardi alla Scala **6**, direkt neben der Scala hat Trussardi ein schickes Caffè-Ristorante. In die Bar (Erdgeschoss) mit Terrasse kehren Businessleute zum leichten Lunch ein, es gibt Panini (13 €), Salate (15 €) oder Secondi (15–20 €) wie Vitello tonnato mit Salat und Kapern. Im teuren Restaurant, 1. Stock, speist man italienisch-internationale Spitzenküche in elegantem Ambiente (Menü 140 €). Mo–Fr 7.30–23, Sa 12–23 Uhr, ganztägig warme Küche. Piazza della Scala 5, Caffè ✆ 02/80688295, Ristorante: ✆ 02/80688201, www.trussardialla scala.com.

California Bakery **33**, in der beliebten Kette gibt es Pancakes, Muffins, Bagels (auch für Veganer), Salate, Smoothies, süße und pikante Omelettes, Sandwiches, Hamburger, fantasievoll belegte Toasts und Brunch – „made in America", zu akzeptablen Preisen. Tische im Freien. Mo–Fr 8–24, Sa, So 9–24 Uhr, ✆ 02/39811750, Via Larga 19, www.californiabakery.it.

Bars

meinTipp **Al Camparino** **21**, eine Mailänder Institution. Davide Campari, Sohn des Campari-

Mailänder Szene-Treff: die Bar „Al Camparino"

Erfinders Gaspare, übernahm 1915 das Lokal. In der Jugendstilbar mit bunten Wandmosaiken standen schon Giuseppe Verdi, Maria Callas oder Arturo Toscanini an der Theke. Hier reichen weiß livrierte Baristi Häppchen zu Campari oder Rhabarberlikör. Im ersten Stock herrscht abends die elegante Atmosphäre eines Clubs, von der Terrasse haben Sie einen fantastischen Blick auf den Dom, der sich in den Preisen niederschlägt. Mo 8–21, Di–So 8–22 Uhr. Links vom Eingang der Galleria Vittorio Emanuele II, ✆ 02/86464435, www.camparino.com.

Terrazza Aperol **22**, wer keinen Campari mag, versucht gegenüber der Bar Camparino einen Platz auf der Terrasse des stylishen Lokals zu bekommen. Hier stehen die Mailänder ab 18 Uhr zum *aperitivo* Schlange. Der Aperol Spritz kostet 12 € – gratis dazu gibt's einen herrlichen Blick auf den Dom. So–Fr 11–23, Sa 11–24 Uhr. Rechts vom Eingang zur Galleria Vittorio Emanuele II, www.terrazzaaperol.it.

Terrazza Martini **32**, die elegante Rooftop Bar im 16. Stock eines Hochhauses ist seit 1958 Treffpunkt von Mailands High Society. Ein *aperitivo* kostet 19 € und muss vorab online bestellt werden (wegen großen Andrangs ist die Zeit vor Ort auf eine Stunde begrenzt), der Blick auf die Stadt ist fantastisch. Piazza Armando Diaz 7, Reservierung: www.martini.com.

Ristoranti

meinTipp Ristorante Don Carlos **1**, untergebracht im Grand Hotel et de Milan huldigt es dem Komponisten Giuseppe Verdi, der hier viele Jahre lebte. In Räumen geschmückt mit Skizzen, Gemälden und Bildern aus der Welt der Oper genießt man nicht nur Mailänder Spezialitäten, sondern auch Speisen aus anderen Regionen Italiens. Nach Ende der Vorstellung in der nahe gelegenen Scala ist das Restaurant immer gut besucht, es eignet sich auch für einen romantischen Abend zu zweit. Degustationsmenü ab 90 €, Gerichte 25–30 €. Unbedingt reservieren! Via Manzoni 29, ✆ 02/723 141, www.ristorantedoncarlos.it.

Casa Lodi **29**, eines der wenigen typisch lombardischen Restaurants in Domnähe. Verwendet werden ausschließlich regionale Produkte. Das Angebot an *taglieri* (aufgeschnittene Salami- und Käsesorten, auch vegan) mit hausgemachten *micche* (dem typisch mailändischen Brot) ist verlockend, ab 12 €. Eines der vielen *risotti* sollten Sie probieren (11–14 €), sonntags gibts Brunch (15–18 €). Gelegentlich finden hier Musikabende oder Lesungen statt. Mo 11–15.30, Di 11–21.30 (mit *aperitivo* abends), Mi–So 11–23 Uhr. Via Cappellari 3, ✆ 02/89777217, www.casa-lodi.it.

Das „Al Conte Ugolino da Marino"

meinTipp Obicà **23**, in Mailand gibt es mehrere Obicà-Restaurants. Dieses hier im 7. Stock des Kaufhauses Rinascente besticht durch seine großen Glasfenster, die den Blick auf die Terrassen des Doms ermöglichen. Der geräucherte Büffelmozzarella Campana DOP (7 €) zergeht auf der Zunge, und dann gibt es noch knusprige Pizza (14 €), Torten (7 €) u. a. m. Die Gerichte werden vor den Augen der Gäste zubereitet. Rinascente Piazza Duomo, ✆ 02/ 8852453, www.obica.com.

DeRos **3**, in dem kleinen Restaurant unweit der Scala werden sternewürdige Gerichte serviert, zu gehobenen Preisen. Die schwarzen Tagliatelle mit Calamari kosten 16 €, gegrillter Fisch mit Spumante-Creme und Gemüse 24 €, getoasteter Panettone mit Mascarpone und *caffè* sind für 9 € zu haben. Die Atmosphäre ist elegant-intim und man sitzt auch gerne länger in den blauen Samtpolstern. Di–So 10.30–15.30 und 18.30–23.30 Uhr. Via Giandomenico Romagnosi 4, ✆ 02/36517680, www.derosmilano.com.

meinTipp Al Conte Ugolino da Marino **26**, der nette Familienbetrieb nur wenige Schritte vom Dom entfernt wurde 1935 von *nonna* (Oma) Irma Biondi – sie und ihre Familie sind auf Wandgemälden verewigt – gegründet. Spezialität des Hauses: lombardische und toskanische Küche. Probieren Sie die hausgemachte Pasta oder die *fiorentina* (gegrilltes Steak). Ein Hauptgericht kostet etwa 25 €. Tische im Freien. Mo–Sa 12–15 und 19–23 Uhr. Piazza Beccaria 6, ✆ 02/876134, www.conteugolino.it.

Al Cantinone 14, eines der ältesten Restaurants der Stadt in einem Palazzo aus dem 17. Jh. mit mehreren Sälen und Weinkeller in Domnähe. Gute lombardische Küche gehobenerer Preislage mit großer Auswahl an *risotti*. Das Mittagsmenü im Bistro ist günstiger (Primi 7 €, Secondi 9 €), reichhaltiges Buffet zum *aperitivo* (18–21 Uhr). Ristorante tägl. 12–15, 19–22.30 Uhr, Bistro tägl. 12–15.30 Uhr. Via Agnello 10, ✆ 02/863015, www.alcantinone.it.

Ristorante Boeucc 4, im Inneren des prächtigen Palazzo Belgioioso befindet sich das älteste Restaurant der Stadt. Es besteht, wenn auch nicht an gleicher Stelle, seit 1696 und hat sich mailändischer Küche verschrieben. Hier tafelt man im eleganten Säulensaal mit gewölbter Decke, langen Tischdecken, Kristallgläsern und Silberbesteck. Das Restaurant ist eine beliebte Hochzeitslocation, die Preisklasse gehoben. Mo–Fr 12.40–14.30 und 19.40–22.30 Uhr. Piazza Belgioioso 2, ✆ 02/76020224, www.boeucc.it.

Eis und Schokolade

Gelateria Vanilla 25, nur wenige Schritte vom Dom entfernt, in einer Seitengasse des Corso Vittorio Emanuele II, gibt's biologisches und veganes Eis aus besten Zutaten wie Limonen aus Sorrento, Pinienkernen aus der Toskana oder Haselnüssen aus dem Piemont. Tägl. 8–21 Uhr (Winter), 11–23.30 Uhr (Sommer). Via Pattari 2/Ecke Corso Vittorio Emanuele II, www.vanilla-gelati-italiani.it.

Mein Tipp **Cioccolati Italiani 16**, beliebt bei den Mailändern für ausgefallene Kreationen aus Schokolade z. B. *caffè cioccolattato bianco* (Espresso mit weißer Schokolade), heiße Schokolade mit Pistazien oder Kokos, Crepes mit Schoko und frischen Früchten sowie köstliche Eissorten. Der Laden ist immer voll. Mo–Fr 7–23, Sa und So 8.30–23 Uhr. Via San Raffaele 6, ✆ 02/89093820, www.cioccolatitaliani.it.

Enoteche

Mein Tipp **Signorvino 24**, eindrucksvolle Weinhandlung auf der Rückseite des Doms mit kleinen Tischen mit Blick auf die Apsis. Auf der Speisekarte: einfache, schmackhafte Küche mit Spezialitäten aus ganz Italien zu fairen Preisen (z. B. *tagliere*, (Holzbrett) mit Schinken, Speck oder Mortadella klein ab 4,90 €, groß ab 15,90 €) oder Degustationsmenüs (ab 35 € inkl. Wein), tägl. 9–24 Uhr. ✆ 02/89092539, Piazza del Duomo/Ecke Corso Vittorio Emanuele, www.signorvino.com

Streetfood & Snacks

Panino Giusto 30, beliebte Mailänder Kette mit fantasievoll belegten Brötchen (zum dort Essen oder Mitnehmen), kleineren Gerichten und Salaten. Panino ab 5 €. Tägl. 11–0.30 Uhr, Piazza Diaz 5 (rechts neben dem Dom), www.paninogiusto.it.

Mein Tipp **Luini 15**, hier stehen Mailänder für die besten *panzerotti* (frittierte Teigtaschen, eine Spezialität aus Apulien) der Stadt Schlange. Gefüllt z. B. mit Mozzarella und Tomaten, Pilzen und Ricotta oder grünen Bohnen und geräuchertem Scamorza. Ab 3 €. Mo 10–15, Di–Sa 10–20 Uhr. Dank der Menschentrauben vor dem Eingang nicht zu verfehlen. Via Radegonda 16, www.luini.it.

Piadineria La Caveja 31, sehr gute *piadine* (eine Art Fladenbrot aus der Emilia Romagna) gleich hinter dem Palazzo Reale. Hier können Sie Teig und Belag selbst auswählen – ideal für eine schnelle und günstige Mittagspause. Mo–Fr 10–18, Sa 11–18 Uhr. Via Flavio Baracchini 1, ✆ 02/48975739, www.la-caveja.it.

Über Mailand wacht die goldene Madonnina

Der Mailänder Dom → Karte S. 25

Mailand im Kasten

Oh mia bela Madunina – inoffizielle Hymne der Stadt

Oh, meine schöne Madonna ... das Lied wurde 1934 vom Sänger und Pianisten Giovanni d'Anzi im mailändischen Dialekt geschrieben, es huldigt der goldenen Madonnina auf der Spitze des Doms und ist unter Mailändern sehr populär – auch als Handy-Klingelton erhältlich. Wenn Sie die Galleria del Corso 4 (auf dem Corso Vittorio Emanuele II) durchschreiten, finden Sie am Ausgang zur Piazza Beccaria eine Gedenktafel zu Ehren von Giovanni d'Anzi (1906–1974).

Shopping

In der Galleria Vittorio Emanuele II

Feltrinelli **19**, eine riesige Filiale der größten italienischen Buchhandelskette finden Sie im Untergeschoss der Galleria. Auch fremdsprachige Literatur und Stadtführer. Mo–Do 9–21, Fr, Sa bis 22, So 10–20 Uhr. www.feltrinelli.it.

Piumelli **10**, hier bekommen Sie u. a. weiche Handschuhe aus Leder oder Seide in klassischen und knalligen Farben für kalte Wintertage sowie glamouröse Abende, auch Taschen und Gürtel. Tägl. 10–19.30 Uhr. ✆ 02/8692318, www.piumelli.com.

Andrew's Ties **11**, handgefertigte Krawatten made in Italy (limitierte Produktion) in allen Farbschattierungen aus Materialien wie Seide, Wolle oder Kaschmir. Die günstigsten ab 28 €. Tägl. 10–19.30 Uhr. ✆ 02/860935, www.cravatticiozadi.it.

Noli Articoli per fumatori **13**, Paradies für Raucher. In dem wunderschönen historischen Laden (1927) finden Sie edle Feuerzeuge, Pfeifen der Marken Castello oder Dunhill, handgemachte Accessoires aus Leder, Zigarren, Zigarillos etc. Tägl. 9.30–19.30 Uhr. ✆ 02/875658, www.nolitabacchi.it

Rizzoli **9**, ein sehr gut sortierter historischer Buchladen auf drei Etagen (Nähe Ausgang zur Piazza della Scala). Tägl. 9–20, Do bis 22 Uhr. ✆ 02/86461071, www.libreriarizzoli.it.

Libreria Bocca dal 1775 **20**, die älteste Buchhandlung Mailands. Eine Fundgrube für Kunstliebhaber mit Ausstellungskatalogen, Kunstdrucken und Grafiken. Tägl. 10–19 Uhr. ✆ 02/86462321, www.libreriabocca.com.

Außerhalb der Galleria

La Rinascente **23**, Shoppingparadies und schönstes Kaufhaus der Stadt. Hier finden Sie Kleidung, Schmuck und Kosmetik edelster Brands, Designer-Haushaltswaren (Untergeschoss), einen Gourmet-Supermarkt, und wer müde ist, kann in den verschiedensten Restaurants oder Cafés mit Dachterrasse (Domblick) im 7. Stock ausruhen. Mo–Sa 9–22, So 10–22 Uhr. Piazza del Duomo, ✆ 02/88521, www.rinascente.it.

Bücher

Mondatori Megastore **27**, Musik, Bücher, Software, Games, Filme und Zeitschriften auf drei Etagen. Auch fremdsprachige Literatur. Mo–Mi 9–22, Do–So 9–23 Uhr. Piazza Duomo 1, ✆ 02/454411, www.mondadoristore.it.

Hoepli **7**, der Schweizer Verleger Ulrich Höpli eröffnete bereits 1870 eine der größten Buchhandlungen der Stadt. Auf vier Stockwerken finden Sie u. a. antiquarische Ausgaben sowie auch deutschsprachige Literatur. Via Ulrico Hoepli 5, ✆ 02/864871, www.hoepli.it.

Diverses

Porselli **5**, Primaballerinas aller Welt kaufen hier seit 1919 ihre Ballettschuhe. Zwischen pastellfarbenen Spitzen findet man auch Ballettröckchen und Accessoires. Mo 15–19.30, Di–Sa 9–12.30 und 15–19.30 Uhr. Piazza Paolo Ferrari 6, ✆ 02/8053759, www.porselli.it.

Alessi Flagship Store **2**, Alessi-Design findet sich in fast jedem italienischen Haushalt. Im Flagship-Store wenige Schritte von der Scala gibt es eine Riesenauswahl an Mokka-Kännchen, Besteck, Geschirr, Gläsern, Lampen, Teekochern etc. Tägl. 10–19 Uhr. Via Manzoni 14, ✆ 02/795726, www.alessi.com.

Disney Store **17**, Spiele, Kostüme, Mode (für Babys, Kinder und Erwachsene), Partyzubehör, Elektro- und Hightech-Spielzeug etc. aus der Film- und Fernsehwelt (zu stolzen Preisen). Mo–So 10–20.30 Uhr. Corso Vittorio Emanuele II, 30, ✆ 02/76317908, www.shopdisney.it.

Lego Store **8**, im größten Lego Store Italiens ziert ein mit weißen Legosteinen nachgebauter Dom das Schaufenster. Für alle Fans der bunten Bausteine. Mo–So 10–20 Uhr. Corso Monforte 2, ✆ 02/76001670, www.lego.com.

Zum Goldenen Karree

Tour 2

Das Quadrilatero d'Oro – Goldene Karree – ist eines der berühmtesten Modeviertel der Welt und verkörpert aufs Feinste den Hang der Mailänder zu Luxus und Eleganz. Hier wird *la moda*, Mode, zelebriert und in opulenten Schaufenstern wie Kunst ausgestellt.

Museo Bagatti Valsecchi, ein Renaissance-Juwel, S. 44

Palazzo Morando, beherbergt ein exquisites Modemuseum, S. 44

Giardini Pubblici, die älteste öffentliche Parkanlage der Stadt, S. 45

Galleria d'Arte Moderna, klassische Moderne in der Villa Reale, S. 46

Villa Necchi di Campiglio, Einblick in den Lebensstil der 1930er-Jahre, S. 47

Im Modemekka

Rund um das Quadrilatero d'Oro

Luxus pur! Das ist die beste Beschreibung für das Quadrilatero d'Oro, das Goldene Viereck, zwischen der Via Monte Napoleone, Via della Spiga, Via Manzoni und dem Corso Venezia. Nirgends findet man auf so kleinem Raum ein vergleichbares Angebot an schicken Boutiquen, in denen die berühmtesten Modezaren der Welt ihre neuesten Kreationen ausstellen. Hier muss man in der Regel sehr tief in den Geldbeutel greifen, doch auch Window-Shopping oder Stöbern in Outlets haben ihren Reiz.

Kaum biegt man in die bekannteste Straße, die Via Monte Napoleone mit ihren klassizistischen Adelspalazzi aus dem 18. Und 19. Jh. ein, geht es gleich los: Perfekt gestyltes Personal wartet in fantasievoll dekorierten Läden von Gucci, Prada, Ferragamo, Louis Vuitton, La Perla oder Cartier auf betuchte Kundschaft – eine Hand stets am Türknauf. Auch das Publikum entspricht der Umgebung: Da führt die betagte Signora mit jugendlich prallen Wangen schon mal stolz ein hauteng geschnittenes Etwas mit Schoßhündchen im Partnerlook vor, und nirgends kann man so viele Nobelkarossen sehen wie hier, geparkt in zweiter Spur oder auf dem Bürgersteig. Man erschaudert schon kurz, wenn man eine einzige Clutch – ihr ist ein opulentes Schaufenster gewidmet – für 5000 Euro entdeckt. Große Tore mit blank geputzten Messing-Türklingeln machen neugierig auf die *cortili*, die für Mailand typischen Innenhöfe. Doch meist verwehren strenge Pförtner den Eintritt. Auch auf der autofreien Via della Spiga, die fast dörflichen Charme versprüht, öffnen sich meterlange Schaufenster von Dolce & Gabbana und anderer bekannter Namen – man kann sie gar nicht alle aufzählen.

Eine erfrischende Oase nach dem Konsumrausch sind die Giardini Pubblici Indro Montanelli, Mailands ältester öffentlicher Park, in dem man ein wunderbares naturhistorisches Museum besuchen oder den Mailändern beim Joggen und Picknicken zusehen kann.

Tour-Info: Reine Gehzeit etwa eine Stunde.

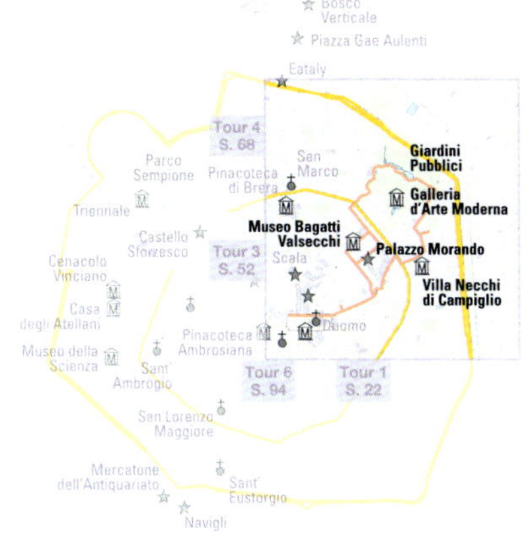

Spaziergang

Ausgangspunkt der Tour ist wieder die Piazza del Duomo (Metro M1, M3 Duomo). Der Shoppingbummel führt links am Dom entlang zum Corso Vittorio Emanuele II. Vorbei am **La Rinascente,** einem der schönsten Kaufhäuser der Stadt – der Traumblick von der Terrasse im 7. Stock auf eine Heerschar von Zinnen, Streben, Figuren und Skulpturen auf dem Dach des Mailänder Doms ist eine Cappuccino-Pause wert.

Auf der breiten Fußgängerzone **Corso Vittorio Emanuele II** mit Modeketten wie Zara, Benetton oder H&M öffnet sich linker Hand die **Piazza del Liberty,** die durch einen prächtigen Palazzo mit Jugendstilfassade bezaubert – heute Sitz des Österreichischen Generalkonsulats. Im Sommer 2018 eröffnete der US-Konzern Apple unter (!) der Piazza einen Mega-Store und verlieh dem Platz mit einem imposanten Glasbrunnen, Freilufttheater sowie frisch gepflanzten Bäumen einen neuen Look.

Zurück auf dem Corso Vittorio Emanuele II versteckt sich auf Hausnummer 13 – unter den Arkaden – die Statue „**Der Mann aus Stein**": „Man muss ohne Fehler sein, um schlecht über jemanden zu reden", lautet die Inschrift auf seinem Sockel. Wer er war oder woher er kommt, weiß niemand.

Weiter auf dem Corso Vittorio Emanuele II, erreicht man – vorbei an der dem römischen Pantheon nachempfundenen, klassizistischen **Chiesa di San Carlo al Corso** – die verkehrsumtoste **Piazza San Babila** mit der im romanischen Baustil errichteten **Chiesa San Babila,** in der der berühmte Mailänder Schriftsteller Alessandro Manzoni 1785 getauft wurde. Die Löwensäule vor der Kirche errichtete Giuseppe Robecco im Jahr 1626, sie zeigt symbolisch in Richtung Porta Venezia. Der große Brunnen, ein Werk von Architekt Luigi Caccia Dominioni, soll die Berge, Flüsse und Seen der Lombardei repräsentieren.

Man überquert die Piazza San Babila, biegt links in den Corso Matteotti ein, die zweite Querstraße rechts ist die **→ Via Monte Napoleone**. Auf der ältesten Straße der *alta moda* gibt es weder Bäume noch Straßencafés, hier reißt die Kette schicker und teurer Läden nicht ab.

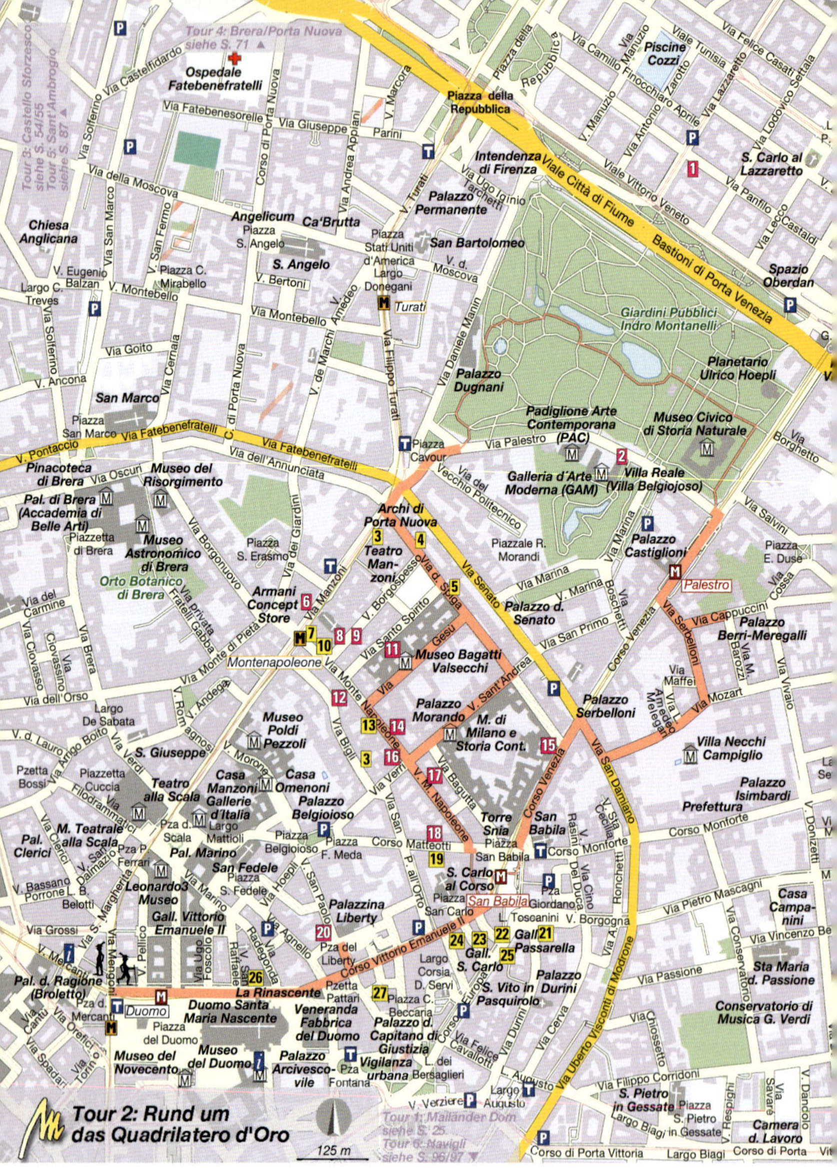

Wer sich für Hüte, Korsette, Fächer oder Kostüme aus dem 17. bis 19. Jh. interessiert, biegt rechts in die Via Sant'Andrea ein und kann das **Museo Costume Moda** im **→ Palazzo Morando** besuchen. Eine Quergasse höher, in der Via Gesù, versteckt sich das sehenswerte **→ Museo Bagatti Valsecchi** mit schönem Innenhof.

Beide Querstraßen münden in die autofreie **Via della Spiga**, die fast dörflichen Charme versprüht. Wer hier den Blick Richtung Himmel hebt, entdeckt üppig

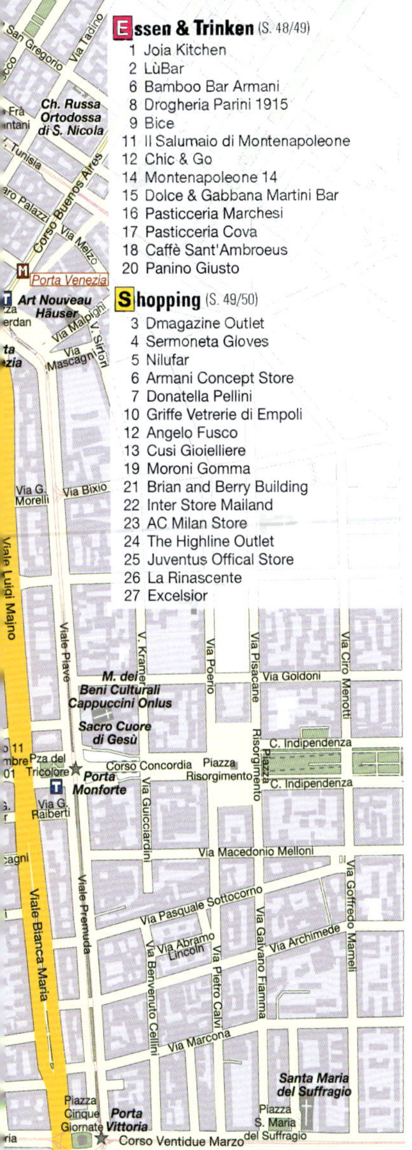

begrünte Dachterrassen. Auf der stark befahrenen Via Manzoni geht es weiter stadtauswärts durch die Bögen der Porta Nuova, ein mittelalterliches Stadttor, über die stark befahrene Piazza Cavour zu den → **Giardini Pubblici Indro Montanelli,** der ältesten öffentlichen Parkanlage der Stadt. Am Eingang Via Palestro/Ecke Via Manin zieht die Statue von Indro Montanelli, einem der größten italienischen Journalisten der Nachkriegszeit, die Blicke auf sich.

Wir halten uns im Park links und passieren den großzügig gestalteten **Palazzo Dugnani,** erbaut Ende 17., Anfang 18. Jh. Der Springbrunnen vor dem Eingangsportal, gesäumt von Bänken, ist beliebter Treffpunkt der Einheimischen. Von hier geht es am kleinen See vorbei zum → **Planetario Ulrico Hoepli,** auf dessen Rückseite das → **Museo Civico di Storia Naturale** (Naturhistorisches Museum) seinen Platz gefunden hat.

Wir verlassen den Park, überqueren die **Via Palestro** und stoßen bei Hausnummer 16 auf die **Villa Belgiojoso** (auch Villa Reale genannt) aus dem 18. Jh., in der die → **Galleria d'Arte Moderna (GAM)** und angrenzend der → **Padiglione d'Arte Contemporanea (PAC),** ein Museum für zeitgenössische Kunst, untergebracht sind. Der wunderschöne Park mit See hinter der Villa ist noch ein Geheimtipp.

Die **Via Palestro** mündet in den aristokratischen Corso Venezia. Würden Sie diesem stadtauswärts (links) folgen, kämen Sie nach wenigen Schritten zur Porta Venezia mit ihren beiden ehemaligen Zollhäuschen, an deren Rückseite sich der 1,6 km lange, sehr stark befahrene **Corso Buenos Aires** erstreckt – mit rund 350 Geschäften einer der längsten Shoppingboulevards Europas mit erschwinglicher Mode.

Wir folgen dem breiten **Corso Venezia,** stadteinwärts. Auf Hausnummer 47 erhebt sich der prächtige → **Palazzo Castiglioni** im Jugendstil, von den Mailändern → **„Cà di ciappe"** (Haus der Pobacken) genannt. Wenige Schritte weiter lohnt sich ein Abstecher, wir biegen links in das „Viertel der Stille", in die Via Serbelloni (in der Quergasse Via Cappuccini erspäht man auf Hausnummer 7 mit etwas Glück Flamingos, die

Rund um das Quadrilatero d'Oro → Karte S. 42/43

im Garten der **Villa Invernizzi** spazieren und sich hier perfekt eingelebt haben), auf Hausnummer 10 dürfen Sie das **Ca' dell'Oreggia,** Haus des Ohres, nicht verpassen: Das von Adolf Wildt in den 1920er-Jahren erschaffene Riesenohr neben dem Eingang diente einst als Sprechanlage.

Wir biegen nun rechts in die **Via Mozart** ein – für mich eine der schönsten Straßen der Stadt – und treffen bei Hausnummer 10 auf ein architektonisches Juwel, die → **Villa Necchi Campiglio** umgeben von einem großen Garten. Eine Überraschung ist der **Palazzo Fidia,** gegenüber der Villa Necchi Campiglio, ein originelles Meisterwerk des Architekten Aldo Andreani aus Mantua. Wenn Sie der Via Mozart folgen und rechts in die Via San Damiano einbiegen, kommen Sie zurück auf den Corso Venezia und erreichen die Piazza San Babila (Metro M1, San Babila). Weiter über den Corso Vittorio Emanuele II sind Sie in wenigen Minuten am Ausgangspunkt der Tour, der Piazza del Duomo.

Sehenswertes

Im Stil der Renaissance

Museo Bagatti Valsecchi

Versteckt in einem wunderschönen Innenhof finden Sie das herrschaftliche Wohnhaus der adeligen Brüder Fausto (1843–1914) und Giuseppe Bagatti Valsecchi (1845–1934). Die beiden Kunstliebhaber waren so sehr von der Renaissance besessen, dass sie ihren Palazzo aus dem 19. Jh. detailversessen im Stil der Renaissance umgestalteten und mit kostbaren Gemälden, Rüstungen, Keramiken und Teppichen ausstatteten. Sehenswert in Faustos Schlafgemach: ein Polyptychon von Giampietrino, einem Schüler von Leonardo da Vinci. Das Museo Bagatti Valsecchi ist eines der vier prächtigen Hausmuseen der Stadt (→ Kasten rechts).

Di–So 13–17.45 Uhr. Eintritt 10 €, erm. (18–25 J.) 7 €, EU-Bürger unter 18 J. Eintritt frei. Audioguides (auch auf Deutsch) gratis an der Kasse. Für Kinder gibt's das Silent Book (das Museum als Bilderbuch) für 2 €. Via Gesù 5, Metro M1 San Bablia, M3 Montenapoleone, ✆ 02/76006132, www.museobagattivalsecchi.org.

Modischer Rückblick

Palazzo Morando

Ein Museum in dem Palazzo aus dem 16. Jh. dokumentiert anschaulich die

Der prachtvolle Bevilacqua-Raum im Museo Bagatti Valsecchi

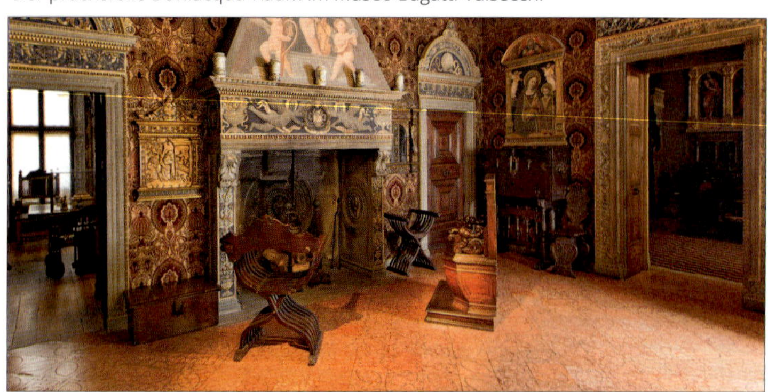

Mailand im Kasten

Case Museo di Milano – Zirkel der Hausmuseen

Vier prächtig eingerichtete Palazzi mit wertvollen Kunstsammlungen, von reichen Bürgern der Stadt Mailand oder dem FAI (italienischen Denkmalschutzverein) vermacht, schlossen sich 2008 zu den „Case Museo di Milano" zusammen. Hier taucht man in das edle Ambiente des Mailänder Großbürgertums ein, ohne sich wie in einem Museum zu fühlen.

Museo Bagatti Valsecchi: Kunstwerke der Renaissance, zusammengetragen von den Brüdern Fausto und Giuseppe Bagatti Valsecchi (→ S. 44). Di–So 13–17.45 Uhr, 10 €, erm. 7 €. Via Gesù 5, Metro M3 Montenapoleone.

Villa Necchi Campiglio: Im Stil der 1930er-Jahre durchgestylte Villa der Industriellenfamilie Necchi (→ S. 47). Mi–So 10–18 Uhr, 12 €, 5–18 J. 7 €, EU-Bürger 18–25 J. 7 €. Via Mozart 14, Metro M1 Palestro.

Museo Poldi Pezzoli: Mit wertvoller Sammlung – verschiedene Epochen der Kunstgeschichte vom 14 bis 19. Jh. des kunstbesessenen Poldi Pezzoli (→ S. 34). Di–So 10–18 Uhr. 10 €, erm. 7 €. Via Manzoni 12, Metro M3 Montenapoleone.

Casa Museo Boschi di Stefano: Mit außergewöhnlicher Sammlung der italienischen Avantgarde der Eheleute Marieda Di Stefano und Antonio Boschi. Di–So 10–18 Uhr. Eintritt frei. Via G. Jan 15, Metro M1 Lima.

Mit der Casemuseocard (20 €, erm. 10 €) kann man alle vier Museen besichtigen, sie ist drei Monate gültig. Informationen (ital. und engl.) auf www.casemuseo.it.

Stadtgeschichte Mailands vom Spätbarock bis zum Anfang des 20. Jh. anhand von Porträts berühmter Mailänder sowie interessanter alter Stadtansichten. Im 1. Stock des Palazzo finden Sie Mailands einziges Modemuseum, „Costume, Moda, Immagine", mit Kostümen und Accessoires der Mailänder Gesellschaft vergangener Epochen – allein die prunkvollen Säle sind einen Besuch wert.

Di–So 9–13 und 14–17.30 Uhr. Eintritt frei. Via Sant'Andrea 6, Metro M1 San Babila, M3 Montenapoleone, ✆ 02/88465933.

Ältester Stadtpark

Giardini Pubblici Indro Montanelli

Die Mailänder lieben den 17 ha großen Park mit Spielplätzen, Jogging-Strecke, Springbrunnen, kleinem See und Hundewiese mitten im Zentrum und gönnen sich mittags gerne in der Bar Bianco oder dem Chiosco di Pippo ein *panino* oder *gelato*. Giuseppe Piermarini, der Architekt des Teatro alla Scala, gestaltete den 1782 eingeweihten Stadtpark als englischen Garten. Er ist heute nach dem großen italienischen Journalisten Indro Montanelli benannt. Unter mächtigen Baumkronen verborgen sind das Naturhistorische Museum und das Planetarium Ulrich Hoepli.

Corso Venezia 55, Metro M1 Porta Venezia oder Palestro.

Babydinosaurier und Riesenkrabbe

Museo Civico di Storia Naturale

Das sehenswerte Naturkundemuseum, eines der bedeutendsten Italiens, ist in einem schönen neogotischen Palazzo, entworfen von Architekt Giovanni Ceruti, mitten in den Giardini Pubblici untergebracht. Auf 23 Säle verteilen sich zoologische, paläontologische und mineralogische Sammlungen. Große

Rund um das Quadrilatero d'Oro → Karte S. 42/43

Vor dem Museo Civico di Storia Naturale

Augen machen Kinder vor der Japanischen Riesenkrabbe, deren Beine bis zu 4 m lang werden, oder vor Ciro, Italiens berühmtem (versteinerten) Baby-Dinosaurier. Beeindruckend sind die großen Schaukästen im 1. Stock, in denen Tiere in ihrem natürlichen Habitat fantastisch in Szene gesetzt sind.

Di–So 9–17.30 Uhr. Eintritt 5 €, erm. 3 € (6–18 J., Studenten bis 25 J.), Corso Venezia 55, M1 (Palestro), Info-Point ✆ 02/88463337.

Welt der Sterne

Planetario Ulrico Hoepli

Der Wahlmailänder Ulrico Hoepli, ein Schweizer Verleger, vermachte der Stadt 1930 das Planetarium (Werk von Pietro Portaluppi). Regelmäßig finden Vorträge, Führungen und Himmelsbeobachtungen – auch für Kinder – statt (leider nur in italienischer Sprache). Anmeldung unter ✆ 02/88463340.

Corso Venezia 57, Metro M1 Porta Venezia oder Palestro.

Klassische Moderne

Galleria d'Arte Moderna (GAM)

Die GAM in der Villa Reale (auch Villa Belgiojoso genannt) gegenüber den Giardini Pubblici hütet vornehmlich Werke italienischer Künstler aus dem 19. Jh. (darunter Gemälde von Francesco Hayez, Pompeo Marchesi, Antonio Canova oder Andrea Appiani). Privatsammlungen der Unternehmer Carlo Grassi und Giuseppe Vismara bereicherten die Kollektion um Werke von Van Gogh, Cézanne oder Giorgio Morandi. Ein Geheimtipp ist der schöne Park mit altem Baumbestand und See, der sich hinter der Villa versteckt – Touristen sieht man hier selten. In der Villa finden regelmäßig Konzerte „Musica a Villa Reale" statt (Eintritt 2 €, Reservierung nötig).

Di–So 9–17 Uhr. Eintritt 5 €, erm. 3 € (EU-Bürger 18–25 J.). Freier Eintritt unter 18. J sowie jeden ersten So im Monat und ab 14 Uhr jeden ersten und dritten Di im Monat. Via Palestro 16, Metro M1 Palestro, ✆ 02/88445947, www.gam-milano.com (mit Konzertprogramm unter „Eventi").

Zeitgenössische Kunst

Padiglione d'Arte Contemporanea (PAC)

Der moderne Pavillon neben der Villa Reale, ein Werk von Architekt Ignazio Gardella, wurde 1954 eingeweiht und dient seither für Wechselausstellungen zeitgenössischer Kunst.

Bookshop und Cafferia. Mo, Mi, Fr, Sa, So 9.30–19.30 Uhr, Di und Do 9.30–22.30 Uhr. Eintritt 8 €, erm. (6–26 J.) sowie Do ab 19 Uhr 6,50 €. Online-Reservierung auf www.vivaticket.it, Zusatzgebühr 1,50 €. Via Palestro 14, Metro M1 Palestro, ✆ 02/88446359, www.pacmilano.it.

Haus der Pobacken

Palazzo Castiglioni

Der reiche Unternehmer Ermenegildo Castiglioni beauftragte Anfang letzten Jahrhunderts den damaligen Stararchitekten Giuseppe Sommaruga mit dem Bau des Palazzo Castiglioni. Er wünschte sich eine prächtige Residenz, die sich von allen anderen unterscheiden sollte, und schmückte die Fassade mit zwei üppigen, leicht bekleideten Frauengestalten. Die „unsittlichen Damen", ein Werk von Ernesto Bazzaro, lösten einen Skandal aus. „Cá di ciappe" (Haus der Pobacken) spotteten die Mailänder. 1914 wurden die Skulpturen entfernt und prangen seither an der Villa Romeo Faccanoni außerhalb des Stadtzentrums (Via Michelangelo Buonarroti 48). Heute ist der Palazzo Castiglioni Sitz des italienischen Handelsverbandes.

Corso Venezia 47, Metro M1, Palestro.

Prachtvolle Villa

Villa Necchi Campiglio

Versteckt im Quadrilatero del silenzio, dem Viertel der Stille, haben sich in den 1930er-Jahren die beiden Schwestern der italienischen Nähmaschinen-Dynastie Necchi eine prachtvolle Villa mit idyllischem Garten errichten lassen. Der renommierte Architekt Piero Portaluppi schuf ein Meisterwerk seiner Zeit. Heute sind die eleganten und hohen Gemächer sowie der Park mit Tennisplatz und Pool (einer der ersten der Stadt) zahlenden Gästen geöffnet. Ein Rundgang durch die Villa mit ihrem prunkvollem Mobiliar, gerahmten Familienfotos, signierten Porträts sowie einer kostbaren Kunstsammlung mit Werken von Tiepolo, Picasso, Matisse, Canaletto oder Skulpturen von Adolf Wildt vermittelt einen Eindruck vom Reichtum der einstigen Bewohner. Auch ein Waffenzimmer gibt es, hier bewahrte der Hausherr seine Jagdgewehre auf. Luca Guadagnino drehte auf dem Anwesen den Film „Io sono

Rund um das Quadrilatero d'Oro → Karte S. 42/43

Mailand im Kasten

Das Viertel der Stille

Das *Quadrilatero del silenzio* östlich der Piazza San Babila und des Corso Venezia (Metro M1 Palestro) zählt zu den schönsten Ecken der Stadt – hier herrscht Ruhe, fernab vom Verkehr. Auf einem Spaziergang durch die vier Wohnstraßen Via Serbelloni, Via Mozart, Via Cappuccini und Via Vivaio entdeckt man elegante Palazzi und Villen wie zum Beispiel den Palazzo Berri-Meregalli (Via Cappuccini 8), den Palazzo Sola Brusca mit dem Riesenohr von Wildt (Via Serbelloni 10), den „vertikalen Wald" der Villa Zanoletti (Via Mozart 14) gegenüber der Villa Necchi di Campiglio (Via Mozart 14) oder den Palazzo Fidia (Via Melegari 2).

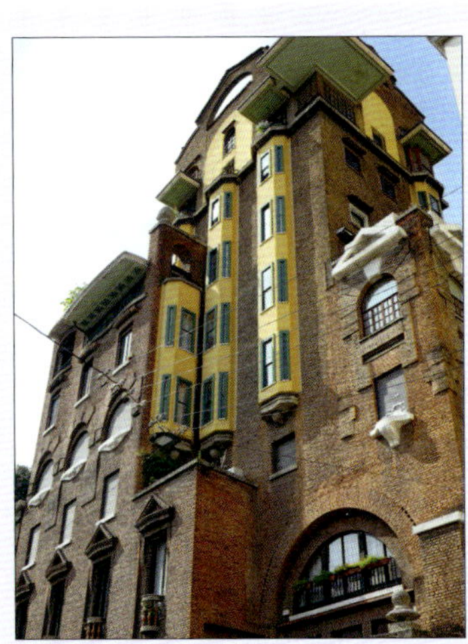

Origineller Stilmix: Palazzo Fidia

l'amore" mit Tilda Swinton in der Hauptrolle, der 2010 in den Kinos lief („I Am Love"). Seit 2001 verwaltet der Fondo per l'Ambiente Italiano (FAI), ein privater, 1975 in Mailand gegründeter Denkmalschutzverein, die Villa und nutzt sie für Konzerte und Events. Die Villa Necchi ist eines der vier Hausmuseen der Stadt (→ Kasten, S. 45).

Di–So 10–18 Uhr, Besichtigung nur im Rahmen einer Führung (1 Std.), Anmeldung telefonisch unter ✆ 02/76340121 oder schriftlich an fainecchi@fondoambiente.it. Eintritt 12 €, erm. (6–18 J.) 4 €, Studenten bis 25 J. 7 €, Familienticket (2 Erw. 2 Kinder 25 €). Freier Eintritt in den Garten, das Café und den Bookshop. Via Mozart 14, Metro M1 (Palestro), M3 (Montenapoleone), www.casemuseomilano.it.

Praktische Infos

→ Karte S. 42/43

Die meisten Restaurants, Trattorien oder Cafés im noblen Goldenen Viertel sind elegant, die Preise dementsprechend. Ein *caffè* mit süßer Brioche oder ein *aperitivo* sind jedoch selbst in den teuersten Locations bezahlbar.

Essen und Trinken

Ristoranti & Caffè

Bice **9**, in diesem stadtbekannten historischen Lokal kredenzt man klassische Toskana-Gerichte wie Ribollita, Kutteln und Pasta e Fagioli (Bohnen) ebenso wie die Klassiker der mailändischen Küche – Ossobuco mit Risotto alla Milanese, Bolliti oder La Cassoeule. Gutes Preis-Leistungs-Verhältnis. Mo–So 12.30–14.30 und 19.30–22.30 Uhr. Via Borgospesso 12, ✆ 02/76002572, www.bicemilano.it.

meinTipp Joia Kitchen **1**, für den schnellen Lunch eröffnete Sterne-Koch Pietro Leemann in seinem berühmten vegetarischen Restaurant „Joia" das Bistro „Joia Kitchen". Hier gibt es wochentags preisgünstigere Mittagsmenüs (auch vegan) aus biologischen Zutaten. Ein Menü im noblen Restaurant kostet ab 90 € (wer hier einkehrt, sollte Zeit mitbringen!). Mo–Sa 12–14.30 und 19.30–23 Uhr. Via Panfilo Castaldi 18, ✆ 02/29522124, www.joia.it (Tischreservierung ist empfehlenswert).

Il Salumaio di Montenapoleone **11**, Caffè-Bistrot, Ristorante und Feinkostladen in einem. Hier speist man in einem wunderschönen Innenhof direkt neben dem Museo Bagatti Valsecchi. Die Küche ist italienisch und gehoben, das Personal manchmal überfordert, doch das Ambiente macht's wett. Unbedingt reservieren. Ristorante Mo–Sa 12–22.30 Uhr. Caffè-Bistrot Mo–Sa 8–22.30 Uhr. Gastronomia Mo–Sa 8.30–22 Uhr. Via Santo Spirito 10, ✆ 02/76001123, www.ilsalumaiodimontenapoleone.it.

meinTipp Drogheria Parini 1915 **8**, das Restaurant blickt auf eine über 100-jährige Geschichte zurück, das ist spürbar im gewölbeartigen Souterrain der ehemaligen Kirche San Francesco di Paola. Mailänder schätzen es wegen der typisch mailändischen Küche und der – bedenkt man die Nobeladresse – akzeptablen Preise. Im Feinkostladen gibt es tolle Spezialitäten, die sich wunderbar als Mitbringsel eignen. Di–Sa 12–23 Uhr. Via Borgospesso/Ecke Via Montenapoleone, ✆ 02/36683500, www.parini1915.com.

Caffè Sant'Ambroeus **18**, schon beim Betreten staunt man über das Design: Große Lüster aus Muranoglas baumeln von der Decke, an den holzvertäfelten Wänden glitzern sibrige Spiegel und auf der Theke der Cafetteria reiht sich feinstes Konfekt wie Juwelen aneinander. Im Ristorante gibt es leichte italienische Gerichte. Antipasto 18 €, Primo 18 €, Secondo 28 €. Mo–Sa 7.45–20.30, So und Feiertag 8.45–20.30 Uhr. Corso Giacomo Matteotti 7, ✆ 02/76000540, www.santambroeusmilano.com.

Pasticceria Cova **17**, die Caffè-Legende (seit 1817) ist beliebt bei Designern, Models und Touristen, ihr süßes Gebäck zählt zu dem besten der Stadt und ist sogar in Niederlassungen in Dubai, Shanghai oder den Arabischen Emiraten zu haben. Den *caffè* trinkt man wegen der gehobenen Preise besser an der Theke im Stehen, wie die Mailänder. Mo–Sa 8–20.30, So 9.30–19.30 Uhr. Via Monte Napoleone 8, ✆ 02/76005599, www.pasticceriacova.com.

Pasticceria Marchesi **16**, eine der ältesten Pastisserien Mailands und so etwas wie ein Nationalheiligtum, auch wenn seit 2014 80 % dem Modehaus Prada gehören. Mit pistaziengrünen Samtstühlen, Marmortischen und floralen Jacquard-Seidentapeten. Am beliebtesten sind die Kuchen Amor Polenta und Torta al riso. Mo–So 7.30–9 Uhr. Via Monte Napoleone 9, www.pasticceriamarchesi.com.

LùBar **2**, das zauberhafte Caffè-Bistrot-Ristorante in der schönen Villa Reale, in der auch die Galleria d'Arte Moderna untergebracht ist, ähnelt einem verwunschenen Wintergarten. Am besten besuchen Sie es zum Frühstück oder Lunch, dann kommen die lichtdurchfluteten, mit vielen Pflanzen ausgestatteten Räume voll zur Geltung. Die Geschwister Lucilla, Lucrezia und Ludovico servieren Slow Food aus ihrer Heimat Sizilien. Mi, Do Livemusik (21–24 Uhr): Jazz, Gispy Swing, Soul oder Funk. Di–So 8–24 Uhr, Via Palestro 16, ✆ 02/83527769, www.lubar.it.

Montenapoleone 14 **14**, das moderne Bistro im Herzen des Quadrilatero d'Oro, entworfen von der Architektin Aline Soares de Andrade, gleicht eher einer Boutique, hier kann man Kleider oder Schmuck kaufen, ein leichtes Gericht (17–25 €), zubereitet von Sterne-Koch Tommaso Arrigoni, probieren oder zum *aperitivo* (12 €) verweilen. Mo–So 10–22 Uhr. Via Monte Napoleone 14, www.14montenapoleone.com.

Aperitivo-Bars

Dolce & Gabbana Martini Bar **15**, wer VIP-Atmosphäre spüren möchte, sollte sich hier einen *caffè* oder *aperitivo* gönnen. Das Ambiente ist klassisch D&G, dominiert von edlem Schwarz, man sitzt auf Ledersofas in gedimmtem Licht. Im angeschlossenen Martini Bistrot muss man tiefer in den Geldbeutel greifen, doch es ist ein Ereignis, in dem bezaubernden Innenhof zu sitzen, wo Mailands stilbewusste Modeszene unter schwarzen Sonnenschirmen chillt. Mo–Sa 7.30–1, So 9–24 Uhr. Corso Venezia 15, www.dolcegabbana.it/martini.

Bamboo Bar Armani **6**, an „Re Giorgio" kommt man in Mailand nicht vorbei. Doch statt sich im sündhaft teuren Luxushotel einzumieten, reicht es im Concept Store zu stöbern oder sich einen Drink in der hoteleigenen Bamboo Bar zu gönnen, um in Armanis Welt einzutauchen. Das Publikum ist international, auch Stars und Sternchen treffen sich auf einen eleganten Afternoon Tea oder Aperitif mit Blick auf den Dom. Cocktails ab 24 €, Bier 15 €. Tägl. von 11–1 Uhr, Via Manzoni 31.

Preiswert & schnell

Panino Giusto **20**, die fantasievoll belegten und stets frisch zubereiteten Brötchen (auch vegetarisch) sind Kult in Mailand. Es gibt auch Salate und eine kleine Auswahl an warmen Gerichten (10–18 €). Tägl. 12–1 Uhr geöffnet. Via Agnello 6, www.paninogiusto.it.

Mit edlen Accessoires eine *bella figura* machen

meinTipp Chic & Go **12**, in dem versteckten Laden gibt es frisch zubereitete Gourmet-Panini (auch vegetarisch) z. B. mit Languste oder Lachs (ab 7 €), Salate (ab 8 €) und kleine warme Speisen wie Spargelrisotto (ab 9 €). Mo–So 10–20 Uhr. Man erreicht den Laden durch einen langen, schmalen Hausflur (Via Montenapoleone 25) oder über die Via Bigli 20.

Shopping

In den vier Straßen des **Quadrilatero d'Oro** (auch: Quadrilatero della Moda), Mailands Luxusshoppingdistrikt, finden Sie die Kollektionen aller großen italienischen und internationalen Designer. In der Via Monte Napoleone beispielsweise haben Gucci, Versace, Salvatore Ferragamo, Louis Vuitton, Fendi, Prada, Valentino, Cartier u. a. m. ihre Boutiquen und Flagship-Stores, in der Via Spiga Dolce & Gabbana, Krizia, Tod's, Prada, Sergio Rossi etc. Schnäppchen sind möglich, besonders im Schlussverkauf (Anfang Januar bzw. Anfang Juli) oder in Outlets.

Auf der längsten Einkaufsstraße Mailands, dem Corso Buenos Aires, der sich von der Porta Venezia (Metro M1) bis zur Piazzale Loreto (M1, M2) erstreckt, kann man preisgünstig shoppen, v. a. Casual Wear und Young Fashion (Benetton, Coccinelle, Esprit, H&M, Nike, Sisley etc.). Die Straße ist jedoch stark befahren, der Lärmpegel hoch.

Kaufhäuser & Concept Stores

La Rinascente **26**, im Traditionskaufhaus direkt neben dem Dom finden Sie eher konventionelle Mode italienischer und internationaler Labels, Accessoires, Kosmetik sowie eine tolle

Designer-Haushaltswarenabteilung im Untergeschoss. Im 7. Stock gibt es edle Lebensmittel, eine Caffè-Bar, eine Lobster Bar, die Obicà Mozzarella Bar, My Sushi etc. – alle mit spektakulärem Blick auf das Dach des Doms. Mo–Sa 9.30–22, So 10–22 Uhr. Piazza del Duomo, ☏ 02/88521, www.rinascente.it.

Excelsior 27, der Luxus-Concept-Store – fast geht man daran vorbei – ist in einem ehemaligen Kinokomplex untergebracht. Auf 7 Etagen gibt es alles, von Designermode bis zur Food Hall und Wine Bar (im Untergeschoss). Mo–So 10–20.30 Uhr. Galleria del Corso 4, ☏ 02/76307 301, www.excelsiormilano.com.

Brian and Berry Building 21, Mode, Kosmetik, Schuhe, Schmuck, Eataly-Store verteilt auf 12 Etagen. Im 1. Stock befindet sich „Il Coppolino", Aldo Coppolas exklusiver Friseurladen für Kinder. Von der eleganten Lounge-Bar „Terrazza 12" im 10. Stock öffnet sich ein Traumblick über die Stadt. Store: Mo–So 10–19.30 Uhr. „Terrazza 12": Mo–So 12–1 Uhr. Im Asola Restaurant gibt's So Brunch von 12 bis 16 Uhr. Via Durini 28, www.thebrianebarrybuilding.it.

Armani 6, für Fans des Modezaren Giorgio Armani ein ganzer Edel-Concept-Store: Über mehrere Stockwerke verteilen sich Mode, Möbel, Accessoires, Café, Bookshop, Roof-Top-Bar, japanisches Edelrestaurant Nobu und Hotel. Überwältigend – sowohl die Eindrücke als auch die Preise. Mo–Sa 10–20, So 10.30–19.30 Uhr, Via Manzoni 31.

Outlets

The Highline Outlet 24, im größten Outletstore der Innenstadt stöbert man auf 2000 m² durch rund 400 Marken wie Dolce & Gabbana, Versace, Kenzo, Tommy Hilfinger – für jeden Geschmack und Geldbeutel. Corso Vittorio Emanuele II 30. Tägl. 10–20 Uhr. ☏ 02/76014 870, www.thehighlineoutlet.com.

Dmagazine Outlet 3, 2008 von Forbes als „World's Best Outlet Store" ausgezeichnet, hier bekommen Sie reduzierte Kleidung, Schuhe, Taschen, Accessoires großer Marken von Armani bis Zegna. Mo–So 10–19.30 Uhr. Via Manzoni 44, ☏ 02/36514365 und Via Bigli 4, ☏ 02/36 643888, www.dmag.eu.

Diverses

Juwelier Cusi 13, seit 1886, eine Institution in Mailand, spätestens seitdem Annibale Cusi anlässlich der Weltausstellung, die 1906 in Mailand stattfand, für sein Collier „Maria Stuarda" – bestückt mit 15.000 Diamanten – den „Gran Premio" erhielt. Mo 15–19 Uhr, Di–Sa 10.30–13.30 und 15–19 Uhr. Via Napoleone 21/a, ☏ 02/76 014323, www.cusimontenapoleone.com.

Moroni Gomma 19, ein Laden für Skurriles: Designartikel, Skibrillen, Tischstaubsauger in Marienkäferform, Koffer als Hocker, Plattenspieler, Kartenspiele etc. Mo 11–19 Uhr, Di–Sa 10–19, So 10.30–19 Uhr (Sept.–Juni). Corso Giacomo Matteotti 14, ☏ 02/796220, www.moronigomma.it.

Angelo Fusco 12, das Traditionsgeschäft für Krawatten versteckt sich in einem langen, schmalen Hausflur. In beleuchteten Vitrinen ausgestellt: in Handarbeit genähte Krawatten aus purer Seide, aufwändig bestickt (nicht bedruckt!) und 5 bis 12 Mal gefaltet. Ab 120 €. Via Monte Napoleon 25, ☏ 02/76318933.

Sermoneta Gloves 4, Handschuhe, nichts als Handschuhe. Alle in Handarbeit hergestellt, aus Leder, in allen Farben und allen Variationen, die günstigsten gibt es schon ab 42 €. Mo–So 10–19 Uhr. Via della Spiga 46, ☏ 02/76 318303, www.sermonetagloves.com.

Griffe Vetrerie di Empoli 10, in diesem wunderbaren historischen Laden (1935) finden Sie Edles aus Glas (Vasen, Krüge, Teller, Gläser in allen Farben und Formen), alles aus eigener Produktion und individuell kombinierbar. Mo 15–19, Di–Sa 10–19 Uhr. Via Monte Napoleone 22, ☏ 02/76008791, www.vetreriediempoli.it.

Nilufar 5, toller Interiorshop mit berühmten Designklassikern und Limited Editions. Mo 15–19, Di–Fr 10–19.30, Sa 10–19.30 Uhr. Via della Spiga 32, ☏ 02/780193, www.nilufar.com.

Donatella Pellini 7, das Atelier der Designerin gleicht einem Theaterfundus: Schmuck, Besteck und Accessoires. Mo 14.30–19.30, Di–Sa 9.30–19.30 Uhr. Via Manzoni 20, ☏ 02/76 008084, www.pellini.it.

Fußball-Stores

Für eingefleischte Tifosi: Trikots, Parfüms, Pantoffeln, Bälle, Schuhe, Bettwäsche, Boxershorts des jeweiligen Fußball-Clubs.

Juventus Offical Store 25, Mo–So 10–20 Uhr. Corso Europa 20, ☏ 02/92869366, www.juventus.com.

Inter Store Mailand 22, Mo–Sa 10–20 Uhr. Galleria Passarella 2, ☏ 02/76016297, www.inter.it.

AC Milan 23, Mo–So 10–20 Uhr, Galleria S. Carlo, ☏ 02/49580176, www.acmilan.com.

Anlaufstelle für Österreicher: das Generalkonsulat auf der 2018 neu gestalteten Piazza del Liberty

Vom Dom zum Castello Sforzesco

Tour 3

Die Tour führt vom Domplatz über die Via Dante, eine der schönsten Straßen der Stadt, zum Castello Sforzesco mit zahlreichen interessanten Museen. Eingebettet in den Schlosspark sind u. a. das Designmuseum Triennale, Aquarium, Arena und ein Aussichtsturm – man könnte Tage hier verbringen.

Piazza dei Mercanti, Mailands mittelalterliches Herz, S. 59

Piccolo Teatro, erstes Stadttheater Italiens, S. 59

Castello Sforzesco, eine der größten Burgen Europas, S. 59

Parco Sempione, Mailands „Central Park", S. 62

Triennale, größtes Museum für Design der Moderne Italiens, S. 63

Eine Burg für Kunstliebhaber

Rund um das Castello Sforzesco

Ein Spaziergang vom Dom zum Castello Sforzesco gehört zu den Highlights eines Mailand-Besuches. Auf der noblen Fußgängerzone Via Dante mit schicken Läden und mehreren großen Straßencafés flanieren Sie schnurgerade auf die gigantische zinnenbekrönte Festung zu, die sich mitten in der Stadt erhebt. Obwohl es hier vor Touristen aus aller Welt und teils aufdringlichen Straßenhändlern (einfach stur weitergehen!) wimmelt, sollten Sie sich unbedingt Zeit für einen Rundgang durch das Castello Sforzesco nehmen, das angeblich als Vorbild für den Bau des Moskauer Kremls diente. Einen Besuch wert sind die zahlreichen teils ungewöhnlichen Museen, die sich hinter den wuchtigen Mauern verbergen. Zu den Schätzen zählen Michelangelos letzte, unvollendet gebliebene Skulptur, Pietà Rondanini (1564), der seit 2015 ein eigenes Museum gewidmet ist, die von Leonardo da Vinci erschaffenen Deckenfresken in der Sala delle Asse, dem wohl schönsten Saal im Schloss, und das gotische Grabmonument von Bonino da Campione für Bernabò Visconti (um 1363) im Museo d'Arte Antica.

Durch die Burg hindurch betritt man den Parco Sempione, mit 40 ha der größte Park der Stadt. Wenn auch vornehm englisch angelegt, picknicken hier auf großen Wiesen Studenten, Jogger drehen ihre Runden. Man schlendert auf kleinen Wegen und leichten Anhöhen wie dem Hügel „Monte Tordo", auf dem sich heute eine Bibliothek befindet, und erreicht über die romantische Eisenbrücke Ponte della Sirenetta einen kleinen See. Im üppigen Grün von Stechpalmen, Linden, kalifornischen Zedern, Buchen oder Roteichen entdeckt man die Triennale, ein Designmuseum mit der bedeutendsten Sammlung italienischen Designs der Moderne, eines der ältesten Aquarien Europas, untergebracht in einem Jugendstil-Palazzo, eine Arena, in der einst der Fußballclub Inter Mailand trainierte, und als triumphalen Abschluss den Friedensbogen Arco della Pace.

Über den Park wacht der Torre Branca. Auf den 106 m hohen Aussichtsturm können Sie mit dem Lift hinauffahren und einen spektakulären Blick bis hin zu den Domspitzen mit der goldenen Madonnina sowie auf Mailands neue Skyline genießen und sich anschließend auf der schönen Terrasse der Bar Bianco mitten im Park einen *caffè* gönnen. Abends treffen sich die Mailänder gerne auf den Steinstufen des Arco della Pace, um auf der Piazza Sempione oder dem angrenzenden sehr beliebten Corso Sempione mit zahlreichen Straßencafés und Bars zum *aperitivo* auszuschwärmen.

Tour-Info: Der Spaziergang dauert mit kurzem Stopp auf der Piazza dei Mercanti und dem Abstecher auf die Piazza degli Affari rund 40 Minuten. Im Parco Sempione mit all seinen Highlights könnte man problemlos einen Nachmittag, in den Schloss-Museen Tage verbringen.

Spaziergang

Dieser Spaziergang beginnt wieder auf der Piazza del Duomo (Metro M1, M3, Duomo). Gönnen Sie sich erst einmal in der historischen Bar Motta Milano 1928, am Eingang der Galleria Vittorio Emanuele II, einen *caffè*, dazu eine süße *brioche* – an der Theke im Stehen, wie die Mailänder (zuerst bezahlen, dann mit dem Kassenbon an der Theke ordern).

Gestärkt geht es zunächst über die Via dei Mercanti am westlichen Ende des Domplatzes zur malerischen → **Piazza dei Mercanti** mit dem wohl schönsten Ensemble mittelalterlicher Palazzi der Stadt.

Von hier ist es nur ein Sprung auf die elipsenförmige, stark befahrene **Piazza Cordusio,** die von herrschaftlichen Palazzi mit konkaven, auf den Platz gerichteten Fassaden umsäumt ist. Sie wurde in den Jahren 1889–1901 geschaffen und verbindet einige der wichtigsten Verkehrsadern der Altstadt mit der „neuen" Via Dante, die 1890 von Ingenieur Cesare Beruto fertiggestellt wurde. Architekt Luca Beltrami erbaute den prunkvollen **Palazzo delle Assicurazioni Generali** (1897–1901) mit seiner hohen Kuppel und dem goldenen Mosaik in der Nische, unter Architekt Luigi Broggi entstand 1899–1901 der **Palazzo delle Poste** (einst Börsenpalast,

Essen & Trinken (S. 64/65)
1 oTTo (S. 58)
2 Cantine Isola (S. 58)
3 Ravioleria Sarpi (S. 58)
4 Living Liqueurs & Delights
5 Just Cavalli
6 Old Fashion
7 Al Politico
8 Ristorante Andry
12 Signorvino
13 Caffè Letterario
19 Starbucks Reserve Roastery
Shopping (S. 65/66)
8 American Bookstore
9 Libreria del Mare
11 New old Camera
14 Bullfrog Barber
15 Nashi Argan Store
16 Lenzuolissimi
17 Venchi Shop
18 Giuseppe Monna di Nicola
20 Bialetti Flagshipstore
Tour 3: Rund um das Castello Sforzesco
150 m
Cimitero Monumentale
Chinatown
Chinesisches Viertel
Domodossola FN
Stazione Domodossola FN
Largo Domodossola
Radio-televisione Italiana
Sant'Ambrogio ad Nemus
Trinità
Piazza Lega Lombarda
Giardini Bompiani
Arco della Pace
Piazza Sempione
Arena Civica
Napoleone III
Parco Sempione
Acquario Civico
Corpus Domini
Torre Branca
Ponte delle Sirenette
Palazzo dell'Arte/ Triennale di Milano (Design Museum)
Teatro dell'Arte
Castello Sforzesco
Musei del Castello Sforzesco
Piazza d'Armi
Studio Achille Castiglioni
Stazione Cadorna Ferrovie Nord
Cadorna FN
Piazza Castello
Foro Buonaparte
Istituto Leone XIII
Piazza Giovanni XXIII
Largo Carabinieri d'Italia
Largo Alpini
S. Maria Segreta
Piazza Tommaseo
Conciliazione
Porta Magenta
Cenacolo Vinciano
Santa Maria delle Grazie
Casa degli Atellani
Palazzo delle Stelline
M. Martinitt e Stelline
Palazzo Litta
San Maurizio al Monastero Maggiore
Civico Museo Archeologico
Ospedale San Giuseppe
San Vittore al Corpo
Museo Nazionale della Scienza e della Tecnologia „Leonardo da Vinci"
Carceri di San Vittore
Tempio della Vittoria
Sant'Ambrogio
Pusteria di Sant'Ambrogio
Università Cattolica
Sant'Agostino
S. Ambrogio
Palazzo Stanga
Circo Romano
Piazzetta S. Josemaria Escrivà
San Bernardino alle Monache
Tour 5: Sant'Ambrogio siehe S. 87
Corso Sempione
Via Melzi d'Eril
Viale Elvezia
Via Canova
Via Pagano
Via Ariosto
V. Toti
Corso Magenta
Via Boccaccio
V. Carducci
Via Giosuè Carducci
Via De Amicis
Viale Emilio Zola
Via Vincenzo Monti

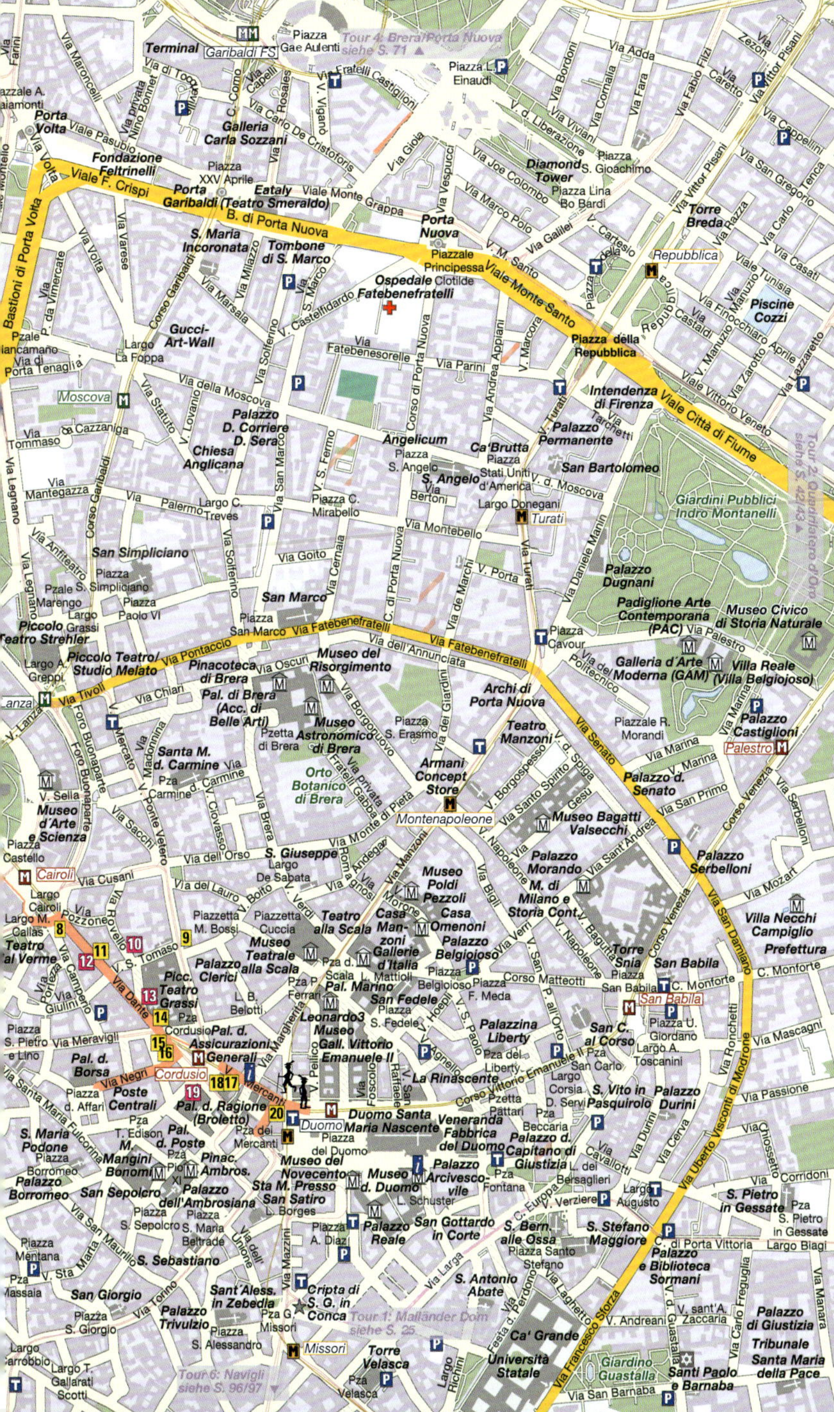

Tour 4: Brera/Porta Nuova siehe S. 71
Terminal
Garibaldi FS
Piazza Gae Aulenti
Piazza L. Einaudi
Via Farini
Via Maroncelli
Via Fratelli Castiglioni
Via Adda
Via Zezon
Via Vittor Pisani
Porta Volta
Viale Pasubio
Galleria Carla Sozzani
Via Carlo De Cristoforis
Diamond Tower
Piazza S. Gioachimo
Piazza Lina Bo Bardi
Fondazione Feltrinelli
Piazza XXV Aprile
Viale F. Crispi
Porta Garibaldi (Teatro Smeraldo)
Eataly
Viale Monte Grappa
B. di Porta Nuova
Porta Nuova
Torre Breda
Bastioni di Porta Volta
S. Maria Incoronata
Tombone di S. Marco
Piazzale Principessa Clotilde
Viale Monte Santo
Repubblica
Ospedale Fatebenefratelli
Piscine Cozzi
Gucci-Art-Wall
Largo La Foppa
Via Fatebenesorelle
Via Parini
Piazza della Repubblica
Moscova
Via della Moscova
Intendenza di Firenza
Viale Città di Fiume
Viale Vittorio Veneto
Palazzo D. Corriere D. Sera
Chiesa Anglicana
Angelicum
Ca'Brutta
Palazzo Permanente
Tour 2: Quadrilatero d'Oro siehe S. 42/43
Piazza S. Angelo
S. Angelo
Piazza Stati Uniti d'America
San Bartolomeo
Giardini Pubblici Indro Montanelli
Largo C. Treves
Piazza C. Mirabello
Largo Donegani
Turati
Via Palermo
Via Montebello
San Simpliciano
Piazza S. Simpliciano
Via Goito
Palazzo Dugnani
San Marco
Piazza Paolo VI
Padiglione Arte Contemporanea (PAC)
Museo Civico di Storia Naturale
Piccolo Teatro Strehler
Piazza San Marco
Via Fatebenefratelli
Piazza Cavour
Via dell'Annunciata
Via Palestro
Piccolo Teatro/Studio Melato
Via Pontaccio
Pinacoteca di Brera
Museo del Risorgimento
Galleria d'Arte Moderna (GAM)
Villa Reale (Villa Belgiojoso)
Lanza
Via Tivoli
Pal. di Brera (Acc. di Belle Arti)
Archi di Porta Nuova
Museo Astronomico di Brera
Teatro Manzoni
Piazza S. Erasmo
Piazzale R. Morandi
Palazzo Castiglioni
Palestro
Santa M. d. Carmine
Pza Carmine
Via Senato
Orto Botanico di Brera
Armani Concept Store
Palazzo d. Senato
Montenapoleone
Museo d'Arte e Scienza
Museo Bagatti Valsecchi
Piazza Castello
S. Giuseppe
Largo De Sabata
Via Monte di Pietà
Palazzo Serbelloni
Cairoli
Via Cusani
Museo Poldi Pezzoli
Casa Manzoni
Casa Omenoni
Palazzo Morando
M. di Milano e Storia Cont.
Via Mozart
Villa Necchi Campiglio
Prefettura
Largo Cairoli
Piazzetta M. Bossi
Piazzetta Cuccia
Teatro alla Scala
Museo Teatrale alla Scala
Gallerie d'Italia
Palazzo Belgioioso
Torre Snia
San Babila
C. Monforte
Teatro dal Verme
Palazzo Clerici
Picc. Teatro Grassi
Pza Scala
Pal. Marino
San Fedele
Piazza Belgioioso
Piazza F. Meda
Corso Matteotti
Via Dante
Pza Cordusio
Pal. d. Assicurazioni Generali
Leonardo3 Museo
Gall. Vittorio Emanuele II
Piazza S. Fedele
Palazzina Liberty
San C. al Corso
Piazza U. Giordano
Largo A. Toscanini
Via Mascagni
Pal. d. Borsa
Cordusio
Poste Centrali
La Rinascente
Corso Vittorio Emanuele II
Pza del Liberty
San Carlo
Largo Corsia D. Servi
S. Vito in Pasquirolo
Palazzo Durini
Via Passione
Pal. d. Ragione (Broletto)
Duomo
Duomo Santa Maria Nascente
Veneranda Fabbrica del Duomo
Palazzo d. Capitano di Giustizia
Via Corridoni
S. Maria Podone
Pal. d. Poste
Piazza del Duomo
M. Mangini Bonomi
Pinac. Ambros.
Museo del Novecento
Museo d. Duomo
Palazzo Arcivescovile
Pza Fontana
L. del Bersaglieri
Largo Augusto
S. Pietro in Gessate
Palazzo Borromeo
San Sepolcro
Palazzo dell'Ambrosiana
Sta M. Presso San Satiro
Palazzo Reale
San Gottardo in Corte
S. Bern. alle Ossa
S. Stefano Maggiore
Via Uberto Visconti di Modrone
Piazza Santo Stefano
C. di Porta Vittoria
Largo Biagi
Palazzo e Biblioteca Sormani
S. Sebastiano
Piazza A. Diaz
San Giorgio
Piazza S. Giorgio
Sant'Aless. in Zebedia
Cripta di S. G. in Conca
S. Antonio Abate
Palazzo Trivulzio
Tour 1: Mailänder Dom siehe S. 25
Missori
Ca' Grande
Università Statale
Via Francesco Sforza
Palazzo di Giustizia
Tribunale
Santa Maria della Pace
Torre Velasca
Giardino Guastalla
Santi Paolo e Barnaba
Via San Barnaba
Tour 6: Navigli siehe S. 96/97
Largo T. Gallarati Scotti

Mailand im Kasten

Il biscione – die Schlange der Visconti

Auf Reliefs und Bildern taucht sie auf, gemalt, in Stein geschlagen oder aus Eisen geschmiedet – *il biscione*, eine drachenartige gewundene Riesenschlange, die einen Menschen je nach Interpretation verschlingt oder ausspuckt. Eine der vielen Legenden erzählt, dass Ottone, der Gründer des Visconti-Clans, am ersten Kreuzzug zur Befreiung Jerusalems teilgenommen, einen sarazenischen Krieger besiegt und dessen Helm als Trophäe in die Heimat gebracht habe. Darauf sei die Schlange zu sehen gewesen, die fortan zum Wappentier des mächtigen Visconti-Geschlechts wurde. Auf dem südlichen Portal des Mailänder Doms ist genau diese Szene in einem Relief dargestellt, nur dass die Schlange hier nicht auf dem Helm, sondern auf dem Schild des Feindes prangt. Besonders gut zu sehen sind zwei Exemplare der *biscione* (im Dialekt „el bissun") auf dem Balkon der Loggia degli Osii auf der Piazza dei Mercanti. Die Schlange der Visconti lebt noch heute auf bekannten italienischen Firmenlogos weiter, z. B. auf dem des Autoherstellers Alfa Romeo oder dem des Fußballclubs FC Inter.

Drei Biscioni auf dem Torre del Filarete des Castello Sforzesco

später Hauptpostamt), von dem nur noch die Fassade erhalten ist. In der historischen Location eröffnete 2018 die Coffee-House-Kette Starbucks die erste **„Starbucks Reserve Roastery"** Europas, vor der sich bereits am Morgen Menschenschlangen bilden. Zur Via Dante hin thront die 4 m hohe **Bronzestatue des Lyrikers Giuseppe Parini,** ein Werk des Bildhauers Luigi Secchi (1899).

Von der Piazza Cordusio machen wir links über die Gässchen Via Gabrio Casati und Via Gaetano Negri, vorbei am Sitz der italienischen Tageszeitung **„Il Giornale",** einen lohnenswerten Abstecher zur **Piazza degli Affari.** Vor dem Börsenpalast – nach dem Architekten auch **Palazzo Mezzanotte** genannt und einer der wichtigsten Finanzplätze Europas – ragt eine provokante Skulptur in den Himmel, die die Gemüter der

Mailänder bis heute erhitzt: eine 4,60 m vom Sockel aus in die Luft ragende Hand mit ausgestrecktem Mittelfinger aus blendend weißem Carrara-Marmor (die anderen Finger sind einfach abgesägt). **L.O.V.E.** nennt Starkünstler Maurizio Cattelan sein Werk, die Buchstaben stehen für *libertá* (Freiheit), *odio* (Hass), *vendetta* (Rache) und *eternitá* (Ewigkeit). Unter dem Börsenplatz sind 1930 die Reste des **→ Teatro Romano** von Mediolanum entdeckt worden.

Zurück auf der Piazza Cordusio geht es in die belebte Fußgängerzone **Via Dante,** die von Läden und Touristencafés gesäumt ist. Man flaniert schnurgerade auf das Castello Sforzesco mit dem monumentalen Springbrunnen zu, den die Mailänder „torta degli sposi" (im Dialekt „turta di spus") nennen, da seine Form auf den ersten Blick an eine gigantische Hochzeitstorte erinnert. Dreht man sich auf der Piazza Cordusio um, erblickt man die goldene Madonnina auf der Spitze des Doms.

An der Ecke Via Dante/Via Rovello führt ein Schlenker zum **→ Piccolo Teatro,** das in dem renovierten Palazzo Carmagnola untergebracht ist. Unter den Arkaden des stillen Innenhofes können Sie im netten Caffè Letterario eine Pause einlegen. Weiter auf der **Via Dante** gelangt man über das große, verkehrsumtoste Rondell Largo Cairoli, in dessen Mitte Mailand den Freiheitskämpfer Giuseppe Garibaldi mit einem Reiterstandbild verewigte, direkt auf die stets gut besuchte Piazza Castello, wo sich das **→ Castello Sforzesco** mit seinen zahlreichen städtischen Museen und dem herrlichen Schlosspark **→ Parco Sempione** erhebt.

Wenige Schritte weiter, links vom Castello Sforzesco, befindet sich der von der Architektin Gae Aulenti in den Jahren 1997–2000 neu gestaltete Bahnhof Milano Nord Cadorna (Metro M1, M2 Cadorna).

Auf der Piazza Castello 27 ist das **→ Studio Achille Castiglioni** mit kuriosen Allerweltsfundstücken, zusammengetragen von Designer-Legende Achille Castiglioni, einen Besuch wert.

Wenn Sie sich für die Echtheit von Antiquitäten interessieren, sollten Sie das **→ Museo d'Arte e Scienza** keinesfalls verpassen.

Wer Zeit und Lust hat, kann den Spaziergang vom Arco della Pace (Rückseite des Parco Sempione) in 15 Gehminuten zu Mailands lebendiger **Chinatown** (→ Kasten S. 58) verlängern: geradeaus über den Corso Sempione und rechts über die Via Pietro Moscati zum Herzen des chinesischen Viertels, der Via Paolo Sarpi. Folgt man dieser bis zur Piazzale Balamonti, erreicht man über die Via Ceresio in fünf weiteren Gehminuten den absolut sehenswerten **Cimitero Monumentale** (→ S. 118).

Mailand im Kasten

Nadel, Zwirn und Knoten – Hommage an die fleißigen Mailänder

Auf der Piazzale Cadorna ragt vor dem neu verkleideten Bahnhof Milano Nord Cadorna eine bemerkenswerte Skulptur der Künstler Glaes Oldenburg und Coosje Van Bruggen in den Himmel: eine überdimensionale Nadel mit rot-grün-gelbem Faden, der in die Erde geführt und dessen Knoten im Wasserbecken des Kreisverkehrs wieder auftaucht – eine Hommage an die fleißigen Mailänder und die Welt der Mode.

Piazzale Luigi Cadorna (Bahnhof Milano Nord Cadorna) Metro M1, M2.

Mailand im Kasten

Chinatown – das chinesische Viertel Mailands

Das Einwandererviertel erstreckt sich entlang der Fußgängerzone und Hauptader von Chinatown, der Via Paolo Sarpi, zwischen dem Corso Sempione im Norden des Parco Sempione und dem großen Friedhof Cimitero Monumentale. Hier arbeiten in kleinen Läden und Hinterhöfen Hunderte chinesische Familien, die Waren werden noch per Handwägelchen oder auf alten Fahrrädern mit Ladeflächen auf dem Gepäckträger transportiert. Mailänder jeder Altersgruppe kommen gerne nach Chinatown, um günstige authentische chinesische Küche zu genießen, Handys oder Tablets billig reparieren zu lassen oder in Billigläden (Kleidung, Taschen, Leder- und Haushaltswaren, Perücken, Brillen, Elektronik etc.), die fast alle chinesische Schriftzeichen tragen, ausgiebig zu stöbern. Sehr beliebt ist der Food-Market am zweiten Wochenende im Oktober mit zahlreichen italienischen und chinesischen Delikatessen-Ständen und Garküchen auf der Straße. Ein Ereignis ist das chinesische Neujahrsfest (je nach Kalender Ende Januar bzw. Anfang Februar): Dann tanzen Chinesen in bunten Kostümen mit Schirmen und Pappdrachen zu traditioneller Musik durch die mit Lampions geschmückten Straßen. Auch das Teatro del Verme (S. 145) feiert das Chinesische Neujahr mit einem „Festival del Capodanno Cinese" (www.dalverme.org).

Chinesische Lebensmittel in Chinatown

Metro M5 (Monumentale), zu Fuß erreicht man in 5 Min. die Piazzale Antonio Baiamonti und biegt rechts in die Via Paolo Sarpi ein. Oder man läuft ab dem Parco Sempione.

Ravioleria Sarpi **3**, Hujian Zouh Agie bereitet in seinem winzigen Laden vor den Augen der Kunden köstliche Ravioli u. a. aus Bio-Mehl und Bio-Fleisch aus der benachbarten historischen Macelleria Sirtori zu. Eine Portion (4 große Ravioli) für 3 €. Mo–So 10–15 Uhr, 16–22 Uhr. Via Paolo Sarpi 27.

Cantine Isola **2**, die seit 1896 bestehende winzige Enoteca (ein Tisch!) mitten in Chinatown ist meine Lieblings-Weinhandlung, die Regale sind voller Flaschen mit handgeschriebenen Etiketten. Hier steht man an der Theke bzw. auf der Straße, trinkt hervorragenden Wein und nascht Snacks wie Parmesansplitter, Oliven oder Crostini mit Tomaten. Di–So 10–22 Uhr. Via Paolo Sarpi 30/Ecke Via Arnolfo di Cambio 1A, ✆ 02/3315249, www.cantineisola.com.

oTTo **1**, ein trendiges, Lokal mit Sofas, Bänken, vielen Pflanzen und Terrasse. Hier treffen sich die Mailänder zum Arbeiten, Essen, Plaudern, Lesen oder auf ein birroTTo (hauseigenes Craft-Beer) zum aperitivo. Spezialität: Quadrotti (mit Lachs, Tartare, Avocado, Huhn etc. belegte Brote). Am Sa und So zum Brunch (12.30–15 Uhr) meist Warteschlagen vor dem Lokal. Di–So 10–2 Uhr nachts. Mo 19–2 Uhr nachts, Via Paolo Sarpi 8 (winzige private Seitenstraße der Via Paolo Sarpi), www.sarpiotto.com.

Sehenswertes

Mittelalterliches Herz der Stadt

Piazza dei Mercanti

Einer der ältesten (Markt-)Plätze der Stadt und Mailands Zentrum im Mittelalter. Um die Piazza reihen sich die einst wichtigsten Gebäude: der **Palazzo della Ragione**, auch *Broletto* genannt, in dem das Gericht tagte. Er wurde 1228–1233 unter Bürgermeister Oldrado da Tesseno – er ist in einer der Piazza zugewandten Nische hoch zu Ross verewigt – erbaut. Gegenüber entstand unter Matteo Visconti die elegante **Loggia degli Osii** (1316) mit der berüchtigten „Parlera", dem Balkon, von dem Gerichtsurteile verkündet wurden. Die Verurteilten mussten – dort, wo heute ein Brunnen aus dem 16. Jh. steht – an der *Pietra dei Falliti*, dem Stein der Gescheiterten, das Gespött der Öffentlichkeit ertragen. Daneben fügt sich der **Palazzo delle Scuole Palatine,** ein Werk von Carlo Buzzi (1644–1645) schön in das mittelalterliche Ensemble ein, vom **Palazzo dei Notai** haben nur die spätgotischen Spitzbogenfenster die Jahrhunderte überdauert.

Römisches Theater

Teatro Romano

Unter dem Börsenplatz wurden 1930 Ruinen eines römischen Theaters von Mediolanum, dem antiken Mailand, entdeckt. Es war halbrund, hatte einen Durchmesser von 95 m, eine geschätzte Höhe von 20 m und fasste etwa 8000 Besucher. In Auftrag gegeben hatte es 31 v. Chr. bis 14 n. Chr. Augustus. Die Reste wurden im Keller des Palazzo Ercole Turati gesichert und können heute auf Voranmeldung besichtigt werden.

Di und Do 9.30–12.30 Uhr, Eintritt plus geführte Tour sind gratis, Voranmeldung nötig, ✆ 02/85154593-4378. Palazzo Ercole Turati (Sitz der ital. Handelskammer Camera di commercio), Eingang: Via San Vittore al Teatro 14, Metro M1 Cordusio, www.milomb.camcom.it/teatro-romano.

Erstes Stadttheater Italiens

Piccolo Teatro Grassi

Das Piccolo Teatro ist eine Institution in Italiens Theaterszene. Es wurde 1947 von Giorgio Strehler, Paolo Grassi und Nina Vinchi als erstes Stadttheater Italiens mit festem Ensemble gegründet und hat heute drei Spielstätten: das ursprüngliche Piccolo Teatro, das sich heute Piccolo Teatro Grassi (488 Plätze) nennt und im renovierten Palazzo Carmagnola untergebracht ist, in dessen Innenhof sich das nette Caffè Letterario versteckt; das experimentelle Teatro Studio (368 Plätze), in dem sich die Schauspielschule befindet, sowie das Piccolo Teatro Strehler (968 Plätze), beide in Brera. Über 300 Stücke wurden bisher aufgeführt von Shakespeare über Goldoni bis Brecht oder Tschechow.

Kartenverkauf auf www.piccoloteatro.org sowie online über den automatischen Ticketschalter im Kreuzgang Nina Vinchi, Via Rovello 2 oder telefonisch unter ✆ 02/42411889. Mo–Sa 9.45–18.45 Uhr, So 10–17 Uhr. Via Rovello 2, Metro M1 (Cordusio).

Burg für Kunstliebhaber

Castello Sforzesco

Wehrtürme, Zinnen, Zugbrücke, Wassergraben – die wuchtige quadratische Backsteinburg zählt zu den Wahrzeichen der Stadt. Hier regierte im Mittelalter der mächtige Visconti-Clan, in der Renaissance hielten die Sforza-Fürsten Hof. Der eigentliche Kern entstand 1358–1368 unter Galeazzo II. Visconti und diente der Verteidigung der mittelalterlichen Porta Giovia. Während der kurzlebigen Ambrosianischen Republik (1447–1450) wurde die Burg zerstört.

 → Karte S. 54/55

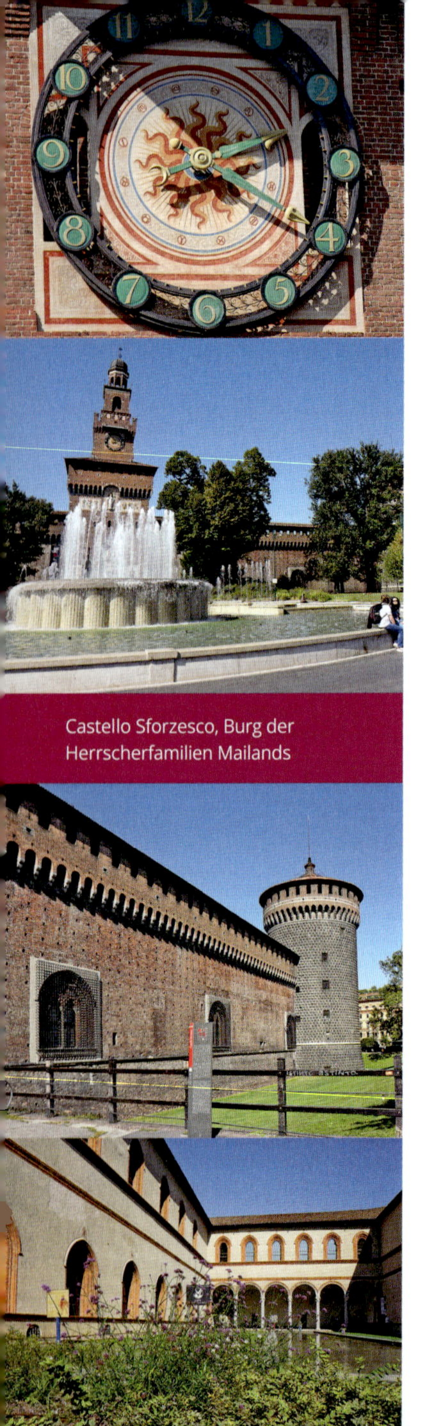

Castello Sforzesco, Burg der Herrscherfamilien Mailands

Francesco Sforza (1401–1466), der erste Mailänder Sforza-Fürst, errichtete das Kastell neu, größer und prächtiger mit einer der Stadt zugewandten Fassade. Dazu gehörten die beiden runden mit Diamantbossen besetzten Ecktürmen Torrione di Santo Spirito (links vom Haupteingang) und Torrione del Carmine (rechts), ein Werk des berühmten Militäringenieurs Bartolomeo Gadio, sowie der 70 m hohe Eingangsturm Torre del Filarete, benannt nach dem damaligen Baumeister „Filarete" (Antonio Averulino). 1521 traf ein Blitzschlag den Turm und brachte Unmengen an Schießpulver, die dort lagerten, zur Explosion. Erst im Jahr 1905 wurde der Turm – wiederaufgebaut von Architekt Luca Beltrami – eingeweiht und König Umberto I., der 1900 in Monza getötet wurde, gewidmet.

Nach dem Tod Francesco Sforzas diente die Burg Galeazzo Maria Sforza (1466–1476) und Gian Galeazzo Sforza (1476–1494) als Wohnsitz. Seine friedlichste und künstlerische Blütezeit erlebte das Castello unter Ludovico il Moro (1494–1499 Herzog von Mailand), der die besten Künstler der Renaissance an seinen Hof holte: Am Bau der Piazza d'Armi (Waffenplatz), des Corte Ducale (Herzoglicher Hof), der Rocchetta (kleinen Festung) und der Ponticella (kleinen Brücke) waren u. a. Leonardo da Vinci und der große Renaissancearchitekt Donato Bramante beteiligt. Während der spanischen (1535–1706) und österreichischen Herrschaft (1706–1796) musste das Schloss als Kaserne und Pferdestellplatz herhalten, unter Napoleon wurden große Teile der Burg abgerissen. Heute beherbergt das Castello Sforzesco verschiedene städtische Museen, hinter dem Kastell betritt man den Parco Sempione, die größte grüne Lunge der Stadt.

Öffnungszeiten des Schlosses: Mo–So 7–19.30 Uhr, www.milanocastello.it Piazza del Castello 3, Metro M1 (Cadorna oder Cairoli), M2 (Cadorna oder Lanza).

Mailand im Kasten

Scrofa semilanuta – Mailands wollene Wildsau

So wie die Wölfin, die Romulus und Remus säugte, für Rom steht, verkörpert eine wollig behaarte Wildsau den Gründungsmythos Mailands. Der Legende nach soll ein Keltenkönig einer *scrofa semilanuta*, einer Wildsau, deren Körper halb (*medio*) mit Wolle (*lanum*) bedeckt war, begegnet sein und an diesem Ort *Mediolanum*, das antike Mailand, gegründet haben. Zu sehen ist die seltsame Kreatur „scrofa semilanuta" nur an zwei Orten der Stadt: als antikes Relief auf dem zweiten Bogen des Palazzo della Ragione (Via dei Mercanti) sowie auf einem Wappen im Innenhof des Palazzo Marino, dem heutigen Sitz des Rathauses (Piazza della Scala).

Museen in der Burg

Die Burg beherbergt viele absolut sehenswerte Museen. Wer Zeit hat, sollte den Besuch auf mehrere Tage verteilen. Hier meine persönlichen Favoriten:

Museo Pietà Rondanini Michelangelo: Der letzten, unvollendet gebliebenen Skulptur Michelangelos, der Pietà Rondanini (1564), ist seit 2015 im ehemaligen spanischen Spital ein eigenes Museum gewidmet.

Museo d'Arte Antica: Mit mehr als 2000 Ausstellungsstücken die wichtigste Skulpturensammlung aus Spätantike, Mittelalter und Renaissance der Lombardei (im Erdgeschoss der Corte Ducale). Höhepunkte sind u. a. die von Leonardo da Vinci ausgemalte Sala delle Asse. Dargestellt sind Maulbeerbäume, deren ineinander verschlungene Äste sich wie eine Pergola zu einem Laubdach verzweigen, sowie das gotische Grabmonument von Bonino da Campione für Bernabò Visconti (um 1363).

Pinacoteca: Mit zahlreichen Werken italienischer Meister wie Mantegna, Canaletto, Bergognone (Ambrogio da Fossano) oder Antonello da Messina (im ersten Stock des Corte Ducale).

Museo Archeologico – Sezione Egizia: In der ägyptischen Sammlung des Archäologischen Museums finden sich u. a. Schriften auf Stein, Holz oder Papyrus, Sarkophage, Menschen- und Tiermumien sowie Totenmasken (im Erdgeschoss des Corte Ducale). Bis 31.12.2019 wegen Renovierung geschlossen.

Museo Archeologico – Sezione Preistoria e Protostoria: Auf einem Rundgang durch die Sektion Vor- und Frühgeschichte des Archäologischen Museums erfährt man alles über die wichtigsten Frühkulturen der Lombardei (im Untergeschoss des Corte Ducale).

Museo degli Strumenti Musicali e Museo delle Arti Decorative: Über den ersten und zweiten Stock der Rocchetta verteilen sich Renaissance-Keramiken, Wandteppiche, Trivulzio-Goblins nach Entwürfen von Bramantino sowie eine der bedeutendsten Sammlungen historischer Musikinstrumente Europas.

Museo dei Mobili e delle Sculture Lignee: Ein Überblick über sieben Jahrhunderte Möbelgeschichte (15. Jh.–21. Jh.) bis hin zu modernem Mobiliar von Gio Ponti, Carlo Mollino oder Ettore Sottsass.

Archivio Storico Civico e Biblioteca Trivulziana: Die Trivulzianische Bibliothek umfasst etwa 180.000 Bände, berühmtestes Manuskript: der „Codex Trivulzianus", Leonardo da Vincis Notizbuch.

Alle Museen Di–So 9–17.30 Uhr, 5 € (Ticket gilt für alle Museen), erm. 3 € (EU-Bürger bis 18 J., Studenten 18–25 J.). Drei Tage für alle Museen des Schlosses gültige Tourist Museum Card 12 € (vor Ort oder online erhältlich). Freier Eintritt jeden ersten und dritten Di des Monats ab 14 Uhr, jeden ersten So des Monats (ganztags).

Rund um das Castello Sforzesco → Karte S. 54/55

Jeden Sa 15 Uhr geführte Museums-Tour 8 €, jeden Mi um 13 Uhr Vorstellung eines Werkes durch einen Guide (30 Min.). Thementouren, z. B. durch die geheimen unterirdischen Gänge oder über die Zinnen und Wehrtürme, nach Voranmeldung unter www.adartem.it. Info-Point (rechts am Eingang) ✆ 02/88463700, Biglietteria Di–So 9–16.30 Uhr, ✆ 02/88463703, www.milanocastello.it.

Mailands Stadtpark

Parco Sempione

Der 40 ha große Park ist eine beliebte grüne Oase im häufig vom Smog geplagten Mailand, gestaltet vom Landschaftsarchitekten Emilio Alemagna um 1890 nach englischem Vorbild. 1906 fand hier die Weltausstellung zum Thema „Verkehr" statt, aus dieser Zeit stammt der schöne Jugendstil-Palazzo, in dem das Acquario Civico untergebracht ist. Heute ist der Park ein Ruhepol mit gepflegten Kieswegen, Rast- und Spielplätzen sowie einem kleinen Teich. Im Sommer finden Livekonzerte, DJ-Events oder Yoga-Kurse statt. Im Schatten unter hohen Bäumen verteilen sich etliche Kunstwerke und Monumentalbauten.

Meerjungfrau auf der Ponte delle Sirenette

Okt.–April 6.30–21 Uhr, Mai 6.30–22 Uhr, Juni–Sept. 6.30–23.30 Uhr.

Torre Branca

Auf den 106 m hohen Turm, der 1932 anlässlich der Triennale nach Plänen von Gio Ponti in nur zwei Monaten errichtet wurde, können Sie mit einem Lift schweben und für etwa fünf Minuten einen herrlichen Blick über die Stadt und auf Mailands neue Skyline genießen. Zu Füßen des Turms befindet sich der stadtbekannte Club Just Cavalli des Modezaren Roberto Cavalli, Treffpunkt von Mailands High Society.

Mi 10.30–12.30 und 16–18.30 Uhr, Sa 10.30–13, 15–18.30, 20.30 Uhr bis Mitternacht. So 10.30–14 und 14.30–19 Uhr. Die Öffnungszeiten variieren häufig. 5 €. Bei Regen oder starkem Wind bleibt der Turm geschlossen. www.museobranca.it (nur ital.).

Ponte delle Sirenette

Die romantische *Ponte delle Sirenette*, Brücke der Meerjungfrauen, benannt nach den vier Statuen, die sie zieren, war die erste Eisenbrücke Italiens. Sie Sie spannte sich einst über den Naviglio di San Damiano (die heutige Via Visconti di Modrone) und wurde 1930, als die Stadt Mailand den Kanal zuschütten ließ, in den Parco Sempione transferiert. Der Legende nach bleibt, wer sich auf der Brücke küsst, für immer zusammen.

Acquario Civico

Das kleine Aquarium zählt zu den ältesten der Welt und das Gebäude ist eines der schönsten Beispiele für den Mailänder Liberty-Stil (1906). Architekt Sebastiano Locati verzierte die

Die Seele baumeln lassen im Schlosspark Sempione

Fassade (1906) mit Majolika-Arbeiten: Wasserpflanzen, Fische und Krustentiere. Über dem Eingang thront eine Neptun-Statue, ein Werk des Bildhauers Oreste Labò. Im Inneren sind über 100 Fischarten und Krustentiere aus Mittelmeer und Rotem Meer sowie Süßwasserfische zu bestaunen.

Di–So 9–17.30. Viale Gadio 2 (in der Nähe der Arena). 5 €, erm. 3 €. Eintritt frei am ersten und dritten Di im Monat ab 14 Uhr und jeden ersten So im Monat.

Arco della Pace

Auf dem „Friedensbogen" thront die Siegesgöttin in einem von sechs Pferden gezogenen Streitwagen, weil er – 1807 von Architekt Luigi Cagnola im neoklassizistischen Stil gebaut – ursprünglich als Triumphbogen Napoleons Erfolge feiern sollte. Das Tor wurde jedoch erst 1828 unter dem österreichischen Kaiser Franz I. fertiggestellt, der das Monument im Gedenken an den Europäischen Frieden 1815 zum Friedenstor umfunktionierte.

Arena

Am nordöstlichen Rand, nahe am Arco della Pace, liegt die von Antonio Canova erbaute klassizistische Arena – ein Sportstadion (1807 von Napoleon eingeweiht), in dem von 1930 bis 1947 der Fußballcub Inter Mailand trainierte.

Triennale di Milano

In unmittelbarer Nähe des Torre Branca steht der 1933 von Giovanni Muzio konzipierte und von Michele de Lucchi im Jahr 2002 umgestaltete Palazzo dell'Arte. Er ist Sitz der Triennale, eines ursprünglich alle drei Jahre stattfindenden Events. Heute finden hier interessante Wechselausstellungen zu Themen wie Architektur, Urbanistik, Mode und Design statt. 2007 eröffnete im Palazzo das Triennale Design Museum mit der bedeutendsten Sammlung italienischen Designs der Moderne Italiens. Ausgestellt sind zurzeit u. a. die kugelrunde Lampe „Eclisse" von Vico Magistretti (1965), die Lampe „Pipistrello" von Gae Aulenti (1965) oder die legendären Moon Boots von Giancarlo Zanatta (1970). Zur Triennale gehören auch das Teatro dell'Arte (Konzerte, Events), ein schönes Design-Café mit unterschiedlichen Designerstühlen und ein auf Design und Architektur spezialisierter internationaler Bookstore. Nicht verpassen sollten Sie die „Bagni Misteriosi" im Garten der Triennale:

Rund um das Castello Sforzesco → Karte S. 54/55

Gekrönt von der Siegesgöttin: Arco della Pace

Giorgio de Chirico schuf anlässlich der XV. Triennale 1973 dieses Badeszenario mit zwei Badenden, Schwan und Wasserball im Pool (heute allerdings in Kopie, die Originale befinden sich im Museo del Novecento am Domplatz, → S. 30).

Di–So 10.30–20.30, Do, Do 10.30–23 Uhr. Ausstellungen 10 €, unter 26 J. 8,50 €. Teatro (Fog Festival, diverse Performances von Anfang März bis Anfang Juni) 16–22 €, Studenten 8–11 €, unter 30 J. 11–16 €. Haupteingang: Viale Alemagna 6, Metro M1, M2 (Cadorna-Triennale), www.triennale.it.

Atelier einer Designer-Legende

Studio Achille Castiglioni

Wenige Schritte vom Palazzo dell'Arte entfernt ist das 200 m² große Atelier des 2002 verstorbenen Industriedesigners Achille Castiglione einen Besuch wert. Eine lebendige Wunderkammer mit Tausenden von Fundstücken wie Bücher, Bierdosen, Postkarten, Möbel, Kinderspielzeug, Werkzeuge, Skizzen. Tochter Giovanna führt durch das Atelier und hat zu jedem Stück eine Geschichte parat (ital. und engl.).

Di–Fr um 10, 11 und 12 Uhr. Do 18.30, 19.30 und 20.30 Uhr. 10 €, erm. 7 € (EU-Bürger unter 18 J. und Studenten 18–25 J.). Führungen (ital., engl.) nur nach telefonischer Voranmeldung, ✆ 02/8053606 oder per E-Mail info@achillecastiglioni.it. Piazza Castello 27, www.fondazioneachillecastiglioni.it

Museum für Kunst und Wissenschaft

Museo d'Arte e Scienza

Können Sie gefälschte Antiquitäten von echten unterscheiden? Hier können Sie sich schlaumachen: Sie dürfen alle Ausstellungsstücke befühlen oder mit Mikroskopen auf ihre Echtheit überprüfen. Außerdem ist eine Ausstellung über Leonardo da Vinci sowie eine über buddhistische und afrikanische Kunst zu sehen.

Mo–Fr 10–18 Uhr, 8 €, erm. 5 € (unter 18 J. Studenten 18–25 J.), Kinder unter 12 frei. Via Quintino 4, Metro M1 (Cairoli), www.museoartescienza.com.

Praktische Infos

→ Karte S. 54/55

Essen & Trinken

Ristoranti, Enoteche, Caffè-Bars

Starbucks Reserve Roastery Milano **19**, modern, großzügig, viel Kupfer – im September 2018 eröffnete Starbucks die erste Reserve Roastery (Kaffeerösterei) Europas, untergebracht im historischen Palazzo delle Poste, nur wenige Schritte vom Dom entfernt. Highlight: ein 7 m hohes Röstfass und eine Röstmaschine mitten im 2300 m2 großen Raum. Croissants, Pizza, Focaccia kommen von der Traditionsbäckerei Princi. Aperitivi und Cocktails in der Arriviamo-Bar. Der Kaffeetempel ist eine Touristenattraktion, mir persönlich zu ungemütlich. Espresso 1,80 €, Cappuccino 4,50 €, pikant gefüllte Mini-Croissants 6 €). Mo–Sa 7–23 Uhr, So 7–22 Uhr. Via Cordusio 1, ✆ 02/91970326, www.starbucksreserve.com.

Signorvino 12, eindrucksvolle Weinhandlung mit rund 1500 italienischen Etiketten und Restaurant. Auf der Speisekarte: einfache, schmackhafte Küche mit Spezialitäten aus ganz Italien zu fairen Preisen (Tagliere, Holzbrett, mit Prosciutto, Speck oder Mortadella, klein ab 4,90 €, groß ab 15,90 €). Via Dante 15 (tägl. 9–24 Uhr) und Piazza Duomo/Ecke Corso Vittorio Emanuele (tägl. 9.30–24 Uhr), www.signorvino.com.

MeinTipp **Caffè Letterario 13**, eine Ruheoase im schönen Kreuzgang „Nina Vinchi" des Palazzo Carmagnola (15. Jh.), in dem das Piccolo Teatro Grassi seinen Sitz hat. Ein Café mit Bookshop, in dem regelmäßig Lesungen stattfinden. Hier trifft man sich zum Frühstücken, Mittagessen (15–18 €), Brunchen (32 €) oder zum aperitivo mit Buffet (14 €) – bei schönem Wetter im Innenhof, sonst unter verglasten Arkaden. Tägl. 10–22 Uhr, Via Rovello 2, ✆ 02/72 333505, www.sotisevents.com.

Ristorante Andry 10, ein kleines, elegantes Lokal nur wenige Schritte vom Piccolo Teatro Grassi entfernt. Spezialität des Hauses: Fisch, z. B. Paccheri (Nudeln) mit Schwertfisch und wildem Fenchel oder Gran fritto misto (frittierte Calamari, Gamberi und Scampi), aber auch Salate, Pizza, Pasta. Akzeptable Preise. Mo–So 12–15 Uhr und 19–24 Uhr, Via Rovella 10, ✆ 02/86462709, www.ristoranteandry.com (Tischreservierung empfohlen).

Bar-Restaurants & Clubs

Just Cavalli 5, Restaurant und Club am Fuße des Torre Branca, designed vom berühmten Roberto Cavalli, eine der Top-Locations der Stadt. Models und VIPs starten hier mit einem aperitivo und tanzen zwischen Animal-Print-Motiven und Kristalllüstern in magischem Licht bis 3.30 Uhr in der Früh. Stadtbekannte Cocktails 15 €, Primi 15–60 €, Secondi ab 25 €. Aperitif ab 19.30 Uhr, Restaurant ab 20 Uhr, Club ab 23 Uhr. Torre Branca, Via Luigi Camoens, ✆ 02/311817, www.justcavallimilano.com.

Old Fashion 6, seit 1933 einer der angesagtesten Clubs (Jimi Hendrix spielte 1968 hier) mit Bar, Restaurant und Disco im Palazzo dell'Arte (Triennale). Hier trifft man Models, Designer, Fußballspieler, TV-Sternchen. Es gibt Themenabende (jeden Mi Aperitivo-Buffet für Erasmus-Studenten) und eine große Tanzfläche im Freien. Dresscode: elegant. Palazzo dell'Arte, Viale Luigi Camoens, ✆ 02/8056231, www.old fashion.it.

Living Liqueurs & Delights 4, schickes und trendiges Bar-Restaurant mit Blick auf den Arco della Pace. Im ehemaligen Postamt gönnen sich die Mailänder frühabends bei Chillout-Musik einen aperitivo mit üppigem Buffet. Es gibt Salate, kleine Snacks, über 100 verschiedene Wodkas aus aller Welt und sonntags Brunch (12–16 Uhr). Akzeptable Preise. Tägl. 7–3 Uhr morgens. Piazza Sempione 2, ✆ 02/33100 824, www.livingmilano.com.

Streetfood

Al Politico 7, ein kleiner Chiosco mit riesiger Auswahl an günstigen und frisch zubereiteten panini, jedes Brötchen ist auf den Namen eines Politikers getauft, z. B. „Panino Grillo" mit Salamella und Tomaten (5 €). Tägl. 10.30–24 Uhr. Piazza Castello 5.

Shopping

Eis & Schokolade

Venchi Shop 17, Die Italiener lieben Venchi-Schokolade, die seit 1878 in Turin nach traditionellem Rezept hergestellt wird. Hier können Sie Schoko-Pralinen einzeln oder nostalgisch verpackt kaufen und ausgefallene Eis-Sorten probieren, z. B. Mandarine mit Passionsfrucht, zwei Kugeln 3,20 €. So–Do 10–22 Uhr, Fr und Sa 10–23 Uhr. Via dei Mercanti 21.

Starbucks Reserve Roastery

Rund um das Castello Sforzesco → Karte S. 54/55

Kosmetik & Barbier

Nashi Argan Store 15, 2014 eröffnete auf der Via Dante der erste Concept Store des italienischen Haar- und Hautpflege-Labels „Nashi“: Haar-Shampoos, Balsame, Dusch- und Badeöle, Hand- oder Sonnencremes, Duftkerzen etc. aus biozertifiziertem Argan-Öl, verpackt in Flaschen aus recyceltem Rohstoff. Mo–So 10–20 Uhr. Via Dante 3, www.nashiargan.it.

Bullfrog Barber 14, in der trendigen Mailänder Barbershop-Kette können sich Männer rasieren, Haare schneiden oder Schuhe putzen lassen. Quick Beard Trim (15 Min.) ab 15 €. Mo–So 11–15 Uhr und 16–20 Uhr. Im dazugehörigen WOMO-Shop gibt es u. a. edles Rasierzubehör. Via Dante 4, ✆ 02/89096163, www.bullfrogbarbershop.com.

Bücher

American Bookstore 8, im charmanten Laden stöbert man zwischen neuen, gebrauchten oder antiquarischen Büchern jeden Genres in englischer Sprache. Sehr freundliches Personal. Mo 13.30–19 Uhr, Di–Sa 10.30–19 Uhr. Via Camperino Manfredo 16, ✆ 02/878920, www.americanbookstore.it.

meinTipp **Libreria del Mare 9**, in der wunderschönen Buchhandlung gibt es nur ein Thema: das Meer. Bis unter die Decke stapeln sich hier Bücher, Bilder, Landkarten, Taschen, Schmuck und Spiele zum Thema. Mo–Sa 10–19 Uhr. Via Broletto 28, ✆ 02/86464426, www.libreriadelmare.it.

Diverses

Giuseppe Monno di Nicola 18, der winzige nostalgische Laden für Briefmarken und Münzen ist eine Fundgrube für jeden Sammler. Mo 14.30–18.30 Uhr, Di–Fr 9.30–13 Uhr und 14.30–18.30, Sa 9.30–13 Uhr. Via Orefici 26 (unter den Arkaden), www.giuseppemonno.it.

Bialetti Flagshipstore 20, Bialetti ist der Erfinder der *caffettiera*, des Mokka-Kännchens (1933), das in keinem italienischen Haushalt fehlt. In sechs Vitrinen reihen sich Caffettiere in allen Größen, Farben und Formen, auch Kochtöpfe, Pfannen, Wasserkocher, moderne Espressomaschinen aneinander. Kleinste Caffettiera (1 Tasse) ab 14,90 €. Mo–So 10–19 Uhr. Piazza dei Mercanti 7, www.bialetti.it.

meinTipp **New old Camera 11**, der nostalgische Laden des Japaners Ryuichi Watanabe versteckt sich in einem Innenhof auf der Via Dante – ein Reich für Liebhaber der Vintage-Fotografie, mit seltenen Stücken wie z. B. Leica M2 (1962) oder Rolleiflex Wide mit Zeiss-Linse. Mo 15.30–19 Uhr, Di–Sa 10–13 Uhr und 15.30–19 Uhr. Via Dante 12 oder über Via Rovello 5, ✆ 02/36589216.

Lenzuolissimi 16, in dem kleinen Laden gibt es nichts als edle Baumwoll-Bettwäsche, in über 100 Farben individuell kombinierbar – auf Wunsch mit Name oder Initialen personalisiert. Mo–Sa 10–19.30 Uhr, So 11–19.30 Uhr. Via Dante 3, ✆ 02/72095218, www.lenzuolissimi.it.

Mailand im Kasten

Kulinarische Tram-Fahrt mit der ATMosfera

Wer ein Abendessen in einzigartiger nostalgischer Atmosphäre genießen und gleichzeitig durch das nächtliche Mailand rollen will, sollte eines der beiden Tram-Ristoranti ATMosfera nutzen. Mailands städtische Verkehrsbetriebe ATM haben zwei historische Straßenbahnen der Serie „Milano 1928“ zu eleganten Restaurants umfunktioniert. Sie starten täglich am Castello Sforzesco, kurven an Sehenswürdigkeiten wie Dom, Porta Garibaldi oder Cimitero Monumentale (Routen können variieren) vorbei. Während der zweieinhalbstündigen Fahrt nimmt man an Zweier- oder Vierertischen Platz und genießt nach einem *aperitivo* ein hervorragendes Vier-Gänge-Menü: Zur Auswahl stehen Fleisch-, Fisch- oder vegetarische Gerichte. Um an diesem exklusiven und unvergesslichen Abendessen teilzunehmen, ist eine Reservierung nötig.

Abfahrt tägl. 20 Uhr (ATMosfera 1), 20.30 (ATMosfera 2), Dauer der Fahrt: 2:30 Std. An Bord: Küchenchef, Küche, Garderobe, Toilette, Klimaanlage. Eine Online-Reservierung ist obligatorisch auf: https://atmosfera.atm.it. Menü-Auswahl (auf Wunsch auch Kindermenüs) ist bis 7 Tage vor dem gewählten Datum möglich. Preis: 70 €/Pers. (inkludiert: Aperitif, 4-Gänge-Menü, Wein, Wasser, *caffè*). Piazza Castello 2/Ecke Via Luca Beltrami, Metro Cairoli (M1) oder Cadorna (M1, M2).

Der provokante Stinkefinger vor dem Börsenpalast ist bis heute umstritten

Von Brera zur Piazza G. Aulenti

Tour 4

Ein Streifzug durch das ehemalige Künstlerviertel Brera mit zahlreichen Caffè-Bars, Galerien, Vintage-Läden und Werkstätten in schlichten Innenhöfen hin zur Piazza Gae Aulenti mit futuristischer Architektur macht deutlich, wie sich Mailand immer wieder neu erfindet.

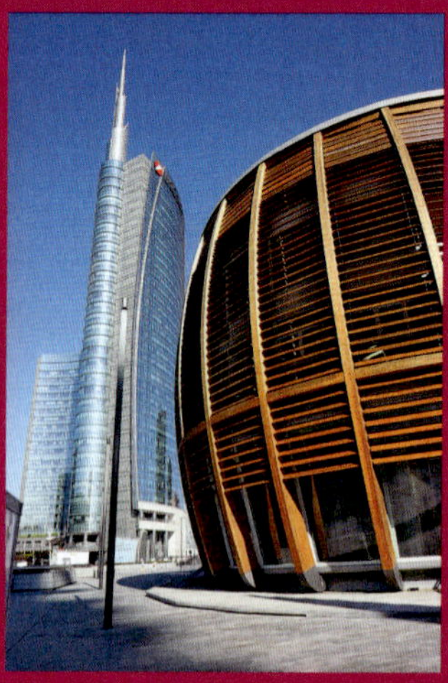

- **Pinacoteca di Brera,** weltberühmte Kunstsammlung, S. 72
- **Basilica di San Marco,** hier feierte Verdi die Uraufführung seines Requiems, S. 74
- **Eataly,** Top-Gastronomie und Tausende italienische Leckereien, S. 75
- **Piazza Gae Aulenti,** Mailands neue Skyline, S. 77
- **Bosco Verticale,** preisgekrönte Wolkenkratzer mit baumbepflanzter Fassade, S. 77

Vom Bohème-Viertel in die Moderne

Brera und Porta Nuova

Im ehemaligen Künstlerviertel Brera rund um den Palazzo di Brera mit seiner Kunstsammlung von Weltruf herrscht fast kleinstädtische Gemütlichkeit. Typisch für das Stadtviertel, das in den 50er- bis 70er-Jahren Künstler und Schriftsteller wie Dino Buzzati, Carlo Emilio Gadda, Eugenio Montale, Lucio Fontana, Piero Manzoni oder Emilio Tadini anzog, sind die vielen einladenden Straßencafés und Restaurants. Obwohl auch hier Touristen aller Herren Länder in teils mit Flusskieseln gepflasterten Gassen flanieren und Kellner vor eingedeckten Tischen ebenso um Kundschaft buhlen wie die Kartenlegerinnen in der krummen Via Madonnina, haben sich die Milanesi im „Montmartre Mailands", wie Brera auch genannt wird, ein Leben „a misura d'uomo", einen normalen Alltag, bewahrt: Der Gemüsehändler des Frutteto Ciovasso stellt mit einer Ape – ein dreirädriges Ladewägelchen – Waren zu. Kunststudenten der Accademia di Belle Arti di Brera eilen morgens mit Zeichenmappen unter dem Arm in die Chiesa Santa Maria del Carmine, um Sant'Espedito, den Heiligen für dringende Fälle, darum zu bitten, heil durch die Prüfung zu kommen.

Noch heute hämmert und klopft im Viertel der Geist des Handwerks, etwa in der Via Ciovasso, wo Giorgio Santamaria in seiner Werkstatt mit angeschlossenem Laden „Giòsa del Coccodrillo" bei meist offener Türe Taschen aus Krokodilleder in Handarbeit herstellt. Wer Ungewöhnliches sucht, wird in Galerien, Design-Showrooms, exklusiven Parfümerien oder Vintage-Boutiquen fündig.

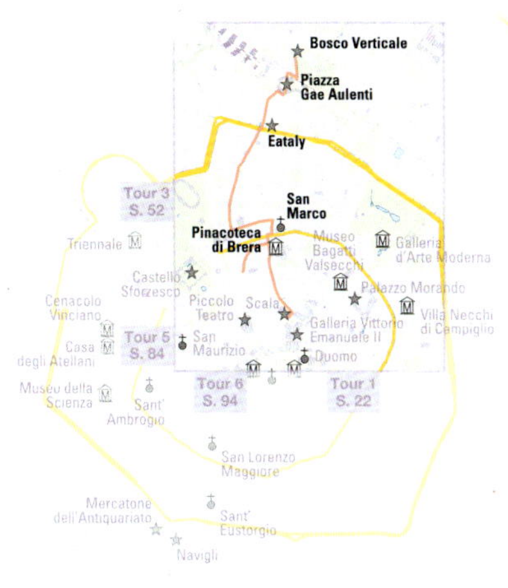

Der Name Brera stammt vom langobardischen Wort „braida", vom einstigen „Brachland" ist allerdings nichts mehr übrig, heute zählt das Viertel zu den begehrtesten und teuersten Adressen Mailands. An das historische Brera schließt sich mit dem neuen Stadtviertel Porta Nuova übergangslos das Mailand des 21. Jh. an. Erstbesuchern kippt auf der ultramodernen Piazza Gae Aulenti erst einmal der Kopf in den Nacken. Ihr Blick findet erst nach 231 Metern Halt, an der hoch aufgedrehten Antennenspitze des Torre UniCredit, dem höchsten Gebäude Italiens, in dessen Glasfassade sich der *bosco verticale* – zwei preisgekrönte Wohntürme, auf deren Terrassen 800 Bäume und Tausende Sträucher wachsen – spiegelt. Es ist verführerisch, den halben Tag auf dieser Piazza mit Wasserspielen, netten Cafés und Läden einfach dazusitzen oder durch die im Oktober 2018 eingeweihte, *Biblioteca degli Alberi* (Bibliothek der Bäume), Mailands zweitgrößten und modernsten Park, zu schlendern.

Tour-Info: Die reine Gehzeit beträgt etwa 45 Min.

Spaziergang

Ausgangspunkt dieses Spaziergangs ist die hektische Piazza della Scala (Metro M1, M3, Haltestelle Duomo) vor dem weltberühmten Opernhaus **Teatro alla Scala**, nur wenige Schritte vom **Duomo** und der **Galleria Vittorio Emanuele II** entfernt. Man überquert die laute Via Manzoni, folgt der Via Verdi und erreicht nach wenigen Schritten auf der rechten Seite den **Palazzo delle Colonne** mit seinen wuchtigen Säulen, heute Sitz der Bank Intesa Sanpaolo.

Weiter geht es zur **Piazzetta di Brera**, auf der sich etwas versteckt im linken Eck das *cavallo impennato*, eine Pferdeskulptur des sardischen Künstlers Aligi Sassu, aufbäumt. Gegenüber erhebt sich der mächtige **Palazzo di Brera**, er beherbergt die **→ Pinacoteca di Brera**, eine der bedeutendsten Kunstsammlungen der Welt, und ist einer der Höhepunkte eines Mailand-Besuches. Einen kleinen Abstecher wert ist das **→ Museo del Risorgimento** direkt hinter dem Palazzo di Brera in der Via Borgonuovo 3.

Von der Via Brera biegt man links in die mit Flusskieseln gepflasterte **Via Fiori Chiari**, eine der lebhaftesten Straßen mit unzähligen edlen Duftboutiquen sowie vielen ansprechend dekorierten Restaurants mit Tischen im Freien. Nach wenigen Schritten kann man nach links einen kurzen Abstecher in die krumme **Via Madonnina** machen, Breras schönste Gasse mit gepflegten Bürgerhäusern in Pastell und liebevoll bepflanzten Balkonen. Vorbei an der Skulptur *il grande toscano*, einem Werk des polnischen Künstlers Igor Mitoraj, gelangt man auf die Piazza del Carmine mit der → **Chiesa Santa Maria del Carmine.**

Wieder zurück auf der Via Fiori Chiari, geht man nach ein paar Metern links in die Via Brera und bummelt am einst legendären Künstlertreff, der Bar Jamaica (Via Brera 32), vorbei.

Nur wenige Schritte weiter biegt man rechts in die Via Fatebenefratelli und kommt zur → **Chiesa di San Marco** auf der gleichnamigen Piazza, wo sich montags und donnerstags die Einheimischen auf dem Wochenmarkt treffen. Nun geht man von der Via San Marco links in die Via Ancona, kreuzt die Via Solferino und gelangt auf die ruhige Wohnstraße Via di Cavalieri del Santo Sepolcro – zwei wunderschöne Kreuzgänge, verborgen hinter den Mauern der **Facoltà Teologica** (Hausnummer 3), sind eine Ruhepause wert.

Blick auf Porta Garibaldi und Torre UniCredit

Am Ende der Straße wendet man sich nach rechts in den breiten, verkehrsberuhigten **Corso Garibaldi**, die belebteste Straße Breras mit unzähligen Läden, Straßencafés, Trattorien und Restaurants. Nach wenigen Metern öffnet sich zur rechten Hand die stille Piazza San Simpliciano über die die → **Basilica di San Simpliciano** wacht.

Man hält sich weiter stadtauswärts auf dem Corso Garibaldi, überquert die verkehrsumtoste Kreuzung Largo La Foppa (an der Ecke zur Via Moscova kann man bei der *casa dell'acqua* seine Trinkflasche mit stillem oder Mineralwasser gratis auffüllen) und sieht von hier bereits den 231 m hohen Torre UniCredit mit seiner hoch in den Himmel ragenden Antenne. Gegenüber dem Radetzky Cafè (Corso Garibaldi 105) erhebt sich eine der fünf **Gucci-Art-Walls** der Welt, ein handgemaltes Wandgemälde, das die ganze Hausfassade bedeckt.

Wenige Meter vor der weitläufigen **Piazza XXV Aprile** befindet sich rechts die Zwillingskirche **Chiesa Santa Maria Incoronata**, ursprünglich zwei Kirchen, die 1484 zu einer Doppel-Fassade vereint wurden. Geradeaus auf der Piazza thront das neoklassische Stadttor **Porta Garibaldi**, das in den Jahren 1826–1828 vom Architekten Giacomo Moraglia erbaut wurde. Die vier Statuen oben auf dem Tor repräsentieren Po, Adda, Ticino und Olona, die vier wichtigsten Flüsse der Lombardei. Rechts neben dem Tor lockt das Schlemmerparadies → **Eataly.**

Durch den Torbogen geht es in die noble Fußgängerzone **Corso Como**, mit vielen Geschäften, Cafés und Restaurants – hier tummeln sich abends Stars und Sternchen aus dem TV-und Showbusiness sowie Fußballer der Mailänder Clubs. Verpassen Sie nicht die Hausnummer Corso Como 10: Hinter dem unscheinbaren Tor verbergen sich Carla Sozzanis weltberühmter Concept Store und ihr Caffè-Ristorante, das sich

Tour 4: Brera und Porta Nuova
Essen & Trinken (S. 78–81)
1 Esselunga
2 Ceresio 7
4 Antica Trattoria della Pesa
5 Pizzeria di Porta Garibaldi
6 Alla Cucina delle Langhe
7 Eataly
8 Panino Giusto
9 Gelateria Tasta
10 Radetzky Cafè
11 Enoteca Cotti
14 Californian Bakery
15 Latteria San Marco
16 El Tombon de San Marc
17 Fioraio Bianchi Caffè
18 La Pizzeria Nazionale
20 Osteria dei Poeti
22 La Prosciutteria
23 Carrefour Express
24 N'ombra de vin
26 Bar Jamaica
29 Bosco Brera
30 Obicà
31 L'Orto di Brera
33 Di Viole di Liquirizia
Shopping (S. 81–83)
3 10 Corso Como
12 Gallia e Peter
13 Bullfrog Barber
19 RAW
21 Dimoregallery
25 Cittá del Sole
27 Kusmi Tea
28 Il Cirmolo
32 Il Cameo
34 Officina Profumo Farmaceutica di Santa Maria Novella
35 Alfonso Garlando
36 Giòsa - La Bottega del coccodrillo
37 Rigadritto
38 F Pettinaroli
39 Cavalli e Nastri
155 m
Tour 1: Mailänder Dom siehe S. 25
Tour 6: Navigli siehe S. 96/97
Tour 2: Quadrilatero d'Oro siehe S. 42/43
Tour 3: Castello Sforzesco siehe S. 54/55
Tour 5: Sant'Ambrogio siehe S. 87

Kreisrundes Wäldchen im 2018 eröffneten Park „Biblioteca degli Alberi"

rund um einen wunderschön begrünten Innenhof ausbreitet.

Die Fußgänger-Rampe Via Vincenzo Capelli führt als Verlängerung des Corso Como leicht bergan zur ultramodernen → **Piazza Gae Aulenti** mit viel Glas, Stahl und Holz, die am 8. Dezember 2012 eingeweiht wurde. Dominiert wird der Platz vom 231 m hohen Torre UniCredit, Italiens höchstem Gebäude, in dessen Glasfassade sich der **Bosco Verticale** und die im Oktober 2018 eröffnete → **Biblioteca degli Alberi** (Bibliothek der Bäume), Mailands zweitgrößter Park, spiegeln.

Wer noch Zeit und Lust hat, erreicht vom Bahnhof Garibaldi (neben der Piazza Gae Aulenti) in zwei Stationen mit der Metro M2 die sehenswerten **Stazione Centrale**, Mailands Hauptbahnhof (→ S. 156). Oder mit der Metro M5 in nur einer Station Mailands **Chinatown** (→ S. 58) sowie den spektakulären Monumentalfriedhof **Cimitero Monumentale** (→ S. 118). Zu Fuß erreicht man diesen, wenn man am Ende des Corso Garibaldi links der verkehrsreichen Viale Crispi folgt und an deren Ende rechts in die Via Ceresio einbiegt, wo man bereits von Weitem das Eingangstor sieht.

Sehenswertes

Hochkarätige Kunstsammlung

Pinacoteca di Brera

Der barocke Palazzo di Brera, ein ehemaliges Jesuitenkloster, beherbergt heute die **Accademia di Belle Arti**, die renommierteste Kunstakademie Italiens, die **Nationalbibliothek Braidense**, ein **Osservatorio Astronomico** sowie einen **botanischen Garten**. Die Fassade stammt von Giuseppe Piermarini, dem Architekten der Mailänder Scala. Interessant ist der Palazzo aber vor allem wegen des berühmten Nationalmuseums **Pinacoteca di Brera**. Sie wurde wie die Kunstakademie und der botanische Garten auf Anordnung der Kaiserin Maria Theresia Ende des 18. Jh. gegründet und besitzt heute eine der größten Sammlungen Alter Meister vom 13. bis zum 19. Jh. wie Mantegna, Piero della Francesca, Raffael oder Tiepolo, Caravaggio und Rubens. Den Grundstock für die hochkarätige Kollektion bildeten Altarbilder, die Napoleon in Kirchen und Klöstern beschlagnahmen und nach Mailand bringen ließ. Am 15. August 1809, anlässlich seines Geburtstages, eröffnete der Staatsmann die Pinacoteca mit 139 Werken. Sich selbst setzte er im imposanten *cortile d'honore*, Ehrenhof, mit der Bronzestatue „Napoleon als friedensstiftender Mars" – nackt, wie Zeus ihn schuf – ein Denkmal.

Nicht versäumen sollten Sie die Meisterwerke wie z. B. „Der tote Christus" (um 1483), den Andrea Mantegna in extrem perspektivischer Sicht gemalt hat. Zu den berühmtesten Gemälden der Renaissance zählen Raffaels „Die Vermählung der Jungfrau Maria" (1504), Caravaggios „Abendmahl in Emmaus" (1605–1606) und Piero della Francescas „Madonna mit Kind, umgeben von Heiligen und dem Stifter Federico da Montefeltro" (1465–1470). Eine Besonderheit ist das verglaste *laboratorio* mitten im Museum, wo man Restauratoren bei der Arbeit über die Schulter blicken kann. Ein Mal im Monat finden in den kürzlich renovierten Sälen der Pinacoteca kleine Konzerte (Brera/Music) statt, auf die man sich beim *aperitivo* im neu eröffneten **Caffè Fernanda** (1. Stock) einstimmen kann.

Gratis zu besichtigen sind die Nationalbibliothek **Biblioteca Nazionale Braidense** (1770) mit der prunkvollen Sala Maria Theresia, die freskengeschmückte **Cappella Mocchirolo** aus dem 14. Jh. (rechts neben dem Informationsdesk), das **Osservatorio Astronomico** mit wertvollen Teleskopen, Mikrometern, Pendeluhren oder dem Magnetometer von Meyerstein (1835) sowie der **Botanische Garten.**

Pinacoteca: Via Brera 28, Metro M2 (Lanza), M3 (Montenapoleone). Di–So 8.30–19.15 Uhr. Mo geschl. 12 €, erm. 8 € (18–25 J.), EU-Bürger unter 18 J. sowie jeden ersten So im Monat freier Eintritt (Ausnahme: Sonderausstellungen). Audioführung 5 €. Brera/Music 3 €, jeden 3. Do im Monat 18–22.15 Uhr. Museumsshop im Innenhof. www.pinacotecabrera.org, Kartenreservierung unter ✆ 02/92800361 (2 € Gebühr), Online-Reservierung auf https://pinacotecabrera.vivaticket.it.

Biblioteca Nazionale Braidense: Die Sala Maria Theresia ist vom Ticketschalter der Pinakothek (1. Stock) durch eine riesige Glaswand zu bestaunen und kann auch von Innen besichtigt werden (Eingang im Erdgeschoss). Eintritt frei. Mo–Fr 8.30–18.20 Uhr, Sa 9–13.50 Uhr.

Museo Astronomico di Brera: Mo–Fr 9–16.30 Uhr. Schiaparellis Kuppel und Teleskop sind nur im Rahmen einer geführten Tour zu besichtigen: Mo, Mi, Fr (ausgenommen Ferien) 14 Uhr, ohne Reservierung, max. 7 Pers., Museumseintritt frei (Spenden willkommen), http://museoastronomico.brera.inaf.it.

Geheimer Garten

Orto Botanico di Brera

Der 5000 m² kleine, etwas verwilderte botanische Garten mit über 300 Pflanzenarten wurde 1774 auf Wunsch der österreichischen Kaiserin Maria Theresia angelegt. Hier flanierte angeblich schon der junge Mozart. Um 12 und um 18 Uhr hört man die Kirchenglocken Breras, als wäre man auf dem Land. Zugang durch den Palazzo di Brera.

Mo–Sa 10–18 Uhr (April–Okt.); Mo–So 9.30–16.30 Uhr (Nov.–März). Eintritt frei.

Italiens Weg zur Einheit

Museo del Risorgimento

Das Museum direkt hinter dem Palazzo di Brera ist im Palazzo Moriggia untergebracht, der 1775 von Giuseppe Piermarini errichtet wurde. Waffen, Medaillen und Gemälde dokumentieren, wie

Brera und Porta Nouva → Karte S. 71

sich die Nationalstaatsbildung Italiens in der Zeit des Risorgimento, der Freiheitsbewegung zur Einigung des Landes, abgespielt hat. Highlights: Schwert, Zepter und Mantel, die Napoleon am 26. Mai 1805, dem Tag seiner Krönung zum König von Italien, trug sowie die erste Tricolore, die Flagge Italiens.

Metro M2 Lanza, M3 Montenapoleone. Di–So 9–13 und 14–17.30 Uhr. Eintritt: 5 €, ermäßigt (18–25 J.) 3 €, für EU-Bürger unter 18 J. sowie am ersten und dritten Di im Monat ab 14 Uhr freier Eintritt. Via Borgonuovo 23, Metro M2 Lanza, M3 Montenapoleone, ✆ 02/88464173, www.museodelrisorgimento.mi.it.

Kirche der Adeligen

Chiesa Santa Maria del Carmine

Die Kirche – sie ist Sitz des Karmeliterordens – befindet sich auf der gleichnamigen Piazza, nur wenige Schritte vom Palazzo di Brera entfernt. Mit ihrem Bau wurde 1400 unter der Leitung von Bernardo da Venezia begonnen. Nach einem Einsturz (1446) wurde sie mit übrig gebliebenem Material des Castello Sforzesco wieder aufgebaut, was ihr den Beinamen *chiesa nobile* einbrachte. Die Backsteinfassade im neogotisch-lombardischen Stil ist ein Werk des Architekten Carlo Maciachini (1880), der auch den Cimitero Monumentale (S. 118) plante. Sant'Espedito, der Heilige für dringende Fälle, befindet sich links vom Eingang.

Tägl. 7.15–12; 16–19.15 Uhr. So um 10.30: Messe auf Englisch.

Wo Mozart und Verdi spielten

Chiesa di San Marco

Die unscheinbare Backstein-Fassade der Kirche (13. Jh.) mit zierlicher Rosette und den drei Heiligen Agostino, Marco und Ambrogio über dem Portal (14. Jh.) lässt nicht vermuten, dass sich im Inneren eine heilige Halle von 96 Metern Länge – geschmückt mit Fresken aus dem 15. und 16. Jh. – öffnet. Auf der Orgel, einem Werk von Benedetto Antegnati, spielte schon der junge Mozart, der 1770 drei Monate im angrenzenden Pfarrhaus logierte. Giuseppe Verdi dirigierte hier am 22. Mai

Chiesa Santa Maria del Carmine: Sitz des Mailänder Karmeliterordens

Mailand im Kasten

Il Laghetto di San Marco – der kleine See von San Marco

Auf der Piazza San Marco, wo heute montags und donnerstags ein Wochenmarkt trubelt, trieben einst Lastenkähne. Sie transportierten Waren vom Hinterland in die Stadt, etwa zentnerschwere Papierrollen aus der Fabrik Burgo di Corsico für Mailands größte Tageszeitung Corriere della Sera (der historische Sitz des Blattes befindet sich seit 1904 in einem Palazzo – Werk von Luca Beltrami – in der nahen Via Solferino 28). Der Laghetto war Endstation des Naviglio della Martesana, der seit dem 15. Jh. den Fluss Adda mit Mailand verband und einer der wichtigsten Kanäle war in dem verzweigten Netz der Cerchia dei Navigli, den schiffbaren Wasserwegen, die Mailand durchzogen. Zwei Brücken umspannten den kleinen See, die Ponte Medici (bekannt als Brücke der Selbstmörder) und die Brücke vor der Chiesa S. Marco. In den 1930er-Jahren schüttete man wegen zunehmender Motorisierung den Kanal zu und baute an dessen Stelle eine breite Straße. Wer der Via S. Marco stadtauswärts folgt, erreicht nach wenigen Minuten die Conca dell'Incoronato – das ehemalige Kanalbecken mit zwei Schleusentoren, entworfen von Leonardo da Vinci (skizziert im Codex Atlanticus – zu sehen in der Pinacoteca Ambrosiana, S. 101). Gegenüber der Conca dell'Incoronata befindet sich das Museo dei Navigli (Besichtigung ab 10 Pers., Reservierung nötig, 02/29001068, www.museodeinavigli.com).

1874 anlässlich des ersten Todestages von Alessandro Manzoni („Die Brautleute") die Uraufführung seiner „Messa da Requiem". Ein Kreuzgang (Tor links vor dem Haupteingang) dient – ausgestattet mit Kunstrasen und zwei Toren – Kindern des Oratoriums als Fußballplatz.

Tägl. 7.15–12 und 16–19.15 Uhr.

Frühchristliches Kleinod

Basilica di San Simpliciano

Der Überlieferung nach soll der heilige Ambrosius die antike *Basilica Virginum* im 4. Jh. gegründet haben, die dann von seinem Nachfolger Bischof Simpliciano, dem sie auch geweiht ist, vollendet wurde. Die neuromanische Fassade ist ein Werk von Maciachini (1870), dem Architekten des Cimitero Monumentale (S. 118). In der Apsis befindet sich ein Juwel: das Fresko „Krönung der Jungfrau Maria" (um 1515) vom großen lombardischen Maler Bergognone. Am schönsten aber sind die beiden Kreuzgänge aus dem 15. Und 16. Jh., sie gehören zum ehemaligen Kloster, heute Sitz der theologischen Fakultät (Eingang: Via di Cavalieri Sepolcro 3).

Mo–Sa 8–12, 15–19 Uhr, So 8–12, 16–19 Uhr. Kreuzgänge: Mo–Sa 8.30–19–30 Uhr, Juni und Aug. geschl.

Schlaraffenland für Gourmets

Eataly

Das ehemalige Teatro Smeraldo, in dem einst Idole wie Bob Dylan oder Ray Charles spielten, wurde zum Edel-Delikatessen-Kaufhaus umfunktioniert, das auf 5000 m² – verteilt auf vier Ebenen – seit 2014 alles bietet, was Italiens Küche ausmacht: Regale voller Pasta ausgesuchter Hersteller, Gläser mit eingelegten Kirschtomaten oder Artischocken, feinste Olivenöle, dazu Fisch aus heimischen Gewässern, Brot aus dem Holzofen, Mozzarella-Käserei, Obst- und Gemüsemarkt sowie eine Enoteca & Birroteca mit über 25.000 Flaschen. Rund um die Regale reihen sich Bar, Gelateria, Bäckerei, Metzger, Pastarestaurant, Pizzeria sowie Self-Service-

Brera und Porta Nouva → Karte S. 71

Theken – alle mit Panoramablick auf die Piazza XXV Aprile – bewusstes Essen wird hier regelrecht inszeniert, und das zu akzeptablen Preisen. (Pizza ab 6,50 €, Pastagericht ab 8,50 €). Highlight ist das Fischrestaurant „Alice", in dem Sterne-Köchin Viviana Varese und Sommelier Sandra Ciciriello kreative und raffinierte Fischgerichte zubereiten (Mittagsmenü unter der Woche ab 50 €). An das ehemalige Theater erinnert der *palco smeraldo*, eine Bühne für Livemusik. Im Jahr 2007 eröffnete der Piemonteser Oscar Farinetti in Turin sein erstes Eataly, das Konzept hatte Erfolg (Kochkurse und Events wie z. B. Weinverkostung im Dunklen sind schnell ausverkauft), weitere Stores von New York bis Tokio folgten.

Piazza XXV Aprile. Metro M2, M5 Porta Garibaldi. Tägl. 8.30–23 Uhr. ,Restaurants: tägl. 12–1 und 19–23 Uhr. www.eataly.net. Mailand: www.eataly.net/it_it/negozi/milano-smeraldo.

Mailand im Kasten

Assapora il cenacolo di Leonardo – Genuss für Auge und Gaumen

Oscar Farinetti unterstützte als einziger privater Geldgeber die Restauration des Gemäldes „Das Abendmahl" von Leonardo da Vinci im Kloster Santa Maria delle Grazie (→ S. 90). So kann er Eataly-Gästen heute das Privileg anbieten, das berühmte Bild nicht im Rahmen der üblichen 15-minütigen Besichtigung zu betrachten, sondern eine exklusive 30-minütige geführte Tour mit dem Titel „Assapora il cenacolo di Leonardo" („Koste Leonardo da Vincis Abendmahl") zu buchen, die abends stattfindet, wenn das Museum bereits geschlossen ist. Anschließend geht es zurück zum Eataly-Store, wo man ein (allerdings sehr spätes) mehrgängiges Slow-Food-Menü probieren und am social table gleich nette Leute aus aller Herren Länder kennenlernen kann (Preis: 100 €).

Unter www.eataly.net/it_it/negozi/milano-smeraldo, „corsi e cene" kann man die Museumstour mit Degustationsmenü „Assapora il cenacolo di Leonardo" buchen. Nach der Besichtigung erreicht man mit der Metro M2 (Cadorna) Porta Garibaldi und über den Corso Como in wenigen Gehminuten den Eataly-Store an der Piazza XXV Aprile.

Mailands neue Skyline

Piazza Gae Aulenti und Bosco Verticale

Die besten Architekten der Welt verpassten Mailand mit vielen kühnen Wolkenkratzern eine ganz neue Silhouette. Noch bis nach der Jahrtausendwende ragten nur vereinzelte Bauwerke mit über 100 Metern aus dem Dächermeer. Zum Beispiel der Mailänder Dom mit der vergoldeten Madonnina auf der Spitze oder der schmale Pirelli-Wolkenkratzer gegenüber dem Hauptbahnhof. Heute sprießen im neuen Hochhausviertel grandiose Glas- und Stahltürme in den Himmel, die meisten noch keine zehn Jahre alt. Porta Nuova ist eines der größten Stadterneuerungs-Projekte Europas und erhielt 2018 den MIPIM-Award – den „Oscar der Immobilienbranche" – in der Kategorie „Best Urban Regeneration Project".

Neues, junges Herz der Metropole ist die kreisrunde, autofreie Piazza Gae Aulenti, benannt nach der italienischen Architektin Gaetana „Gae" Aulenti (1927–2012). Sie verbindet das Quartiere Isola mit dem noblen Corso Como und ist mit ihren Wasserspielen, netten Cafés und Läden bei den Mailändern sehr beliebt. Wellenförmig umschwungen wird die Piazza vom 231 m hohen Torre Unicredit, dem höchsten Wolkenkratzer Italiens, entworfen vom argentinischen Architekten Cesar Pelli. In seinen Glasfassaden spiegelt sich der preisgekrönte **Bosco Verticale** (vertikaler Wald): Die beiden 110 m und 80 m hohen Wohntürme des Architekten Stefano Boeri wurden 2014 mit dem internationalen Hochhauspreis ausgezeichnet. Auf ihren Terrassen wachsen 800 Bäume, 5000 Sträucher sowie weitere 14.000 Pflanzen, die Lärm dämmen und Sauerstoff produzieren.

Metro M2, M5 Haltestelle Porta Garibaldi.

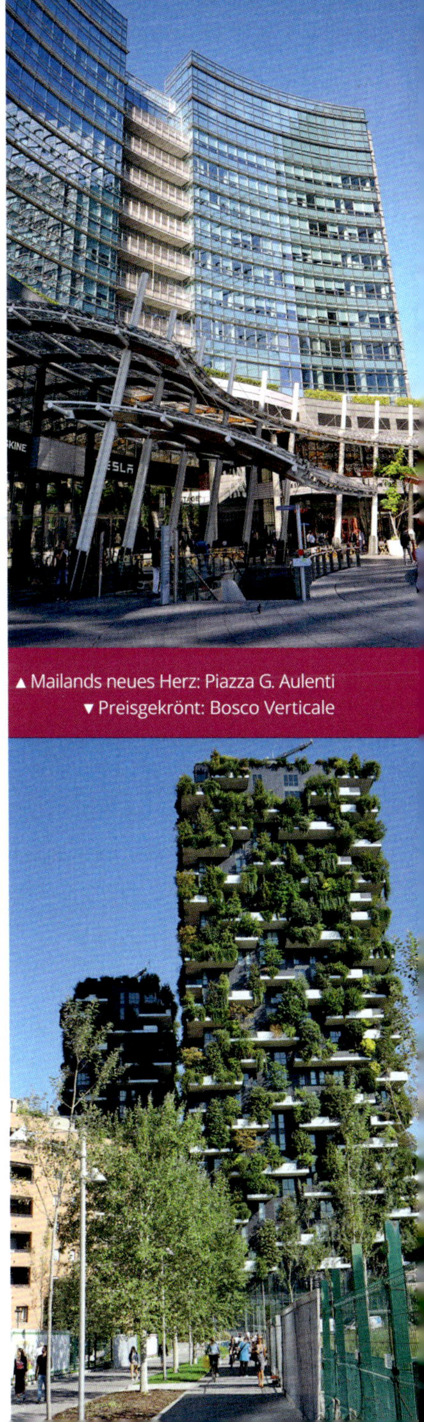

▲ Mailands neues Herz: Piazza G. Aulenti
▼ Preisgekrönt: Bosco Verticale

Mailands neuester Park

Biblioteca degli Alberi

Die „Bibliothek der Bäume", ein fast 10 ha großes grünes Kunstwerk zu Füßen der Piazza Gae Aulenti, wurde im Herbst 2018 eingeweiht. Der Park besteht aus einem Netz kollidierender linearer Wege, die an 135.000 Sträuchern, Zier- und Aromapflanzen, 22 unterschiedlichen Baumarten, einem Labyrinth und einem Teich vorbeiführen. Im Park verstreut finden Sie kreisförmige Wälder aus 22 verschiedenen Baumarten. Die Einzigartigkeit der Grünoase liegt in der Kombination von Flora und Fauna, die Insekten und Vögel anziehen, und den umfangreichen Nutzungsmöglichkeiten, die Jogging- und Fitnessparcours, Radwege, Liegestühle oder Spielplatz bieten.

Mailand im Kasten

Quartiere Isola – Mailands einst verrufene Insel

Bis vor etwa 20 Jahren war Isola ein heruntergekommenes Viertel. Isola, die Insel, war durch die Gleise des Bahnhofes Garibaldi abgeschnitten vom Rest der Stadt. Seit das neue Viertel Porta Nuova das Quartier Isola mit dem noblen Corso Como verbindet, haben Künstler und Kreative das Quartier für sich entdeckt. Viele ehemalige Werkstätten sind heute angesagte Szenetreffs, die typisch mailändischen Arbeiterhäuser *case a ringhiera* mit durchlaufenden Balkonen und Blick auf einen Innenhof jetzt exklusive Wohnungen. Ein Streifzug lohnt sich: Interessant sind Gebäude des Mailänder Rationalismus wie die Casa Ghiringhelli (Piazzale Lagosta 2), Casa Toninello (Via Perasto 3) und Casa Comolli Rustici (Via Guglielmo Pepe 32), die hier in den 1930er-Jahren von Pietro Lingeri und Giuseppe Terragni gebaut wurden. Isola ist außerdem bekannt für das jährlich stattfindende Clownfestival mit über 80 Artisten aus 9 Nationen (www.milanoclownfestival.it). Abends zieht das Viertel Nachtschwärmer an, in der unkonventionellen Bar Frida (→ S. 149) oder dem Jazzclub Blue Note (→ S. 146 und 150) wird es dann laut und voll.

Metro M5, Haltestelle Isola.

Praktische Infos

→ Karte S. 71

Essen & Trinken

Die Lokale im Herzen Breras oder auf der Nobelmeile Corso Como sind eher hochpreisig. Günstiger isst man auf dem Corso Garibaldi, wo sich Bäckereien, Prosciutterie, Bars und urige Trattorien aneinanderreihen – so gut wie alle mit Tischen auf dem Bürgersteig.

Caffè-Bars

Bar Jamaica **26**, in den 1920er-Jahren legendärer Künstlertreff, hat sie sich seither wenig verändert: Lucio Fontana, Allen Ginsberg, Piero Manzoni, Alain Delon oder Robert Redfort gingen hier ein und aus (Michaela Mainini, die die Bar in 3. Generation betreibt, kennt jede Menge Anekdoten). Ganztags warme Küche, Spezialität des Hauses ist *cotoletta alla milanese*. Vorspeise 8–12 €, Hauptgang 12–18 €. Tische draußen. Tägl. 9–2 Uhr. Via Brera 32, ✆ 02/876723, www.jamaicabar.it.

meinTipp **El Tombon de San Marc** **16**, das Lokal im Liberty-Stil tagsüber Caffè-Ristorante mit traditioneller mailändischer Küche. Abends beliebte Aperitif- und Cocktailbar. Die Einrichtung ist eine Wucht: Vitrinen, mächtige Kristallleuchter, grüne Wände, rote Ledersofas, kleine Tische im Freien. Vorspeise ab 9 €, Hauptspeise 10–20 €, Cocktails 8–10 €. Mo–Sa 8–2 Uhr. Via San Marco 20, ✆ 02/6599507.

Radetzky Cafè **10**, Mailänder kommen gerne zum Brunch oder Aperitif in das Straßencafé, sofern sie einen Platz ergattern. Sandwiches ab 7 €, Salate 10–22 €, Panini ab 7 €. Tische im

Freien. Corso Garibaldi 105, ✆ 02/6572645, www.radetzky.it. Tägl. 8–1.30 Uhr, Do, Fr und Sa bis 2 Uhr nachts. Nebenan befindet sich die **Radetzky Gastronomia,** ein Feinkostladen (auch Take-away). Tägl. 11–15 Uhr und 17–21 Uhr.

MeinTipp **Fioraio Bianchi Caffè** **17**, ein romantisch-verspielt eingerichtetes Bistro mitten im historischen Blumenladen Fioraio Bianchi (Blumenverkauf bis 21 Uhr). Hier treffen sich die Mailänder gerne zum *aperitivo*, Mittag- oder Abendessen und tafeln umgeben von duftenden Blumensträußen. Auf den Tisch kommt italienische Küche mit französischen Einflüssen. Mittlere Preiskategorie. Mo–Sa 8–24 Uhr. Via Montebello 7, ✆ 02/29014390, www.fioraio bianchicaffe.it.

Di Viole di Liquirizia **33**, schon von außen wirkt diese winzige Caffè-Bar, eingerichtet im Shabby-Chic-Stil, zauberhaft. Bunte Cupcakes (2–3 €) und Torten kommen frisch aus der einsehbaren Backstube. Kleine Tische im Freien. Di–So 1–19.30 Uhr. Via Madonnina 10, ✆ 02/89 092201.

Ceresio 7 **2**, der Designertempel der Zwillinge Dean und Dan Caten, Gründer des hippen Modelabels DSquared2, thront auf dem Dach des historischen Palazzo Enel (hier waren einst Büros von Enel, dem italienischen Energiekonzern, untergebracht) und ist einen kleinen Umweg wert. Von der langen Terrasse mit Pool – Mailands coole Szene räkelt sich hier – hat man einen spektakulären Blick auf die neue Skyline der Stadt. Mittagsmenüs ab 40 €, Abendessen *alla carta* ist wesentlich teurer, Aperitivo ab 15 €. Pooleintritt: 110 €/Pers., inkl. Gustationsmenü, Sonnenliege, Handtuch. Tägl. geöffnet: Bar 12.30–1 Uhr, Restaurant 12.30–15 und 19.30–23 Uhr. Pool 10–17.30 Uhr (Juni–Sept.). Via Ceresio 7 (etwa 500 m von Metrostation Porta Garibaldi M2, M5 entfernt), ✆ 02/31039 221, www.ceresio7.com.

Ristoranti, Trattorie, Pizzerie

Fisch-Restaurant Alice → Eataly.

Latteria San Marco **15**, winzig klein und immer gesteckt voll. Im ehemaligen Milchgeschäft Latteria kochen Arturo Maggi und seine Frau Maria typisch italienische Gerichte, und zwar in schweren Silberpfannen. Laut Arturo entzieht das Edelmetall den Lebensmitteln Säure und regt somit die Verdauung an. Die Speisen wechseln täglich, der Wein stammt vom eigenen Weinberg, das Gemüse aus eigenem Anbau. Man kann nicht reservieren und muss zu Stoßzeiten schon mal anstehen (die Rechnung kommt daher sofort!). Keine Tische draußen. Akzeptable Preise. Mo–Fr: Mittagstisch 12.30–14.30, Abendessen 19.30–22 Uhr. Sa, So geschl. Via San Marco 24, ✆ 02/6597653.

Bosco Brera **29**, kürzlich eröffnetes Bio-Restaurant (auch für Veganer), eingerichtet im Stil der 50er-Jahre. Zutaten für die täglich wechselnden Gerichte kommen vorwiegend von kleinen Bio-Erzeugern. Der Renner mittags sind Bosco Bowls (z. B. Hirse mit Rucola, Nüssen, Roter Bete, Kürbis und Brokkoli) für 8–13 €. Abends isst man *alla carta* und auch Pizza. Im

Im lebhaften Viertel Brera sind viele Restaurants einladend dekoriert

Brera und Porta Nouva → Karte S. 71

integrierten Shop gibt es u. a. biologischen Wein. Mo 12–15 Uhr, Di–So 12–22 Uhr. Via S. Carpoforo 7, ☏ 02/36632550, www.boscobrera.com. ▪

Antica Trattoria della Pesa **4**, in einer der ältesten Trattorien der Stadt kommt seit 1880 lombardische Küche auf den Tisch. Empfehlenswert für alle, die gerne echten *bollito misto* (deftigen Fleischeintopf) oder *risotto alla milanese,* so wie die Mailänder ihn lieben, nämlich *al salto* (in Butter gebraten mit Kruste) probieren möchten. Primi 15 €, Secondi 25 €. Mo–Sa 12.30–14.30, abends 19.30–23 Uhr. Viale Pasubio 10, ☏ 02/6555741, www.anticatrattoriadellapesa.com.

Alla Cucina delle Langhe **6**, eine gediegene historische Trattoria, deren reich bestückte Fleischvitrine sich dem noblen Corso Como zuwendet. Es gibt hauptsächlich piemontesische Spezialitäten. Wir probierten ein köstliches Risotto al Barolo. Große Salate 12 €, Primi 10–16 Euro, Secondi ab 25 €, Flasche Wein ab 24 €. Tische im Freien. Mo–So 12–15 Uhr, abends von 19–23.30 geöffnet. Corso Como 6, ☏ 02/6554279, www.allacucinadellelanghe.it.

Pizzeria di Porta Garibaldi **5**, für großen, kleinen oder späten Hunger. In der gemütlichen Pizzeria auf der Partymeile Corso Como gibt es neben italienischen Klassikern günstige „pizza al trancio", also in Stücken vom Blech. Mo–So 12–15 Uhr, 19–1.30. Uhr Corso Como 6, www.pizzeriaportagaribaldi.com.

MeinTipp **La Pizzeria Nazionale** **18**, mögen Sie Ihre Pizza lieber *soffice* (weich) oder *croccante* (knusprig)? Beides ist hier möglich. Schönes Ambiente mit bodentiefen Fenstern (offen im Sommer) und unzähligen Blumenkörben, die von der Decke hängen. Günstiges Mittagsmenü ab 10 €. Via Palermo 11, ☏ 02/36683702, www.lapizzerianazionale.it.

MeinTipp **Osteria dei Poeti** **20**, in der lang gestreckten, schmalen Osteria herrscht familiäre Atmosphäre. Auf der täglich wechselnden kleinen Speisekarte stehen italienische Gerichte. Akzeptable Preise, Menü ab 25 €. Mo–Fr 12–14.30 Uhr und 19–23 Uhr, Sa 19–23 Uhr. Corso Garibaldi 40, ☏ 02/8690321.

Enoteche/Winebars

Enoteca Cotti **11**, die Enoteca in einem Jugendstilpalazzo gibt es schon seit 1952 – eine Institution in Sachen Wein. Die Sommeliers Luigi Cotti, Ehefrau Tina und Sohn Giorgio wachen über ein riesiges Sortiment an Flaschenweinen, raren Whiskey-, Grappa- oder Cognac-Sorten. Es gibt auch Feinkost. Via Solferino 42, ☏ 02/29001096, www.enotecacotti.it. Di–Sa 9.30–13 Uhr und 15–20 Uhr.

MeinTipp **N'ombra de vin** **24**, am besten Sie steigen die Treppe in den ehemaligen Speisesaal der Augustinermöche hinab. In dem perfekt erhalten Gewölbe aus dem 16. Jh. lagern über 3000 Etiketten Wein. Dazu gibt's Tapas in allen Variationen (8–30 €). Di–Fr kredenzt man Businesslunch (zwei Tappas nach Wahl und Wasser um 19 €). Tägl. 10–2 Uhr. Abends steht man hier Schlange. Via San Marco 2, ☏ 02/6599650, www.nombradevin.it.

Schlemmen im Gemüseladen: L'Orto di Brera

Feinkost/Snacks

Panino Giusto 8, das erste Geschäft der Kult-Panino-Kette eröffnete 1979 auf dem Corso Garbaldi, mittlerweile gibt es Läden in Japan, USA oder Hongkong. Die Mailänder lieben diese fantasievoll belegten Brötchen (auch vegetarisch). Es gibt auch Salate und eine kleine Auswahl an warmen Gerichten (10–18 €). Tägl. 12–1 Uhr. Corso Garibaldi 125, www.panino giusto.it.

L'Orto di Brera 31, im „Gemüsegarten von Brera" speist man an einem langen Tisch mitten im Gemüsegeschäft. Es gibt zwei leichte Tagesgerichte (ab 6 €), frische Salate, auch verpackte Speisen wie z. B. Zucchinitörtchen zum Mitnehmen oder Aufwärmen in der Mikrowelle im Laden. Köstliche Mitbringsel sind die hausgemachten Pestos (z. B. mit Zucchiniblüten, Spargel oder Ruccola). Tische draußen. Via San Carpoforo 6, ✆ 02/86461056, www.ortodibrera.com. Mo 8.30–15.30, Di–Sa 8.30–18.30.

Obicà 30, hier dreht sich alles um Mozzarella di Bufala Campana DOP in allen Variationen und Reifegraden – auch geräuchert. Es gibt außerdem eine große Auswahl an Pizza, Pastagerichten und italienischen Weinen. Mozzarella ab 6,50 €, Pizza ab 8,50 €, Glas Wein ab 5 €. Tische draußen. So–Do 11.30–1 Uhr, Fr und So 11.30–2 Uhr, a*peritivo* tägl. 17–20 Uhr. Via Mercato 28, ✆ 02/86450568, www.obica.com.

Eataly 7 → Sehenswertes.

Californian Bakery 14, mehrere Filialen warten mit Bagels, Pancakes, French Toast, Salaten und Picknick-Service auf: Ein Picknickkorb für zwei kostet 40 € (Kissen und Decke kann man für 10 € mieten). Man bestellt den Korb, nimmt ihn mit und bringt ihn wieder zurück. Auch Backkurse (Erw. ab 75 €, Kinder ab 45 €) stehen auf dem Programm. Tische im Freien. Mo–Fr 8–24 Uhr, Sa–So 9–24 Uhr. Corso Garibaldi 89, ✆ 02/39811750, www.californiabakery.it. Eine weitere Filiale finden Sie auf dem Corso Como 5, ✆ 02/38911750.

meinTipp **La Prosciutteria 22**, ein uriges Lokal, wo man sich mit Freunden mittags oder zum *aperitivo* trifft und unter baumelnden Prosciutto-Keulen z. B. *un tagliere per due* (Salami und Käse für 2 Pers. auf einem Holzbrett serviert) ab 20 € probiert. Primi und Secondi 5–7 €, ein Glas Wein ab 2,50 €. Mo–So 11–1 Uhr. Corso Garibaldi 55, ✆ 02/89010390, www.lapro sciutteria.com.

Wochenmarkt

Mo und Do (7.30–14 Uhr) treffen sich Einheimische auf der Piazza San Marco und decken sich mit frischem Fisch, Obst, Gemüse, Fleisch und Käse ein. Es gibt auch Taschen, Schuhe und Kleidung.

Supermärkte

Carrefour Express Urbanlife 23, günstige Gerichte wie Salate, Focaccia oder süße Teilchen kann man auf Tischen verteilt im Supermarkt verzehren. Es gibt eine Caffè-Bar, einen Bier-Ausschank (große Auswahl an internationalen Flaschenbieren) und Tische im Freien. Mo–So 7–22 Uhr. Corso Garibaldi 49.

Esselunga 1, im Untergeschoss der Piazza Gae Aulenti gibt es einen riesigen Supermarkt der Kette Esselunga, qualitativ einer der besten Italiens.

Gelaterie

Gelateria Tasta 9, zurzeit die beste Adresse für Granita (auch vegan), mehrfach prämiert. Ausgefallene Geschmacksrichtungen wie Kaktusfeige, Mandel, Maulbeere etc., aber auch köstliches Eis, Cannoli (mit Ricotta gefülltes Gebäck) oder Arancini (gefüllte frittierte Reisbällchen). Tägl. 11–23.30 Uhr. Corso Garibaldi 111, ✆ 02/91571284, www.tasta.it. ■

Shopping

Viele Läden öffnen erst gegen 10 Uhr. Eine besonders lebendige Stimmung herrscht jeden dritten Sonntag beim **Mercatino dell'Antiquariato**, einem Antiquitäten- und Flohmarkt rund um die Via Fiori Chiari (9–18 Uhr). Jede Menge **kleine Boutiquen** (Kleider, Schuhe, Bademode, Schmuck etc.) fernab vom Mainstream finden Sie in der einladenden Bummelstraße Via Solferino. Zahlreiche edle **Duftboutiquen** reihen sich in der Via Brera und Via Fiori Chiari aneinander.

Mode/Schuhe

Gallia e Peter 12, Laura Marelli pflegt in vierter Generation das Erbe ihrer Urgroßmutter und Großmutter, die in dem historischen Hutmacheratelier seit jeher die Köpfe der Reichen und Schönen in Mailand und Turin schmückten. Vom Strohhut (ab 120 €) bis zur exzentrischen Kopfbedeckung – alles in Handarbeit erzeugt. Di–Fr 10–12.30 und 15–18.30 Uhr. Via Moscova 60, ✆ 02/76002628, www.galliaepeter.it.

Giòsa – La Bottega del coccodrillo 36, in einer kleinen Werkstatt (Tür steht meist offen) fertigt Giorgio Santamaria in 3. Generation exklusive und extravagante Handtaschen, Geldbörsen (ab 240 €), Gürtel oder Schuhe aus Krokodilleder in Handarbeit an. Verkauft werden sie im Laden nebenan. Mo–Sa 9–19 Uhr. Via Ciovasso 6, ✆ 02/86997441, www.giosamilano.com.

Alfonso Garlando 35, Mailänderinnen schwören auf den sicheren Geschmack von Alfonso Garlando, der Damen seit 1971 handgefertigte Schuhe auf den Fuß schneidert. Dazu auf Wunsch Taschen, Gürtel oder Clutches Ton in Ton. Ballerinas ab 99 €, Sandalen ab 109 €, Taschen ab 159 €. Mo 12.30–19.30, Di–Sa von 10–19.30, So von 11–13.30 und von 14.30–19 Uhr geöffnet. Via Madonnina 1/Ecke Piazza del Carmine. www.alfonsogarlando.it.

Papier & Schreibwaren

F. Pettinaroli dal 1881 38, Edles aus Leder und Papier gibt es in dem historischen Papiergeschäft, wenige Meter von der Pinacoteca di Brera entfernt: handgemachte Karten, antike Stempel, in Leder gebundene Notizbücher (auf Wunsch mit Monogramm personalisiert), Globen, antik anmutende Weltkarten. Mo 15–19, Di–Sa 10–19 Uhr. Via Brera 4, www.fpettinaroli.it.

Rigadritto 37, jede Menge kleiner witziger Krimskrams rund um das Thema Schule und Schreibtisch wie Bleistifte mit dem 1x1, Magnete, Karten mit der Silhouette berühmter Frauen, Federmäppchen in Form von Fußballschuhen oder Ketchupflaschen, Taschen. Mo–So 10–19 Uhr. Via Brera 6, ✆ 02/80582936.

MeinTipp **RAW 19**, ein wahrer Geheimtipp für alle Interieur-Liebhaber, eine Schatzkiste für individuelle Design-Objekte: Trompe-l'Œil-Tapeten von Wall & Deco, große Auswahl an Porzellan und Wohnaccessoires. Mo 15 Uhr–19.30, Di–Sa 10.30–19.30. Via Palermo 1, ✆ 02/84947 990, www.rawmilano.it. Das Hauptgeschäft von RAW befindet sich auf dem Corso Magenta 10 (Tour 5).

Vintage-Kleidung

Cavalli e Nastri 39, hier gibt es glamouröse Vintage-Mode. Zur Auswahl gehören Valentino-Kleider (180 €) oder Fendi-Taschen (280 €). Im Angebot sind auch Hermes-Tücher, Schmuck, Jacken oder Gürtel. Die Modelle gehen zurück bis in die 1920er-Jahre. Mo–Sa 10–19.30, So 12–19.30 Uhr geöffnet. Via Brera 2, ✆ 02/72000 449, www.cavallienastri.com.

Il Cameo 32, wer Ausgefallenes – von Accessoires über Schuhe, Taschen, Kleider bis hin zu Brillen – sucht, wird in der winzigen überfüllten Vintage-Boutique fündig. Das Sortiment wechselt ständig, die ältesten Waren stammen aus den 30er-Jahren. Via San Carpoforo 6, ✆ 349/2448263.

Im Rigadritto tarnen sich Federmäppchen als Fußballschuhe

Düfte

Mein Tipp **Officina Profumo Farmaceutica di Santa Maria Novella 34**, eine Zweigstelle der weltberühmten gleichnamigen Apotheke in Florenz (1612 gegründet). Ein Besuch lohnt sich, egal ob man edle Seifen, Cremes, Duftkerzen oder feinste Liköre in nostalgischer Verpackung kaufen oder einfach nur mal schnuppern möchte. Via Madonnina 11, www.smnovella.com.

Barbier

Bullfrog Barber 13, in der trendigen Mailänder Barbershop-Kette können sich Männer rasieren, die Haare schneiden oder die Schuhe putzen lassen. Quick Beard Trim (15 Min.) ab 15 €. Mo–So 11–15 Uhr und 16–20 Uhr. Largo La Foppa 4, ✆ 02/62087983, www.bullfrogbarbershop.com (im dazugehörigen WOMO-Shop gibt es u. a. edles Rasierzubehör).

Tee

Kusmi Tea 27, das Teeunternehmen mit Hauptsitz in Paris hat auch im Herzen von Brera einen exquisiten Laden mit traditionellen Tee-Mischungen, einer großen Auswahl an Grün- und Schwarz- sowie Wellness-Tees wie Sweet Love, Be Cool oder Detox – in zuckerfarbenen Dosen. Mo–So 10.30–19 Uhr. Via Fiori Chiari 24, ✆ 02/89093956, www.kusmitea.com.

Spielwaren

Cittá del Sole 25, kreative Spielsachen für Kinder von 0 bis 14 Jahre (vieles aus Holz) wie z. B. Modelbaukästen für das Sonnensystem. Mo 15–19.30, Di–Sa 10–13.30 Uhr und 15–19 Uhr. Corso Garibaldi 16, ✆ 02/86465050, www.cittadelsole.it.

Concept Store und Caffè-Bar

Dimoregallery 21, eine Wohnung in einem Mailänder Stadthaus aus dem 18. Jh. dient Dimore Studio als Showroom. Hier stellt das Designerduo Britt Moran und Emiliano Salci exklusive Stücke ihrer Möbelkollektion aus. Allein die Wohnung ist einen Besuch wert. Di–Sa 11–19 Uhr. Via Solferino 11 (3. Stock), ✆ 02/36563 420, www.dimoregallery.com.

Mein Tipp **10 Corso Como 3**, in Carla Sozzanis Concept Store, das sich auf zwei Stockwerken rund um einen wunderschön begrünten Innenhof ausbreitet, finden Sie die trendigsten Highlights an Fashion und Accessoires sämtlicher Modelabels und im ersten Stock luftige Galerieräume mit wechselnden Ausstellungen (z. B. dem jährlichen „Word Press Photo Award"),

10 Corso Como: edler Concept Store mit lauschigem Innenhof

einen hervorragend sortierten Buchladen für Kunstbände. Mehr Fashionfeeling und Designerinspiration (allerdings zu hohen Preisen) findet man in ganz Mailand nicht. Die ehemalige Chefin der italienischen Modezeitschrift Vogue betreibt auch ein luxuriöses Hotel namens „3 Rooms" mit nur drei Suiten (→ S. 163). Dazu gibt es ein Caffè-Ristorante im Innenhof, wo Mailänder und Touristen gerne brunchen (12–30 €). Primi ab 15 €, Secondi ab 25 €, Cappuccino 5,50 €. Corso Como 10, ✆ 02/29 013581, www.10corsocomo.com. Shop und Galerie tägl. 10.30–19.30 Uhr (Mi und Do bis 21 Uhr), Caffè-Bar tägl. 10.30–1 Uhr. Tipp: das **Outlet** von „10 Corso Como" in Via Tazzoli 3, wenige Gehminuten vom Bahnhof Garibaldi entfernt (Rabatt bis zu 50 %). Tägl. 11–19 Uhr.

Kurioses

Mein Tipp **Il Cirmolo – vintage e modernariato 28**, eine wahre Fundgrube für Kuriositäten, vom Boden bis zur Decke stapeln sich Retro-Reklameschilder (auch beleuchtet), ein alter Zahnarztstuhl, Möbel im Industrie-Chic, Walt-Disney-Figuren, Vintage-Spielzeug, Lampen, englische Keramik etc. Mo 15–19, Di–Sa 10–19 Uhr. Via Fiori Chiari 3, ✆ 02/8052885, www.ilcirmolo.it.

Brera und Porta Nouva → Karte S. 71

Im Viertel Sant'Ambrogio

Tour 5

Den Mailändern zufolge ist dies eines der schönsten Wohnviertel der Stadt. Der Corso Magenta bietet mit seinen Adelspalazzi elegantes Flair, in der Kirche Santa Maria delle Grazie lässt sich Leonardo da Vincis „Abendmahl" bestaunen, und rund um die Basilica Sant'Ambrogio finden sich nette Caffè-Bars und originelle Läden.

Il Cenacolo Vinciano, Leonardo da Vincis „Abendmahl", S. 90

San Maurizio al Monastero Maggiore, „Sixtinische Kapelle" der Lombardei, S. 89

Basilica Sant'Ambrogio, eine der ältesten Kirchen der Stadt, S. 88

Museo della Scienza Leonardo da Vinci, Museum für Wissenschaft und Technik, S. 88

Casa degli Atellani, Leonardo da Vincis Weingarten, S. 91

Kirchen, Klöster und Museen

Rund um Sant'Ambrogio

Das Wohnviertel Sant'Ambrogio zählt zu den feinsten Adressen Mailands, hier residieren seit Generationen die vornehmen Familien der Stadt, in Häusern mit schönen *cortili*, Innenhöfen, oder versteckten Parks (wie etwa in Via Terraggio 5), die man hinter den unscheinbaren Fassaden nicht vermutet. Vom Trubel der Großstadt Mailands ist nichts zu spüren. Trotzdem begegnet man vielen jungen Leuten, Studenten der Università Cattolica, und entsprechend nette Caffè-Bars, auch kleine, individuelle Läden findet man hier. Herz des Viertels ist die Basilica Sant'Ambrogio, in der die Gebeine von Mailands geliebtem Stadtpatron Ambrogio in einem gläsernen Sarg beigesetzt sind.

Authentisches mailändisches Großstadtflair erlebt man auf dem noblen, stark befahrenen Corso Magenta. Dort gibt es neben feinen Läden auch noch historische Geschäfte wie die alte Drogheria Soana, in deren Holzregalen sich Kekse, Pasta und Tee bis an die Decke stapeln, oder die Coltelleria Lorenzi (seit 1919), ein Sammelsurium an Messern, Flaschenöffnern, Bürsten und vielem mehr. Gleich drei Glanzpunkte der Stadt versammeln sich auf dem Corso Magenta: Das „Abendmahl" von Leonardo da Vinci im Refektorium der Chiesa Santa Maria delle Grazie, Mailands „Sixtinische Kapelle", die Chiesa San Maurizio al Monastero Maggiore, sowie die Überreste des Circo aus der Zeit, als das antike Mediolanum (lat. Mailand) die Hauptstadt des Weströmischen Reiches (286 bis 402 n. Chr.) war.

Spaziergang

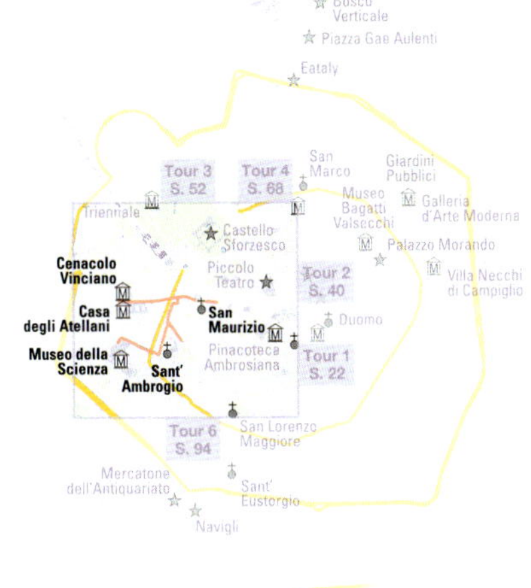

Unser Spaziergang beginnt an der Metro-Station Sant'Ambrogio (M2, Ausgang „Museo Nazionale"). Hier geht es in die Via Carducci, auf der nach nur wenigen Schritten rechter Hand das **Pusterla di Sant'Ambrogio** die Blicke auf sich zieht: ein Tor, über dessen Spitzbögen Statuen der Heiligen Ambrosius, Gervasius und Protasius wachen. Die „Pusterle" waren kleine Schlupftore in den Stadtmauern, die zusätzlich zu den großen monumentalen Eingängen errichtet wurden.

Biegt man vor dem trutzigen **Castello Cova** (19. Jh.), einem Werk des Architekten Adolfo Coppedè (Bruder des berühmten Gino Coppedè), links in die Via San Vittore, erreicht man die gleichnamige Piazza mit dem → **Museo Nazionale della Scienza e della Tecnologia Leonardo da Vinci**, das größte Museum für Wissenschaft und Technik Italiens. Es ist im ehemaligen Kloster der **Basilica San Vittore al Corpo** untergebracht. Ein Blick in die Kirche lohnt sich, die schlichte Fassade lässt nicht auf das prächtige Innere schließen.

Zurück auf der Via Carducci biegen wir – diesmal rechts – in die Via San Vittore. Wer Lust hat, legt in der bei Mailändern beliebten amerikanischen Kette „California Bakery" eine Verschnaufpause ein, bevor es weitergeht zur ruhigen, von Bäumen gesäumten Piazza Sant'Ambrogio, auf der sich das spirituelle Herz der Stadt, die → **Basilica Sant'Ambrogio** erhebt. Sie ist eine der

Mailand im Kasten

Der heilige Sant'Ambrogio

Zur Welt kam Ambrosius als Sohn einer vornehmen Beamtenfamilie im Jahr 339 in Trier. Er reiste einst als Heide nach Mailand, das zu römischen Zeiten Mediolanum hieß, und wurde, kaum getauft, dank seines diplomatischen Geschicks, seiner Großzügigkeit und Hilfsbereitschaft 374 zum Bischof ernannt. Sein Namenstag, der 7. Dezember, ist in Mailand ein wichtiger kirchlicher Feiertag. Zu Ehren des Stadtpatrons findet der viertägige Weihnachtsmarkt „Oh bej! Oh bej!" rund um das Castello Sforzesco statt und die Mailänder Scala eröffnet ihre Spielsaison traditionell am 7. Dezember. Bis heute bekennt man sich in Mailand und Umgebung zum ambrosianischen Ritus, der sich vom römisch-katholischen Kirchenkalender leicht unterscheidet. So dauert der Karneval in der Metropole länger als üblich, von Faschingsdienstag bis zum dem Aschermittwoch folgenden Samstag feiert Mailand den *Carnevale Ambrosiano*.

bedeutendsten und ältesten Kirchen Mailands, ihre Ursprünge gehen bis in das Jahr 379 zurück. In der Basilica geben sich die Mailänder gerne das Ja-Wort und lassen ihre Kinder taufen.

Am Ende der langgezogenen Piazza Sant'Ambrogio – Studenten feiern hier gerne ihren Uni-Abschluss bei Prosecco und mit Lorbeerkranz im Haar – wendet man sich beim Gebäude der Polizia di Stato Caserma Garibaldi rechts und erreicht den protzigen **Tempio della Vittoria** (erbaut 1927–1930), ein Ehrenmal für die Gefallenen des Ersten Weltkrieges. Vor der privaten → **Università Cattolica del Sacro Cuore** stehen Studenten vor dem Kiosk „è Pasta – the italian food" – für Gnocchi, Ravioli oder Bio-Dinkel-Fussili mit Carbonara-, Bolognese- oder Quattro-formaggi-Sauce aus Pappbechern (5 €) Schlange.

Schreiten Sie unbedingt durch das Tor der Università Cattolica – rechter Hand befindet sich die kleine **Cappella Sacro Cuore** –, durch die beiden eleganten Kreuzgänge von Bramante können Sie ungestört flanieren und mit etwas Glück einen Blick in teils prächtige Hörsäle werfen.

Zurück auf der Piazza Sant'Ambrogio folgen wir der schmalen Via Terraggio – hinter dem Tor auf Hausnummer 5 versteckt sich ein geheimer (öffentlicher) Garten – und erreichen, vorbei an netten Studentenlokalen und der fantastischen Buchhandlung **Libreria dello Spettacolo**, den **Corso Magenta**, eine der wichtigsten Straßen Mailands. Hier verlief mit dem *Decumanus* eine der Hauptachsen von Mediolanum.

Wir biegen rechts ab auf den stark befahrenen Corso Magenta und kommen nach etwa 200 m zum Barockpalast **Palazzo Litta** (17. Jh.), in dem Büros der lombardischen Denkmalsbehörde, das Teatro Litta (ältestes Theater der Stadt) und das Antico Caffè Litta untergebracht sind. Der schöne Innenhof (17. Jh.) wurde von Richini angelegt. Schräg gegenüber thront die wunderschöne **Chiesa San Maurizio al Monastero Maggiore**, eine meiner Lieblings-

Stark befahren: der noble Corso Magenta

kirchen, die sich zu Recht mit dem Titel „Sixtinische Kapelle der Lombardei" schmückt. Im Kreuzgang nebenan befindet sich das → **Civico Museo Archeologico**, hier liegen Mauerreste des Circus Mediolanum aus dem 4. Jh. frei, als Mailand die Kapitale des Weströmischen Reiches war.

Nun geht es auf selbem Weg, dem Corso Magenta, wieder zurück, wir überqueren die Kreuzung Largo d'Ancona, erreichen den → **Palazzo delle Stelline**, ein ehemaliges Benediktinerkloster mit schönen Kreuzgängen, und schließlich die Dominikanerkirche → **Santa Maria delle Grazie**, in deren Refektorium das weltberühmte „**Cenacolo Vinciano**", das „Abendmahl" von Leonardo da Vinci, zu bestaunen ist – wohl der Höhepunkt dieses Streifzuges.

Gegenüber befindet sich das Haus → **Casa degli Atellani** mit Leonardo da Vincis Weingarten, ein magischer, nur wenigen bekannter Ort der Stadt.

Zurück ins Zentrum gelangen Sie über den Corso Magenta, Sie biegen links in die Via Carducci ein und kommen zum Bahnhof Cadorna (Metro M1, M2). Direkt hinter dem Bahnhof erhebt sich das **Castello Sforzesco** im Parco Sempione (eine der Hauptattraktionen der Stadt → S. 59). Wer zu Fuß gehen möchte, folgt dem Corso Magenta und erreicht über die Via Meravigli, die Via Dante und von hier in wenigen Minuten die Piazza del Duomo.

Sehenswertes

Museum für Wissenschaft und Technik

Museo Nazionale della Scienza e della Tecnologia Leonardo da Vinci

In einem ehemaligen Kloster aus dem 16. Jh. zeigt das größte Museum für Wissenschaft und Technik Italiens auf 40.000 m² über 14.000 Objekte (darunter ein Pavillon mit Schiffen, Flugzeugen und Lokomotiven). Herzstück sind nachgebaute Modelle von Leonardo da Vinci, die nach Zeichnungen des Künstlers angefertigt wurden. Nicht verpassen sollten Sie ein winziges Stück vom Mond des Goodwill Rock, der während der letzten Apollo-Mission mitgenommen und vom Präsidenten Nixon der italienischen Regierung als Geschenk überreicht wurde, sowie das erste in Italien erzeugte U-Boot nach dem Zweiten Weltkrieg, die S-506 Enrico Toto, deren Inneres im Rahmen einer Führung besichtigt werden kann.

Di–Fr 9.30–17 Uhr, Sa, So, Feiertag 9.30–18.30 Uhr. 10 €, erm. 7,50 € (3–26 J.). Besichtigung der U-Bootes Toti (mit Reservierung 10 €, ohne 8 €), Workshops oder interaktive Spiele müssen an der Kasse bzw. online vorab reserviert werden. Via San Vittore, Metro M2, Sant'Ambrogio, 21, ✆ 02/485551, www.museoscienza.org.

Eine der ältesten Kirchen der Stadt: Sant'Ambrogio

Kirche des Stadtheiligen

Basilica di Sant'Ambrogio

Die antike *Basilica Martyrum* wurde in den Jahren 379 bis 386 auf Wunsch des Bischofs der Stadt, Ambrosius, errichtet, dessen Gebeine in einem gläsernen Sarg in der Krypta der Kirche (397) beigesetzt sind, zwischen den Märtyrern Gervasius und Protasius. Die ursprüngliche Struktur mit drei Kirchenschiffen, zwei Säulenreihen und einer Apsis wurde vom 9. bis 12. Jh. grundlegend umgestaltet, trotzdem ist die Basilica eines der bedeutendsten und besterhaltenen Beispiele der Frühromanik in Italien. Im Inneren sind großartige Kunstwerke ausgestellt: der goldene, von Vilvinio geschaffene Altar (etwa 835) mit Reliefdarstellungen aus dem Leben Christi und des heiligen Ambrosius, im Chor tragen vier antike Porphyrsäulen das Ziborium (9. Jh.), die goldenen Mosaike in der Apsis aus dem 5. Jh. fesseln den Blick und in der Kapelle San Vittorio in Ciel d'Oro kann man das einzige authentische Bild des heiligen Ambrogio bestaunen. Ungewöhnlich ist die bronzene „Schlange von Moses" auf einer Granitsäule im Mittelschiff, der Legende nach von Moses geschmie-

Mailand im Kasten

Die Säule des Teufels

Die *colonna del diavolo*, Teufelssäule, erhebt sich vor der Basilica Sant'Ambrogio. Man sagt, hier habe es der Mailänder Bischof und Schutzpatron Sant'Ambrosius mit dem Teufel in Person zu tun gehabt, der den Heiligen in Versuchung führen wollte. Ambrosius soll sich jedoch auf den Teufel gestürzt, mit ihm gekämpft und ihn zur Hölle geschickt haben. Dabei stieß der Satan mit seinen Hörnern in die *colonna del diavolo* und musste diese in der Säule zurücklassen. Aus den bis heute sichtbaren Löchern soll der Legende nach Schwefelgeruch und – legt man das Ohr darauf – Lärm aus der Hölle zu vernehmen sein.

det. Laut Volksglauben droht der Weltuntergang, sobald das Tier von der Säule auf den Boden gleitet. Vom linken Seitenschiff führt eine Tür zum Portico della Canonica von Bramante mit dem **Museo della Basilica di Sant'Ambrogio** (Eintritt 2 €).

Mo–Sa 10–12 Uhr und 14.30–18 Uhr, So 15–17 Uhr. Piazza Sant'Ambrogio 15, Metro M2 (Sant' Ambrogio). ✆ 02/86450895, www.basilicasant ambrogio.it (mit schöner virtueller Tour).

Größte Privatuniversität Italiens

Università Cattolica del Sacro Cuore

Die katholischen Privatuniversität von Italiens junger Elite wurde 1921 von Giovanni Muzio anstelle des Klosters Sant'Ambrogio erbaut. Die zwei eleganten Kreuzgänge sind zusammen mit dem Refektorium (heute die Aula Magna) im 16. und 17. Jh. nach einem Entwurf von Bramante entstanden. Im Bookshop (links vom Eingang) finden Sie Romane, Kochbücher, Krimis (auch auf Deutsch oder Engl.).

Mo–Fr 9–19 Uhr, Sa 9–12 Uhr. Largo A. Gemelli 1, Metro M2, Sant'Ambrogio, ✆ 02/72341.

„Sixtinische Kapelle der Lombardei“

Chiesa di San Maurizio al Monastero Maggiore

Dieses Gotteshaus ist eines meiner persönlichen Highlights der Stadt. Seine schlichte Fassade (1574–1581) wurde 1896 vollendet und steht in starkem Kontrast zum überwältigenden Inneren. Einer der beeindruckendsten Freskenzyklen (16. Jh.) verziert jeden Zentimeter der Kirchenwände, großteils das Werk von Bernardino Luini und dessen Schülern. Das heutige Gotteshaus, das 1503 auf der Vorgängerkirche erbaut wurde, hat nur ein Kirchenschiff, das durch eine Mauer in zwei Teile getrennt ist: Der der Straße nähere Bereich war den Gläubigern vorbehalten. Der zweite mit der Klausur verbundene Teil mit einem beeindruckenden hölzernen Chor (16 Jh.) war für die Nonnen bestimmt. Die Kirche und der *chiostro*, Kreuzgang, sind die einzigen Überreste des ältesten und größten Frauenklosters Monastero Maggiore, das vom 8. bis 9. Jh. in der Nähe der Stadtmauern aus römischer Zeit erbaut worden war.

Di–So 9–19.30, Eintritt frei. Corso Magenta 13, Metro M1, Metro M2 (Cadorna).

Das römische Mediolanum

Civico Museo Archeologico

Im Kreuzgang der Kirche San Maurizio al Monastero Maggiore liegt das Archäologische Museum. Es hat – übersichtlich angeordnet – eine griechische, etruskische und römische Sammlung, darunter die berühmte „Patera di Parabiago“ (eine große silberne Opferschale) sowie Fundstücke

Rund um Sant'Ambrogio → Karte S. 87

aus dem Hochmittelalter und der Gandhara-Zivilisation. Im Garten stehen noch ein römischer Turm sowie Überreste der Stadtmauern.

Di–So 9–17.30 Uhr. 5 €, erm. 3 €. Gratis bis 18 J. und EU-Studenten 18–25 J. Freier Eintritt: am ersten und dritten Mi im Monat ab 14 Uhr. Corso Magenta 15, Metro M1, M2 (Cadorna), ☏ 02/86450011.

Museum der Waisenkinder

Palazzo delle Stelline

Das ehemalige Benediktinerkloster Santa Maria della Stella und spätere Mädchen-Waisenhaus ist heute ein Kongresszentrum mit Kunstgalerie, Caffè-Ristorante, großem Garten, Kreuzgängen und dem Hotel Palazzo delle Stelline. Im **Museo Martinitt e Stelline** ist das Leben der Waisenkinder zwischen 1800 und 1960 dokumentiert. Highlights: ein nachgebautes Klassenzimmer (1872–1873) sowie interaktive Rundgänge.

Di–Sa sowie am ersten So des Monats 10.30–18.30 Uhr, Eintritt frei. Führungen 8 €, Corso Magenta 61, Metro M1, M2 (Cadorna), ☏ 02/43 006522. Hotel Palazzo delle Stelline, www.hotelpalazzostelline.it

„Abendmahl" von da Vinci

Il Cenacolo Vinciano

Hinter den Mauern des Dominikanerklosters Santa Maria delle Grazie – seit 1980 UNESCO-Weltkulturerbe –, genauer gesagt an der Nordwand des Refektoriums, des Speisesaals, findet sich einer der wohl berühmtesten Kunstschätze der Welt: das von Leonardo da Vinci zwischen 1494–1498 geschaffene Gemälde „Das Abendmahl". Vier Jahre lang saß der toskanische Künstler vor einer Fläche von 9,1 m Länge und 4,2 m Breite, um den Moment festzuhalten, in dem Jesus verkündet, dass ihn einer der Jünger (Judas ist der vierte von links) verraten werde. 1498 war das Meisterwerk fertig, bis heute zieht es Betrachter aus aller Welt in seinen Bann. Im Laufe der Jahrhunderte wurde das Gemälde mehrmals restauriert und übermalt, es überstand Napoleons Soldaten, die im Refektorium hausten, und 1943 einen Bombenhagel. Die letzte Restaurierung nach modernster Technik dauerte zwei Jahrzehnte bis 1999. Zu seinem Schutz ist die Besucherzahl limitiert: Nur 25 Besucher

Ruheoase: Bramantes Kreuzgänge in der Universitá Cattolica

dürfen gleichzeitig eine Viertelstunde in das hermetisch von der Außenwelt abgeschlossene Refektorium. 2017 spendete Oscar Farinetti, der Gründer des italienischen Food-Imperiums Eataly (→ S. 75), eine Million Euro für die Restaurierung des Wandgemäldes, ein neues Luftfiltrationssystem soll das Meisterwerk für weitere 500 Jahre schützen. Eataly-Gäste können eine exklusive 30-minütige Tour mit englischsprachiger Führung buchen, die abends stattfindet, wenn das Museum für Besucher bereits geschlossen ist (→ Kasten, S. 76).

Auf der gegenüberliegenden Wand ist das Fresko „Kreuzigung" (1495) von Giovanni Donato da Montorfano zu sehen.

Tickets müssen vorbestellt und am Kartenschalter 20 Min. vor dem Besuch abgeholt werden, für Wochenenden am besten Monate im Voraus reservieren, unter ✆ 02/92800360 (Mo–Sa 8–18.30 Uhr) oder online auf www.vivaticket.it (Cenacolo Vinciano ins Suchfeld eingeben). 10 €, erm. (EU-Bürger 18–25 J.) 5 €, jeweils plus 2 € Reservierungsgebühr, freier Eintritt unter 18 J. Geführte Tour auf Engl. 9.30 und 15.30 Uhr, auf Ital. 10 Uhr und 16 Uhr. Piazza Santa Maria delle Grazie 2, Metro M1, M2 (Cadorna) oder M1 (Conciliazione); www.cenacolovinciano.net.

Juwel der Renaissance

Chiesa Santa Maria delle Grazie

Der Komplex Santa Maria delle Grazie, ebenfalls Weltkulturerbe der UNESCO, umfasst: Kirche, Kreuzgang, Refektorium, kleinen Kreuzgang und die alte Sakristei. Errichtet wurde er in der zweiten Hälfte des 15. Jh. als neuer Mailänder Sitz der Dominikaner. 1487 vollendet, ließ Ludovico Sforza die Kirche dann in Renaissanceform erneuern, er beauftragte Bramante, der die Kirche mit einer 16-eckigen Kuppel und den eleganten Bögen des Kreuzgangs (1492–1498) in ein architektonisches Meisterwerk verwandelte. Im Inneren finden sich viele Werke norditalienischer Künstler des 15. Und 16. Jh.

Tägl. 7–12.55 Uhr und 15–19.39 Uhr (im Juli erst ab 15.30 Uhr geöffnet). Piazza Santa Maria delle Grazie.

Leonardos Weingarten

Casa degli Atellani

Der Weingarten war ein Geschenk von Ludovico il Moro (1498) an Leonardo da Vinci. Anlässlich der Expo, die 2015 in Mailand stattfand, bepflanzten die heutigen Eigentümer den historischen Weingarten mit den ursprünglichen Rebsorten neu und machten den sehenswerten Palazzo mit Garten der Öffentlichkeit zugänglich. Das Bistro mit Blick in den Garten steht auch Nicht-Besuchern offen.

Mo–Fr 9–18 Uhr (ein Begleiter führt durch das Haus, jeder Besucher erhält einen Audioguide). Dauer: 30 Min. Mo–Fr 9–18 Uhr (Touren starten im 30-Min-Takt). Sa, So Touren alle 15 Min. 18 €. Corso Magenta 65, ✆ 02/4816150, www.vignadileonardo.com (Online-Reservierung möglich).

Praktische Infos

→ Karte S. 87

Essen & Trinken

Caffè-Bars

meinTipp Pasticceria Marchesi **15**, seit 1824 hat sich am Liberty-Ambiente dieser stadtbekannten Konditorei (heute zu 80 % im Besitz von Prada) mit Kassettendecken, Spiegeln, blank polierter Theke und Auslagen voller Pralinen nichts geändert. Eine Spezialität ist der goldgelbe Kuchen „Amor Polenta". Di–Sa 7–20 Uhr, So 8–13 Uhr. Via Santa Maria alla Porta 11a, ✆ 02/862770, www.pasticceriamarchesi.it.

meinTipp Bar Magenta **8**, seit mehr als 100 Jahren angesagter In-Treff jeder Altersklasse. Man kommt morgens zum *caffè*, tagsüber für eines der beliebten *panini* und am frühen

Abend für ein reichhaltiges Aperitivo-Buffet (ab 10 €). Die Bar war Schauplatz für den Film „Asso" mit Adriano Celentano in der Hauptrolle. Mo–So 7.30–2 Uhr. Via Giusuè Carducci 13, ✆ 02/8053808, www.barmagenta.it

Ristoranti

Aimo e Nadia BistRo 17, ein günstigerer Ableger des stadtbekannten Sterne-Restaurants „Il Luogo di Aimo e Nadia" (Scala-Nähe). Im BistRo gibt es von Rossana kuratierte Designobjekte, Tapeten, Stoffe, regionale (offene) Küche auf hohem Niveau und einen schönen Innenhof. Antipasto ab 18 €, Primo ab 20 €, Secondi ab 25 €. Mo–Sa 8.30–23 Uhr. Via Matteo Bandello 14, ✆ 02/4205, www.bistroaimoenadia.com.

Da Rita e Antonio 1, Geheimtipp im Palazzo des Teatro dal Verme, beliebt bei den Theaterleuten. Spezialität des Hauses: „Orecchia d'elefante" („Elefantenohr"), ein riesiges *Cotoletta alla milanese*, und Pizza aus dem Holzofen. Schlicht eingerichtet im Stil der 1970er-Jahre. Secondi ab 20 €, Pizza ist deutlich günstiger. Di, Mi, Do, Fr, So 12–14.30 und 19–23.30 Uhr. Sa 19–23 Uhr. Via Giacomo Puccini 2a, ✆ 02/875579, www.daritaeantonio.it.

La Brisa 16, das wunderschöne Lokal mit verträumtem Innenhof befindet sich direkt in der Straße der römischen Ausgrabungen. Typisch lombardische Küche mit moderner Note, Fisch und vegetarische Gerichte. Primi ab 16 €, Secondi ab 22 €, mehrgängiges Degustationsmenü 58 €. Mo–Fr 12.45–14.30 und 19.45–22.30 Uhr, So nur mittags geöffnet. Via Brisa 15, ✆ 02/86450521, www.ristorantelabrisa.it.

meinTipp **Zibo 20**, die Köche und Freunde Giulio Potestá und Alessandro Cattaneo starteten 2015 mit einem Foodtruck, 2017 erfüllten sie sich den Traum vom eigenen Restaurant mit Schauküche. Auf der kleinen, feinen Karte stehen günstige Gerichte (Pasta, Sandwiches, Falafel) von 9 bis 12 €. Di–Sa 12–15 und 19–22 Uhr. ✆ 02/35999463, Via Caminadella 21, www.zibocuochiitineranti.it.

meinTipp **Bistrò 11**, ein entzückendes Stück Paris in Mailand. In das kleine, langgezogene Bistro kehren die Mailänder ein auf einen *caffè*, leichten Lunch (hausgemachte Pasta, große Auswahl an *panini* oder Hamburger mit selbst gebackenem Brot – alles rigoros glutenfrei) oder ein Glas Wein. Gutes Preis-Leistungs-Verhältnis. Mo–Fr 8–23, Sa 10–23, So 11–23 Uhr. Corso Magenta 9. ✆ 348/4587205 (Handy), www.viadallaspigamilano.it.

OM Food 4, ein kleines verstecktes Juwel im achteckigen Innenhof eines Adelspalazzos. Auf der kleinen Karte des Bistros stehen ausschließlich Bio-Gerichte (z. B Pasta mit Lachs). Gutes Preis-Leistungs-Verhältnis. Mo–Sa 10–20 Uhr. Corso Magenta 12, ✆ 02/36522069. ■

Panini

De Santis 10, frisch – im Moment der Bestellung – zubereitete *panini* (über 200 Varianten) gibt es in diesem langgestreckten, historischen Lokal mit nur einer Hand voll Tischen. Mo, Do, So 12–23.30, Fr und Sa 12–0.30 Uhr. Corso Magenta 9, ✆ 02/72095124, www.paninisantis.it.

Shopping

Feinkost

Drogheria Soana 12, im historischen Familienbetrieb (seit 1947) stapeln sich in dunklen

Süße Verführung: die historische Pasticceria Marchesi

Holzregalen bis unter die Decke: Tee, Kekse, Wein, Marmeladen, Reis etc. Mo 15.30–19.30, Di–Fr 8.30–13 und 15.30–19.30, Sa 9.30–13 und 15.30–19.30. Corso Magenta 1, ✆ 02/86 452725, www.drogheriasoana.it.

Design und Mode

Spazio Rossana Orlandi 18, ausgefallene Designerobjekte, Möbel und Accessoires, ausgestellt im Laden von Rossana Orlandi, der Mailänder Stil-Ikone. Im Innenhof befindet sich das BistRo (→ Essen & Trinken). Mo–Sa 10–19 Uhr. Via Matteo Bandello 14–16, ✆ 02/4674 471, www.rossanaorlandi.com.

meinTipp **RAW 5**, ein Geheimtipp für alle Interieur-Liebhaber, eine Schatzkiste für individuelle Design-Objekte: Trompe-L'Œil-Tapeten von Wall & Deco, große Auswahl an Porzellan und Wohnaccessoires. Ein Traum. Mo 15–19.30, Di–Sa 10–19.30 Uhr. Corso Magenta 10, ✆ 02/48 024785, www.rawmilano.it. In der Via Palermo 1 (Tour 4) finden Sie eine kleinere Dependance des Ladens.

Donatella Pellini 9, wie ein Theaterfundus: das Atelier der Designerin für Schmuck, Besteck und Accessoires. Mo 15–19.30 Uhr, Di–Sa 10–19.30 Uhr. ✆ 02/72010213, Corso Magenta 11, www.pellini.it.

Boutique Chriscerf 19, ausgefallene Kostüme, Röcke, Blusen oder Bademode fertigt die Brasilianerin Christiane Cerf mit Hilfe einer antiken orientalischen Drucktechnik an. Mo 15.30–19 Uhr, Di–Sa 10.30–19 Uhr, ✆ 335/6175013. Piazza Sant'Ambrogio 16, www.chriscerf.com.

Maura Coscia 19, von der Designerin in Handarbeit aus ungewöhnlichen Materialen wie Möbelbezügen, Damast oder Samt kreierte Taschen. Die günstigsten gibt es ab 70 €. Auf Bestellung auch personalisierte Einzelstücke. Mo 15.30–19 Uhr, Di–Sa 10.30–19 Uhr. ✆ 328/2140059, Piazza Sant'Ambrogio 16, www.mauracoscia.it.

Diverses

meinTipp **Coltelleria Lorenzi 13**, im ältesten Geschäft (seit 1919) auf dem Corso Magenta finden Sie Austernmesser, Parmesanhobel, Mokkamaschinen, Nagelbürsten, Rasierpinsel und andere edle Kleinigkeiten. Mo 15–19.30, Di–Sa 9.30–13 und 15–19.30 Uhr. Corso Magenta 1, ✆ 02/8692997, www.o-lorenzi.it.

Officina Profumo Santa Maria Novella 3, eine alte Apotheke aus Florenz, in der man z. B.

Pasta-Take-Away vor der Uni Cattolica

Lavendelsalz, Melissenwasser-Elixier oder Pastillen nach antiken Rezepten hergestellt erhält. Mo 15–19 Uhr, Di–Sa 10–19 Uhr. ✆ 02/8053 695, Corso Magenta 22, www.santamaria novellamilano-mcm.it.

Buscemi Dischi 7, einer der ältesten und renommiertesten Plattenläden der Stadt. Über 24.000 Titel teilen sich den Platz in den überfüllten Regalen. Mo 15–19 Uhr, Di–Sa 10–13 Uhr und 15–19.30 Uhr. Corso Magenta 31, Eingang Via Terraggio, www.buscemidischi.it.

Cartolibreria Ruffini 2, wenige Schritte von der Piazza Santa Maria delle Grazie entfernt liegt dieser nostalgische Papierladen, hier wird man allerfreundlichst bedient. Mo 15–18.30 Uhr, Di–Fr 7.45–13.30 und 14.30–18.30. Sa 8.30–13.30 und 14.30–18.30, So 9–13.30 Uhr. Via Fratelli Ruffini 1.

Legatoria Conti Borbone 6, hier findet man seit 1874 Handgemachtes aus Leder: Bücher, Alben, Papierkörbe, Bücherleitern etc. Mo–Fr 8–12 und 13–18.30 Uhr, Sa 8.30–12 Uhr. ✆ 02/86450090, Corso Magenta 31, www.conti borbone.com.

meinTipp **Libreria dello Spettacolo 14**, eine Buchhandlung wie aus der Zeit gefallen mit Werken aus der Welt des Theaters, Tanzes, Films oder Balletts und wertvollen Sammlerstücken wie Opernlibretti oder Drehbüchern. Di–Sa 10.30–18.30 Uhr. Via Terraggio 11, ✆ 02/86 451730.

Rund um Sant'Ambrogio → Karte S. 87

Vom Dom zu den Navigli

Tour 6

Restaurants und Kneipen am Wasser, Ateliers in versteckten Höfen und ein reges Nachtleben locken Mailänder an die Navigli, die Kanäle aus dem Mittelalter. Auf der Tour vom Dom über die Einkaufsstraßen Via Torino und Corso di Porta Ticinese zu den Navigli herrscht auch an Sehenswürdigkeiten kein Mangel.

- **Pinacoteca Ambrosiana**, prunkvolle Gemäldegalerie, S. 101
- **Santa Maria presso San Satiro**, Bramantes Scheinarchitektur, S. 100
- **Basilica di San Lorenzo Maggiore**, reizvolle Kirche vor römischen Säulen, S. 103
- **Basilica di Sant'Eustorgio**, hier ruhen Reliquien der Heiligen Drei Könige, S. 103
- **Navigli**, Mailands antike Wasserstraßen, S. 104
- **Mercatone dell'Antiquariato**, Antiquitäten- und Flohmarkt, S. 109

Mailand am Wasser

Die Navigli

Menschen zieht es ans Wasser, auch die Mailänder – und zwar an die Navigli, Mailands mittelalterliche Kanäle Naviglio Grande und Naviglio Pavese, nach denen das beliebte Ausgehviertel im Süden der Stadt benannt ist. Hierher kommen sie zum Stöbern in kleinen Werkstätten, Ateliers oder auf dem großen Mercatone dell'Antiquariato (Antiquitäten- und Flohmarkt), der jeden letzten Sonntag des Monats die Kanalufer säumt. Man flaniert auf der breiten Promenade des anlässlich der Expo 2015 sanierten und ausgebauten Hafenbeckens Darsena, entspannt am frühen Abend beim *aperitivo* oder feiert bis spätnachts in den unzähligen Bars und Restaurants direkt am Wasser.

Hier findet man noch die für Mailand typischen zwei- bis dreistöckigen ehemaligen Arbeiterhäuser, *case di ringhiera*, mit ihren schmalen, durchgehend an der Fassade verlaufenden Balkonen auf jedem Stockwerk, von denen man auf einen gemeinsamen Innenhof blickt. Mitte der 1980er-Jahre wurden die heruntergekommenen, feuchten Mietshäuser mit Etagenplumpsklo saniert und gewinnbringend verkauft. Hier zu wohnen ist heute ein Privileg, die Mieten dementsprechend. Morgens sind die Kanäle eher verwaist. Ab dem späteren Nachmittag – vor allem am Wochenende – ist fast kein Durchkommen: Mailänder und Touristen besetzen sämtliche Stühle, Gehsteigkanten und Brückengeländer. Manche kommen für einen Drink, die meisten bleiben bis in die Nacht. Besonders romantisch ist ein Spaziergang entlang der Kanäle bei Sonnenuntergang, wenn sich im warmen Licht die ockerfarbigen Hausfassaden im Wasser spiegeln.

Dieser interessante Spaziergang führt vom westlichen Ende des Domplatzes über die lange, lebendige Shoppingmeile Via Torino mit erstaunlichen Kirchen wie Santa Maria presso San Satiro und abseitigen Plätzen wie der Piazza San Sepolcro: Hier befand sich in der Antike das Forum, wo sich die beiden Hauptstraßen, der Cardo und der Decumanus des Mediolanum, kreuzten. Schließlich erreicht man über den alternativen Corso di Porta Ticinese die majestätische Basilica San Lorenzo, vor der sich die Colonne di San Lorenzo – 16 gewaltige römische Säulen – erheben, *der* allabendliche „Place to be" junger Leute. Von hier ist es nur ein kurzes Stück zum alten Hafenbecken namens Darsena, das den Naviglio Grande und Naviglio Pavese verbindet.

Tour-Info: Reine Gehzeit rund 40 Min. Wer auf den 1,3 km langen Bummel von der Via Torino bis zu den Colonne di San Lorenzo verzichten will, nimmt die Tram 3 (Abfahrt gleich am Beginn der Via Torino) und steigt bei der vierten Station „Colonne di San Lorenzo" aus. Von hier sind es – vorbei an der Basilica di San Lorenzo Maggiore und der Basilica di Sant'Eustorgio – etwa 10 Gehminuten zu den Navigli. Direkt zu den Navigli gelangen Sie mit der Metro M2 (Porta Genova).

Spaziergang

Die Tour beginnt schräg gegenüber dem Duomo (Metro M1, M3 Duomo), auf der lebendigen Einkaufsstraße Via Torino, einer der ältesten Straßen der Stadt, auf der sich heute großteils internationale (günstige) Modeketten wie *OVS*, *Bershka* oder *Zara*, Kosmetikläden wie *Kiko* oder *Bottega Verde* (Naturkosmetik) oder ausgefallene Läden wie die dänische Kette *Tiger* angesiedelt haben.

Gleich rechts öffnet sich die **Via Spadari** mit einigen der besten Delikatessgeschäften Mailands. Ein winziger Abstecher zum stadtbekannten Feinkosttempel **Peck,** untergebracht in einem Jugendstil-Palazzo auf Hausnummer 9, lohnt sich: Allein der Blick in die wunderbar mit Parmesanrädern und Prosciutto-Keulen dekorierten Schaufenster lässt einem das Wasser im Mund zusammenlaufen.

Weiter auf der Via Torino erreicht man nach wenigen Metern die etwas im Abseits (links) versteckte Renaissancekirche **→ Chiesa Santa Maria Presso San Satiro,** deren romanischer Glockenturm aus dem 9./10. Jh. (hinter der Kirche) zu den ältesten Mailands zählt. Nehmen Sie sich unbedingt Zeit und bestaunen Sie Bramantes berühmte und verblüffende Scheinarchitektur im Inneren.

Weiter stadtauswärts stößt man nach wenigen Metern rechter Hand auf die kleine Piazza Santa Maria Beltrade und biegt in die schmale Via Asole, die in die Via Cardinale Federico mündet.

Folgt man der kleinen Straße nach links, vorbei an der historischen Enoteca Iemmallo, erreicht man die nette, leider stets zugeparkte Piazza San Sepolcro, auf der sich rechts die schöne alte → **Chiesa del Santo Sepolcro** erhebt. Links an der Kirche vorbei, stößt man auf einen echten Geheimtipp: das → **Museo Mangini Bonomi** (Eintritt frei), in dem Sie teils kuriose Gegenstände verschiedenster Epochen wie z. B. Handgranaten, Vogelkäfige, Spucknäpfe, magische Laternen oder einen mittelalterlichen Giftring bestaunen können.

Folgt man der Via Cardinale Federico hingegen nach rechts, erreicht man nach nur wenigen Metern die ruhige Piazza Pio XI, auf der sich der Palazzo dell'Ambrosiana mit der → **Pinacoteca Ambrosiana,** einer der bedeutendsten Gemäldesammlungen Italiens, sowie die → **Biblioteca Ambrosiana** befindet. Sowohl die Chiesa del Santo Sepolcro wie auch der Palazzo dell'Ambrosiana thronen auf dem Areal des antiken → **Foro Romano**, des einst wichtigsten Platzes des Imperiums, als Mailand als *Mediolanum* (286 bis 402) Rom überflügelte und Hauptstadt des Römischen Reiches war.

Zurück auf der Via Torino, geht es vorbei am **Tempio di San Sebastiano** mit seiner imposanten zylindrischen Form. Die Kirche wurde im Jahr 1576 am Ende einer Pestepedemie von Pellegrino Tibaldi entworfen.

An der Ecke zur Via della Palla (links) führt ein kleiner Umweg zur nur wenigen bekannten Piazza Sant'Alessandro, auf der die Barockkirche **Chiesa di Sant'Alessandro** mit ihren beiden Türmen und Engeln wie eine Theaterkulisse wirkt. In ihrem Inneren befinden sich kostbare Gemälde der italienischen Maler Camillo Procaccini und Daniele Crespi.

Geht man auf der Via Torino weiter, öffnet sich rechts die kleine Piazza San Giorgio mit der sehenswerten **Chiesa San Giorgio al Palazzo,** deren Ursprünge auf das Jahr 751 zurückgehen, mit Werken von Bernardino Luini (1516). Wer Lust auf eine kleine Pause zwischendurch verspürt, findet auf der Piazzetta eine Bar der Kette *Cioccolati Italiani* mit Tischen im Freien: Hier gibt's ausgefallene Caffè-Sorten wie z. B. Caffè Nocciola mit Haselnusscreme- und -splittern sowie köstliche Schokoladeneis-Kreationen.

Am Ende der Via Torino erreicht man die Kreuzung Largo Carrobbio und biegt links auf den geschäftigen **Corso di Porta Ticinese,** er ist nach den beiden Stadttoren benannt, denen wir noch begegnen. Hier reihen sich viele kreative Designerläden, Modeboutiquen und multiethnische Lokale aneinander, die jeder Geldbörse gerecht werden.

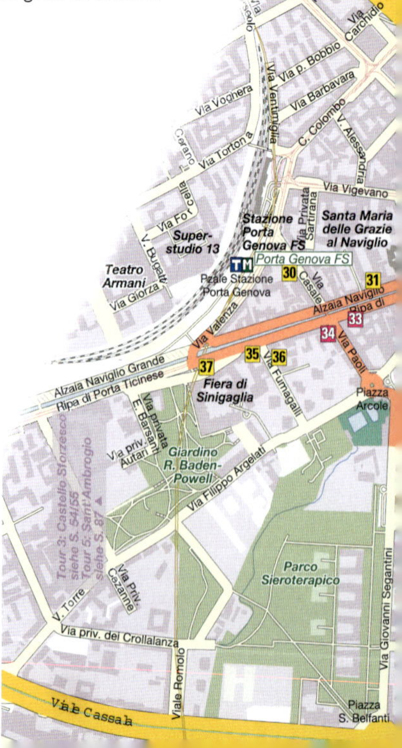

Essen & Trinken (S. 106–108)
1 Green Station
2 Ristorante al Mercante
3 Ciacco
6 Slow Sud
14 Panino Giusto
16 Berlin Cafè
17 Grom
20 California Bakery
25 Officina 12
26 Rinomata Gelateria
27 Ristorante El Brellin
29 L'Altro Luca & Andrea
33 Al Pont de Ferr
34 Osteria del Gnocco Fritto
38 La Sacrestia Farmacia Alcolica
39 Ristorante Sadler
Shopping (S. 108–110)
4 Pescheria Spadari
5 Peck
7 Delicatessen
8 Enoteca Iemmallo
9 Paravicini Milano
10 Cittá del Sole
11 Photo Veneta Ottica
12 Al Pascia
13 ODStore Outlet
15 Bivio Milano
18 IF Bags
19 Fede Milano
21 Individuals
22 Mercato Coperto
23 Brandstorming
24 Dambra Borse
28 Ifiorinellarete
30 La Nazionale Manifatture Bandiere
31 Il Discomane
32 Pourquoi Moi Vintage
35 Nipper Milano
36 Pam local
37 Fiera di Senegallia
Tour 6: Die Navigli
140 m
Tour 4: Brera/Porta Nuova siehe S. 71
Tour 1: Mailänder Dom siehe S. 25
Tour 2: Quadrilatero d'Oro siehe S. 42/43
Piccolo Teatro Grassi
Palazzo Clerici
Pal. Marino
San Fedele
Palazzina Liberty
Pal. Litta
San Maurizio al Monastero Maggiore
Civ. M. Archeologico
Pal. d. Borsa
Cordusio
Poste Centrali
Pal. d. Poste
Leonardo3 Museo
Gall. Vittorio Emanuele II
Duomo
Duomo Santa Maria Nascente
S. Maria Podone
M. Mangini Bonomi
Pinac. Ambros.
Pal. dell'Ambr.
San Sepolcro
Santa Maria Presso San Satiro
Museo del Novecento
M. del Duomo
Palazzo Reale
Tempio della Vittoria
Palazzo Borromeo
Palazzo Stanga
Sant'Ambrogio
Università Cattolica
Pusterla di Sant'Ambrogio
Sant'Agostino
Circo Romano
S. Sebastiano
San Giorgio
Sant'Alessandro in Zebedia
Pal. Trivulzio
Cripta di S. G. in Conca
Missori
S. Antonio Abate
Torre Velasca
Ca' Grande Univ. Statale
S. Nazaro Maggiore
San Bernardino alle Monache
Colonne di S. Lorenzo
San Lorenzo Maggiore
San Vincenzo in Prato
Antiquarium Alda Levi
Anfiteatro romano
Parco del Anfiteatro e Antiquarium
Archi dell'antica Porta Ticinese
Parco Papa G. P. II (Parco delle Basiliche)
San Paolo Converso
Casa Venegoni
Museo Diocesano
Santa Maria presso San Celso
Sant'Eustorgio/ Cappella Portinari
Porta Genova
Darsena
Fondazione A. Pomodoro
Vicolo dei Lavandai
Naviglio Grande
Porta Ticinese
Pza Ventiquattro Maggio
Viale Gian Galeazzo
Porta Lodovica
S. Gottardo al Corso
Università Bocconi
Casa d. Arti
Naviglio Pavese
Auditorium di Milano
Parco Baravalle
S. Maria di Caravaggio
Viale Gabriele d'Annunzio
Via Edmondo De Amicis
Corso di Porta Ticinese
Via Molino delle Armi
Corso Italia
Corso San Gottardo
Alzaia Naviglio Pavese
Via Ascanio Sforza
V.le Tibaldi
V. Toscana
Via Carlo Darwin
Via Emilio Gola
Via Giosuè Borsi
Via Pavia
Via Odoardo Tabacchi
Via Torino
Via Meravigli
Corso Magenta
Via Sant'Orsola
Via Lanzone
Via Correnti
Viale Col di Lana
Via Giovenale
Via Gentilino

Bereits von Weitem ziehen die mächtigen **Colonne di San Lorenzo,** 16 mehr als 8 m hohe römische Säulen mit korinthischen Kapitellen, die seit dem 4. Jh. vor der → **Basilica di San Lorenzo Maggiore** aufragen, die Aufmerksamkeit auf sich. Bis hierher hatte sich das römische Mediolanum ausgebreitet. Wer sich für das antike Mailand interessiert, könnte einen Abstecher zum etwas abseits gelegenen → **Parco dell'Anfiteatro** mit Resten eines Amphitheaters machen.

Vor allem an lauen Abenden wimmelt es an den Sockeln der Säulen und auf dem weiten Kirchenvorplatz mit einem Denkmal Kaiser Konstantins (eine Nachbildung, das Original befindet sich in Rom) von hauptsächlich jüngeren Leuten, die sich allabendlich in den verschiedenen Bars und Szenelokalen zum *aperitivo* treffen und bis in die Morgenstunden feiern.

Hinter der Basilica di San Lorenzo erstreckt sich parallel zum Corso di Porta Ticinese der weitläufige **Parco Papa Giovanni Paolo II** (Papst Johannes Paul II. gewidmet), den die Mailänder **Parco delle Basiliche** nennen und der die beiden Kirchen San Lorenzo Maggiore und Sant'Eustorgio – obgleich durchschnitten von der stark befahrenen Via Molino delle Armi – verbindet. Hier entspannt abends das junge Mailand.

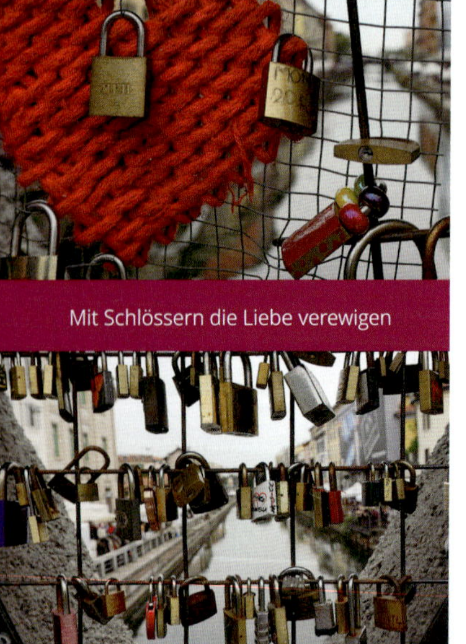

Mit Schlössern die Liebe verewigen

Fast unmittelbar im Anschluss an die **Colonne di San Lorenzo** erhebt sich das hübsche mittelalterliche Stadttor **Porta Ticinese,** hier verlief im 12. Jh. die Stadtumfriedung. Nach 1329 wurde das Tor von Azzone Visconti erneuert, in den Jahren 1861–1865 von Camillo Boito restauriert. Blickt man von außen auf das alte Stadttor, entdeckt man ein Relief des Künstlers Giovanni di Balduccio (14. Jh.): Es zeigt die thronende Madonna, um die sich die Heiligen Lorenzo, Eustorgio und Petrus Martyr scharen, daneben kniet der Stadtheilige Ambrosius mit einem Modell der Stadt.

Weiter geht es auf dem **Corso di Porta Ticinese** zur → **Basilicia Sant'Eustorgio,** einer der ältesten und bedeutendsten Kirchen Mailands, in der einst die sterblichen Überreste der Heiligen Drei Könige aufbewahrt wurden. Kein Kreuz, sondern ein achteckiger Stern bekrönt die Spitze des Glockenturms. Den schönsten Blick auf die vielen Kapellen hat man von der kleinen begrünten Fußgängerzone **Via Santa Croce,** über die man den **Parco delle Basiliche** erreicht.

Ein paar Schritte weiter auf diesem Spaziergang gelangt man zur Piazza XXIV Maggio, die von einem mächtigen Stadttor dominiert wird. Es heißt ebenfalls **Porta Ticinese**, ist aber deutlich jünger als sein mittelalterlicher Namensvetter. Dahinter beginnen die Navigli. Nur wenige Meter weiter in der Viale Gorizia steht die fast 100 Jahre alte ehemalige Edicola Radetzky mit ihrem Pagodendach, in deren 2,25 m² großen Inneren heute keine Zeitungen verkauft, sondern Miniwechselausstellungen zeitgenössischer Kunst gezeigt. werden.

Am Hafenbecken **Darsena** mit Promenade und überdachtem Markt, an dem die Kanäle Naviglio Grande und Naviglio Pavese zusammentreffen, spürt man, dass Mailand früher eine Stadt des Wassers war. Der alte Hafen wurde anlässlich der Expo 2015 saniert und ausgebaut. Hier halten Sie sich rechts, folgen vorbei an unzähligen Streetfood-Ständen der leicht ansteigenden Ponte del Trofeo, die sich über das Hafenbecken spannt, und erreichen den **Naviglio Grande**, dessen rechtem Ufer, der Alzaia Naviglio Grande – als Bummelmeile attraktiver als der benachbarte Naviglio Pavese – Sie nun folgen. Zahlreiche Bars und Restaurants für jeden Geschmack säumen den Kanal. Überall sitzen entspannte Menschen, trinken *caffè* oder nippen an einem Glas Wein, hier hupen keine Autos, quietschen keine Straßenbahnen. Viele Hinterhöfe sind mit Blumen geschmückt, in manchen entdecken Sie originelle Buch- oder Plattenläden, kleine Boutiquen und Ateliers – sie sind bis spätabends geöffnet.

Nach knapp 100 m erinnert rechts der **→ Vicolo dei Lavandai** mit einer malerischen, etwas verwitterten Waschstelle an alte Zeiten. Bis in die 1950er-Jahre knieten hier noch Frauen, schrubbten Wäsche und spülten sie mit Wasser, das sie aus dem Naviglio Grande abzweigten. In der Drogerie neben dem Waschhaus, wo die Frauen einst Seife und Bürsten kauften, tafelt man heute gediegen im Caffè-Ristorante El Brellin (→ Essen & Trinken). In der hintersten Ecke Vicolo Lavandai 2/A versteckt sich der Zugang zur **→ Fondazione Arnaldo Pomodoro**, einer interessanten Stiftung des in Mailand lebenden Bildhauers Arnaldo Pomodoro zur Förderung junger Künstler.

An der **→ Chiesa di Santa Maria Grazie al Naviglio** vorbei, die 1556 auf den

Casa di ringhiera, typisch mailändisches Wohnhaus

Mauern einer alten Kirche aus dem 4. Jh. entstand, können Sie am Kanalufer stadtauswärts bis zur Doppelkirche **→ Chiesa San Cristoforo sul Naviglio** mit Fresken der Schulen Bergognone und Luini im Inneren spazieren. Ab der dritten Brücke (bei der Via Valenza) gibt es jedoch weder Lokale noch Geschäfte.

Alternativ können Sie an der verschnörkelten Pont de Ferr, Eisenbrücke, die Kanalseite wechseln und über die Piazza Arcole und Via Emilio Gola den **Naviglio Pavese**, der nach Pavia führt, erreichen. Am Kanal stadtauswärts stoßen Sie auf Höhe der Via Conchetta auf die alte Schleuse La Conchetta. Übrigens war Leonardo da Vinci an der Konstruktion des ausgeklügelten Schleusensystems der Navigli beteiligt.

Von den Navigli zurück zum Ausgangspunkt (Piazza del Duomo) nehmen Sie die Metro M2 (Porta Genova, erreichbar über Via Vigevano) bis Cadorna, wo Sie in die M1 (Duomo) umsteigen.

Wen die Atmosphäre und die Künstler-Ateliers im Navigli-Viertel begeistern, sollte unbedingt einen Abstecher in das ehemalige Fabrikenviertel Zona Tortona, heute „Design District", machen. Vom Bahnhof Porta Genova (M2) erreicht man in wenigen Schritten das Viertel Tortona (→ S. 112).

Sehenswertes

Bramantes Scheinarchitektur

Chiesa di Santa Maria presso San Satiro

Die im 9. Jh. zu Ehren des Bruders des Stadtheiligen Ambrosius gegründete Kirche zählt zwar nicht zu den Hauptattraktionen Mailands, lohnt aber allein schon wegen Bramantes faszinierender Scheinarchitektur einen Besuch. In den Jahren 1476–1486 baute Donato Bramante die Kirche um und malte, da er wegen der nahe gelegenen Via Falcone keinen Chorraum errichten konnte, einen Scheinchor im Flachrelief: Der nur 97 cm tiefe Chor hinter dem Altar wirkt durch eine optische Täuschung wesentlich tiefer. Erst wenn man knapp davor steht, bemerkt man, dass die Säulen immer kleiner werden – eine perfekte Illusion. Auch die Sakristei mit ihrem achteckigen Grundriss gehört zu seinen Meisterwerken. Links vom Altar liegt die Kapelle San Satiro mit der beeindruckenden Terrakottagruppe *Compianto sul Cristo Morto* von Agustino de Fondulis (um 1483).

Di–Sa 9.30–17.30, So 14–17.30 Uhr. Via Torino 17, Metro M1, M3 (Duomo).

Antikes Herz Mailands

Chiesa del Santo Sepolcro

Auf der leider stets zugeparkten Piazza San Sepolcro erhebt sich die dreischiffige romanische Kirche. Sie wurde 1030 gegründet, nach dem ersten Kreuzzug (1096–1099) neu errichtet und im Laufe der Jahrhunderte mehreren Umbauten unterzogen. Die bereits im 18. Jh. umgestaltete Fassade wurde 1894–1897 von Gaetano Moretti und Cesare Nava im Stil der lombardischen Romanik neu errichtet. Im Inneren sind lebensgroße Terrakotta-Statuen aus dem 16. Jh. aufbewahrt. Sehenswert ist die

Die Kirche Santo Sepolcro thront auf dem einstigen Foro Romano

mystische Cripta San Sepolcro (seit 2016 öffentlich zugänglich): Zwischen ihren schlanken Säulen wurden Quaderblöcke aus Marmor entdeckt, die wahrscheinlich zum Foro Romano gehörten.

Cripta San Sepolcro: Mo–Fr 17–21 Uhr, Sa und So 15–22 Uhr (Zeiten können variieren). Eintritt: 12 €, Kinder unter 14 J. gratis. Piazza San Sepolcro 1, Metro M1, M3 (Duomo), www.criptasansepolcromilano.it.

Prunkvolle Gemäldesammlung

Pinacoteca Ambrosiana

Die Gemäldegalerie wurde im April 1618 auf Bestreben von Kardinal Federico Borromeo (1564–1631), Erzbischof von Mailand, eröffnet. Heute gilt die Pinakothek zusammen mit der von Brera (→ S. 72) als eine der bedeutendsten Bildersammlungen Italiens. Nehmen Sie sich ausreichend Zeit für die in 24 Sälen ausgestellten Kunstwerke. Zu den Highlights zählen unter anderem: *La Canestra di Frutta*, Caravaggios Stilleben „Der Obstkorb" in der Sala Federiciana; *Ritratto di Musico* (Porträt eines Musikers) von Leonardo da Vinci und *Ritratto di dama* von Giovanni Ambrogio De Predis, beide in der Aula Leonardi, geschmückt mit einem prächtigen Fresko des Renaissancemalers Bernardino Luini. Hier hängt außerdem eine Kopie von Leonardo da Vincis berühmtem *Abendmahl*, 1611–1616 angefertigt von Andrea Bianchi, auch „il Vespino" genannt. Die *Madonna del padiglione* von Sandro Botticelli findet man in Sala 2, *Teca con i capelli di Lucrezia Borgia* (eine Haarsträhne der Lucrezia Borgia) in Saal 8, die *Topolino con rose* (Maus mit Rose) von Jan Brueghel il Vecchio (1568–1625) in Saal 7.

Die in der Pinacoteca untergebrachte Veneranda Biblioteca Ambrosiana (1609) zählt mit über einer Million Werken (inklusive Tausender Drucke), 40.000 Manuskripten – darunter der *Codex Atlanticus*, Leonardo da Vincis größte Skizzensammlung –, dem von Simone Martini mit Miniaturmalereien ausgestatteten *Vergil* des Petrarca sowie antiken syrischen Bibelausgaben zu den wichtigsten Bibliotheken Europas.

Di–So 10–18 Uhr (Biblioteca 9–17 Uhr). 15 €, erm. 10 € (bis 18 J.), freier Eintritt bis 14 J. Audioguide 3 €. Kartenreservierung (Gebühr 1,50 €) unter ✆ 0292897721 oder online auf https://ambrosiana.vivaticket.it. Gruppenführungen zu verschiedenen Themenbereichen (z. B. „Die Geheimnisse des Codex Atlanticus" oder „Renaissance"). Piazza Pio XI, 2, Metro M1 (Cordusio oder Duomo), M3 (Duomo), ✆ 02/806921.

Archäologische Ausgrabung

Il Foro Romano

Zu den wenigen Resten des antiken Forums, einst Hauptplatz des Mediolanum, die man 1990–1992 unterhalb der Pinacoteca und Biblioteca Ambrosiana sowie der Chiesa del Santo Sepolcro gefunden hat, kann man jeden ersten Samstag des Monats zwischen 10.30 und 16.30 Uhr hinabsteigen.

3 € (Kinder bis 12 J. frei). Eingang: Via dell'Ambrosiana/Ecke Piazza Pio XI, Metro M1, M3 Duomo. Anmeldung unter ✆ 02/806921, www.ambrosiana.eu.

Originelle Schatzkiste

Museo Mangini Bonomi

Alte Knöpfe, Kanonenkugeln, Eierbecher, Hörapparate, Rasierklingen, Spucknäpfe, Zaumzeuge, Schirme, Heizkörper, Spielzeug, Uhren, erste Telefone oder Fotoapparate und vieles mehr - wer sich für teils kuriose Alltagsgegenstände verschiedener Epochen interessiert, ist hier richtig. Das originelle und liebevoll eingerichtete Museum in einem historischen Palazzo geht auf den Mailänder Sammler Emilio Carlo Mangini (1911–2003) zurück.

Mo und Do 15–19 Uhr, Mi 15–17 Uhr). Führungen: Mo, Do 15 und 16 Uhr, Wohnräume von Emilio Carlo Mangini nach Vereinbarung.

Die Navigli → Karte S. 96/97

Eintritt frei. Via dell'Ambrosiana 20, Metro M1, M3 Duomo, ✆ 02/86451455, www.museomanginibonomi.it.

Mit riesigen römischen Säulen

Basilica di San Lorenzo Maggiore

Auf einem kleinen Rundgang um die Basilica bekommen Sie einen Eindruck von den Dimensionen der Kirche mit ihren spektakulären achteckigen Außenkapellen. Ihre Anfänge gehen auf das 4. Jh. zurück, für den Bau wurden auch Steine des nahe gelegenen Amphitheaters verwendet. Trotz Feuersbrünsten in den Jahren 1071 und 1075 und Einstürzen (1573 brach die achteckige Kuppel ein, sie wurde von Martino Bassi im Stil der Spätrenaissance wiederaufgebaut) ist heute noch der ursprüngliche Grundriss, ein Quadrat von 24x25 m, erhalten. Besonders sehenswert sind die Fresken aus dem 14. Jh. sowie die achteckige Cappella di Sant'Aquilino aus dem 4. Jh. (auf der rechten Seite, 2 €) mit frühchristlichen Mosaikresten und einem römischen Sarkophag. Eindrucksvoll ist außerdem die Orgel von Orgelbauer Pietro Bernasoni (1884). Die sechzehn 8,5 m hohen **Colonne di San Lorenzo,** römische Säulen mit korinthischen Kapitellen aus dem 2. bis 5. Jh., verbanden die Kirche einst mit der Via Ticinensis, der antiken Straße nach Pavia.

Mo–Fr 8–18.30, Sa und So 9–19 Uhr. Corso Porta Ticinese 35, Metro M1, M3 Duomo. Tram 3 (Colonne di San Lorenzo), www.sanlorenzomaggiore.com (nur ital.).

Wo Gladiatoren kämpften

Parco del Anfiteatro e Antiquarium

Park mit Resten eines Amphitheaters, in dem einst Gladiatoren- und Löwenkämpfe ausgetragen wurden. Im Antiquarium „Alda Levi" sind römische Funde ausgestellt, Zeichnungen erklären, wie das Amphitheater einst funktionierte und wo die Gladiatoren lebten.

Di–Fr 9–16.30 Uhr (Winter), im Sommer bis 18 Uhr. Sa 9–14 Uhr. L'Antiquariuim „Alda Levi": Di–Sa 9.30–14 Uhr, Eintritt frei. Eingang Via De Amicis 17, Metro M1, M3 Duomo, Tram 3 (Colonne di San Lorenzo).

Von außen unscheinbar, innen prächtig: Basilica di San Lorenzo Maggiore

Die Basilica di Sant'Eustorgio hütet Reliquien der Heiligen Drei Könige

Kirche der Heiligen Drei Könige

Basilica di Sant'Eustorgio

Wie Sant'Ambrogio (→ S. 88) zählt auch Sant'Eustorgio zu den ältesten Kirchen der Stadt (4. Jh.). Sie wurde dem gleichnamigen Bischof geweiht, dem Kaiser Konstantin I. aus Konstantinopel der Legende nach ein wertvolles Geschenk gemacht hatte: die Reliquien der Heiligen Drei Könige. Über Jahrhunderte hütete die Basilika die Gebeine der Heiligen bis Kaiser Friedrich I., „Barbarossa", der 1162 die Stadt eroberte, von diesem Schatz erfuhr und die kostbaren Reliquien 1164 nach Köln entführte, wo sie im Dom aufbewahrt wurden. Erst 1903 gab die Erzdiözese Köln einige der hochverehrten Knochen der Basilika Sant'Eustorgio zurück. Sie sind heute in der *Cappella dei Magi* (rechts vom Presbyterium) in einer Urne mit der Aufschrift „Sepulcrum Trium Magorum" aufbewahrt, neben dem Sarkophag, in dem die Reliquien einst von Konstantinopel nach Mailand gebracht wurden. Jedes Jahr am Dreikönigstag gedenkt Mailand seiner *Tre Re Magi*: Am 6. Januar startet eine Prozession der Heiligen Drei Könige in historischen Gewändern vom Domplatz über die Via Torino und durch die Porta Ticinese zur Basilica Sant'Eustorgio.

In den Seitenkapellen der Basilika ließen sich bedeutende Familien begraben, entsprechend kunstvoll geschmückt sind viele. So hängt in der Cappella Brivio der gleichnamigen Familie (erste Kapelle rechts) das kostbare Triptychon „Madonna col Bambino, San Giacomo e Sant'Enrico" von Ambrogio da Fossano, auch Borgognone genannt. Die schönste der Kapellen, die **Renaissancekapelle Portinari** – außen an den Apsisbereich wie eine eigene kleine Kirche angebaut (Zugang durch das Museo di Sant'Eustorgio) – gab der florentinische Adelige Pigello Portinari 1462–1468 in Auftrag. Er wollte hier begraben werden und gleichzeitig seinem verehrten heiligen Pietro da Verona, dessen Gebeine in der Basilika ruhen, ein Denkmal setzen: Herrliche Fresken von Vincenzo Foppa (1468) erzählen anschaulich aus dem Leben des

Die Navigli → Karte S. 96/97

Heiligen, der 1251 zum päpstlichen Inquisitor ernannt und ein Jahr später 1252 erstochen wurde. Er ist auf dem Vorplatz der Kirche als Statue mit einem Messer auf dem Kopf dargestellt.

Im Kreuzgang links neben der Basilika befindet sich das **Museo Diocesano Carlo Maria Martini** mit rund 1000 Werken aus dem 2. bis 21. Jh., hier finden regelmäßig Wechselausstellungen mit alter und neuer sakraler Kunst statt. Highlight: Sammlung „Fondi Oro" von Alberto Crespi – 40 Gemälde aus dem 14. und 15. Jh., v. a. aus der Toskana. Im Kreuzgang befindet sich ein nettes Bistro (Di–So 10–18–Uhr, im Winter geschl.).

Der Eintritt in die Basilica di Sant'Eustorgio ist frei. Sammelticket (Diözesanmuseum, Museo della Basilica Sant'Eustorgio, Cappella Portinari und Friedhof Paleocristiano (gültig 30 Tage) 10 €, erm. 8 € (6–18 J. und Studenten bis 25 J.). Einzeltickets: Museo della Basilica 6 €, erm. 4 €, Diözesanmuseum 8 €, erm. 6 €. Piazza Sant' Eustorgio 1, Metro M1, M3 Duomo. Tram 3 (Colonne di San Lorenzo oder Piazza XXV Maggio), www.chiostrisanteustorgio.it.

Forum junger Künstler

Fondazione Arnaldo Pomodoro

Die Stiftung des in Mailand lebenden Künstlers Arnaldo Pomodoro – einer der bedeutendsten Vertreter italienischer Nachkriegskunst – liegt versteckt im Innenhof einer ehemaligen Schlosserei. Hier finden interessante Wechselausstellungen mit Werken junger Künstler und Designer statt.

Di–Fr 11–13 Uhr und 14–19 Uhr. Eintritt frei. Via Vigevano 9, Eingang Vicolo Lavandai 2/A, Metro M2 (Porta Genova), Tram 9, www.fondazionearnaldopomodoro.it.

Mailands mittelalterliche Kanäle

Die Navigli

Die ursprüngliche Aufgabe der Navigli war es, das sumpfige Umland vor den Toren Mailands trockenzulegen. Ab dem 13. Jh. bauten die Mailänder die Wasserkanäle systematisch aus, schu-

Stöbern auf dem bunten Flohmarkt „Mercatino dell'Antiquariato"

fen mit dem Naviglio Grande (50 km), der zum Fluss Ticino strömt, eine wichtige Wasserstraße zum Lago Maggiore und mit dem Naviglio Pavese (33 km) einen Anschluss an den Fluss Po und somit zur Adria. Auf den Kanälen schipperten einst flache Lastkähne mit Waren aller Art bis in die Innenstadt, u. a. transportierten sie gewaltige Marmorblöcke aus Candoglia und Granit aus Baveno vom Lago Maggiore für den Bau des Mailänder Doms. Die notwendigen Schleusen entwarf Leonardo da Vinci, wie Skizzen im Codex Atlanticus – aufbewahrt in der Pinacoteca Ambrosiana (→ S. 101) – beweisen. Im Museo della Scienze e della Tecnologia kann man viele seiner – teils als Modelle nachgebauten – Erfindungen zur Verbesserung der Wasserkanäle bestaunen (→ S. 88). Die Navigli waren nicht nur Verkehrsadern, ihr Wasser wurde auch als Antriebskraft in Handwerksbetrieben genutzt und dadurch der industrielle Aufschwung ermöglicht. Ab Ende des 19. Jh. jedoch galten die Kanäle als stinkend und unhygienisch, Anfang des 20. Jh. wurden sie zugeschüttet und an ihrer Stelle entstanden Straßen oder breite Boulevards. Das Navigli-Viertel mit seinen zwei Kanälen entkam diesen Modernisierungsmaßnahmen, hier zeigt Mailand bis heute sein altes, ursprüngliches Gesicht.

Alte Waschstelle: Vicolo dei Lavandai

Metro M2 (Porta Genova) oder per Tram 3, 9.

Die Navigli → Karte S. 96/97

Mailand im Kasten

Die Navigli per Boot entdecken

Von April bis September (die Daten variieren) schaukeln Touristenboote über den Naviglio Grande. Rund 50 Minuten dauert z. B. die Tour *Itinerario della Darsena*, die mehrmals am Tag startet. Man sieht am Ufer den Vicolo dei Lavandai, den Palazzo Galloni, glanzvoll Restauriertes aber auch morbide Fassaden vorbeigleiten. Das Boot wendet bei der Chiesa San Cristoforo, steuert das Hafenbecken Darsena an und kehrt zurück zum Ausgangspunkt. Achtung: Zweimal jährlich (meist von Ende Sept. bis Ende Nov. und von Ende Jan. bis Ende März) werden die Kanäle trockengelegt und gereinigt.

Abfahrt am Naviglio Grande 4,. Itinerario della Darsena: Die Abfahrtszeiten wechseln häufig und variieren je nach Tour. Mo–Do 15, 16 und 17 Uhr. Fr, Sa, So, Feiertag: 11 und 12 Uhr. Zwischen 14 und-18 Uhr stündl. Erw. 15 €, erm. 10 € (4–12 J.), unter 3 J. gratis. Familienticket: 2 Erw. ein Kind 34 €. Tickets (c/o Autostradale Viaggi), Piazza Castello 1 (Metro M1, Cairoli) oder Passaggio Duomo 2 (Metro M1, M3, Duomo), ✆ 02/30089940, weitere Tourangebote auf www.navigazionenavigli.it und http://navigareladda.it (Gruppen können auch Dinner- oder Aperitivo-Bootstouren reservieren).

Praktische Infos

→ Karte S. 96/97

Essen & Trinken

Sa und So sind die Restaurants an den Navigli überfüllt, es empfiehlt sich frühzeitig zu kommen oder vorab zu reservieren. Neben schlichten Trattorien und alteingesessenen Lokalen finden Sie hier auch Szenebars- und Restaurants für jeden Geschmack und Geldbeutel.

Ristoranti

Ristorante al Mercante 2, das historische Restaurant (Anfang 20. Jh.) übersiedelte 2018 von der Piazza dei Mercanti direkt vor die Pinacoteca Ambrosiana. Es gibt italienische Küche (von den Alpen bis Sizilien) in modernem Ambiente. Besonders zu empfehlen: hausgemachte Pasta, z. B. Ravioli gefüllt mit Thun- und Schwertfisch auf Ingwer-Creme. Primi ab 18 €, Secondi ab 30 €. Cocktail-Bar, Tische auf der ruhigen Piazza Pio XI mit Blick auf den Palazzo dell'Ambrosiana. Mo–So 12–15 Uhr und 19–23 Uhr. Via Cesare Cantù 7, ✆ 02/8052198, www.ristorantealmercante.it.

Slow Sud 6, das Publikum besteht vorwiegend aus jungen Mailändern, die hier teils auf Schaukeln sitzend speisen. Die Mittagskarte ändert sich täglich, kredenzt wird süditalienische Küche. Primi ab 11 €, Secondi ab 13 €. Im **Putia Slow Sud** direkt nebenan gibt es köstliche, frisch zubereitete Panini, z. B. mit gegrilltem Gemüse, Frischkäse und getrockneten Tomaten ab 6 €. Mo–Do 12–15 Uhr, 19–22.30 Uhr, Fr–So 12–16 Uhr und 19–23 Uhr. Via delle Asole 4, ✆ 02/72002595, www.slow-sud.it.

Officina 12 25, früher eine Werkstatt, heute ein schicker Schuppen am Naviglio Grande mit großen Räumen, Backsteingewölbe und Terrasse. Besonders köstlich: frische Pasta, z B. *pasatelli alle vongole e cozze* (12 €) oder Kalbsbäckchen mit Maiscreme und Zwiebeln (23 €). Gin-Bar **GINO12** mit über 100 Sorten (Aperitivo 19–21.30 Uhr, letzter Drink 1.30 Uhr), sehr beliebt bei Nachtschwärmern. Mo, Mi–So 12–15 Uhr und 19–24 Uhr, Di 19–24 Uhr. Via Alzaia Naviglio Grande 12, ✆ 02/89422261, www.officina12.it.

Ristorante Sadler 39, das Feinschmeckerlokal des Sterne-Kochs Claudio Sadler liegt am Naviglio Pavese. Es gibt drei Säle mit viel Stil (Designer-Porzellan, Kristallkelche ...). Die Speisen: ein Mix aus Tradition und Moderne, die Preise dementsprechend (z. B. 5-Gänge-Fischmenü 90 €, ohne Getränke). Mo–Sa 19.30–22.30 Uhr. In der modernen Trattoria **„Chic'n Quick"** mit Fenstern zur Straße gibt's bereits ab mittags Menüs für 21 €. Mo 19.30–22.30 Uhr, Di–Sa 12.30–14.30 und 19.30–22.30 Uhr. Via Ascania Sforza 77, ✆ 02/58104451, www.sadler.it.

Ristorante und Caffè El Brellin 27, wo einst Wäscherinnen Seife und Bürsten kauften, werden heute typisch mailändische Gerichte wie

Straßenhändler bieten Sonnenbrillen im Überfluss feil

Meine Lieblingstrattoria direkt am Naviglio Grande: L'Altro Luca & Andrea

Risotto al salto (Risotto alla milanese in Butter angebraten) oder *Cotoletta di vitello alla milanese* (Kalbskotelett) aufgetischt. Primi ab 16 €, Secondi ab 28 €. Tische im Freien. Tägl. 12.30–15 Uhr, 19.30–1 Uhr (Küche ab 23 Uhr geschl.). Caffè-Bar im Sommer Mo–So 14–2 Uhr, im Winter Mo–Do 18–1 Uhr, Fr und Sa 18–2 Uhr, So 18–24 Uhr. Mi ab 21.30 Livemusik (Jazz). Vicolo dei Lavandai, ✆ 02/58101351, www.brellin.com.

meinTipp **L'Altro Luca & Andrea** **29**, die Caffè-Bar und Trattoria ist mein Lieblingsplatz an den Navigli, ein einfaches Lokal mit Ziegelsteinwänden, rot-weiß karierten Tischdecken und Tischen im Freien. Köstliche Antipasti 12 €, z. B. Auswahl an Salami oder Käse, Primi 14 €, z. B. *chitarra* (Nudeln) mit Calamari-Ragù, Secondi 22 €, z. B. *ossobuco di vitello* (Kalb) mit *risotto giallo* (Safranrisotto). Tägl. 12–24 Uhr. Alzaia Naviglio Grande 24, ✆ 02/89415771, www.lucaeandreanavigli.it.

Osteria del Gnocco Fritto **34**, die urige Osteria am Ufer des Naviglio Grande ist bekannt für eine Spezialität aus der Emilia Romagna – *Gnocco Fritto*, ein frittiertes Gebäck, zu dem verschiedene Salami- und Käsesorten (die Auswahl ist enorm) gereicht werden. Verschiedene Menüs zu festem Preis ab 30 € (z. B. Gnocco Fritto mit Salami und Käse, drei Primi und Dessert). Tolle italienische Weinkarte. Tägl. 19–24 Uhr, Sa und So auch mittags 12–14.30 Uhr. Via Pasquale Paoli 2/Ecke Ripa di Porta Ticinese, ✆ 02/58100216, www.gnoccofrittomilano.it.

meinTipp **Al Pont de Ferr** **33**, wie der Name sagt, direkt bei der Eisenbrücke über den Naviglio Grande. Hinter der unscheinbaren Fassade verbirgt sich eine nostalgisch-gemütliche Osteria. Serviert werden ausgezeichnete kreative Gerichte bis zum siebengängigen Menü (55–130 €). Sehr gute Weinauswahl und Tische im Freien. Mo–Fr 12.30–15 Uhr und 19.30–23 Uhr, Sa und So 12.30–23 Uhr. Ripa die Porta Ticinese 55, ✆ 02/89406277, www.pontdeferr.it.

Schnell & günstig

Green Station **1**, hier bekommen Sie leichte vegetarische (auch vegane) Gerichte (Reis, Suppen, Salate) auf Basis von Getreide, Hülsenfrüchten oder Samen, z. B. Linsenpasta mit Spinat und Taleggio (Weichkäse) 10 €. Selbstbedienung. Mo–Fr 7.30–20.30 Uhr, Sa 8–19 Uhr, So 10–19 Uhr. Via Spadari/Ecke Victor Hugo, ✆ 02/83530189, www.greenstation.life.

Panino Giusto **14**, in der Filiale der stadtbekannten Brötchenkette können Sie frisch zubereitete *panini* z. B. mit Roastbeef und Tomaten (7 €) oder mit Bresaola, Schafkäse und Zitronenschale (8 €), auch Suppen und Salate kosten. Tägl. 12–1 nachts. Corso di Porta Ticinese 1, www.paninogiusto.it.

Die Navigli → Karte S. 96/97

Caffè-Bars

California Bakery 20, die beliebte amerikanische Kette wartet mit Bagels, Pancakes, French Toast, Salaten und Picknick-Service auf: Ein Picknickkorb für zwei kostet 40 € (Kissen und Decke kann man für 10 € mieten). Man bestellt den Korb, nimmt ihn mit und bringt ihn wieder zurück. Auch Backkurse (Erwachsene ab 75 €, Kinder ab 45 €) stehen auf dem Programm. Tische auf der netten Piazza Sant'Eustorgio mit Blick auf die gleichnamige Basilika. Piazza Sant'Eustorgio 4, ☏ 02/38811750, www.californiabakery.it.

Berlin Cafè 16, trendige Caffè-Bar nur wenige Schritte von den Colonne di San Lorenzo entfernt. Beliebter Treffpunkt der jungen Mailänder Szene, die sich hier zu den Klängen italienischer Rap-Music beim Aperitivo vergnügt. Mo–Do 7.30–2 Uhr, Fr, Sa 11–3 Uhr, So 15–24 Uhr. Via Gian Giacomo Mora 9, ☏ 02/8392605, www.berlincafe.milano.it.

Die entzückende Boutique Fede Milano

La Sacrestia Farmacia Alcolica 38, ein originelles Boheme-Lokal mit Kristalllüstern, Möbeln und Marmortresen einer alten Apotheke. Spezialität: Apericena (Aperitivo mit üppigem Buffet: Pasta, Fleisch, Fisch, Reis, Polenta etc.) 12 €. Di–Do 18.30–21.30 Uhr und So 18–2 Uhr früh, Fr und Sa bis 3 Uhr früh. Via Conchetta 20/Ecke Ascanio Sforza, ☏ 02/87382458 (nach 18 Uhr), www.sacrestia.wixsite.com.

Gelaterie

Ciacco 3, hausgemachtes Eis ohne künstliche Zusatzstoffe in teils ausgefallenen Geschmacksrichtungen wie z. B. Strudel, Kürbis oder Zabaione. Mo–Sa 8–21 Uhr, So 14–20 Uhr. Via Spadari 13.

Grom 17, erkennbar an der langen Schlange davor. Eis-Herstellung aus biologischem Anbau, saisonale Sorten im monatlichen Wechsel. Die Turiner Eisdielenkette gibt es auch in Paris, New York oder Hongkong. Köstlich z. B. *torta sacher* oder *caramello al sale,* auch fruchtiges Eis am Stiel, Sorbets und Granita (auch glutenfrei). Mo–Fr 11–23 Uhr, Sa 11–24 Uhr. Corso Porta Ticinese 51, www.grom.it

meinTipp **Rinomata Gelateria** 26, ebenfalls lange Schlangen, seit Generationen wird hier eine der besten Eiscremes der Stadt aus nostalgischen Tiegeln geschabt. Auch Crepes, großzügig gefüllt mit dunkler oder weißer Schokolade, Bananen, Marmelade oder Honig. Tägl. 14–2 Uhr früh. Ripa di Porta Ticinese 1.

Supermärkte

Pam local 36, u. a. frisches Brot, Pizza, Lunch-Take-away (auch Bio- und vegane Produkte). Mo–So 8–22 Uhr. Via delle Asole 1. **Simply Market** Mo–Sa 8–20 Uhr, So 9–13 Uhr. Via Fumagalli 1 (Seitengasse des linken Kanalufers Ripa di Porta Ticinese).

Shopping

Auf der Via Torino und dem Corso Porta Ticinese finden Sie bezahlbare Mode, hier reihen sich Läden für junge Mode aneinander (auch preiswerte Schuhgeschäfte).

Beliebte Einkaufsmeilen

Young Fashion kauft man am besten auf der **Via Torino,** die vom Domplatz abgeht. Hier finden Sie Ketten wie Zara, OVS oder Bershka, aber auch alteingesessene Läden. Auf dieser Straße trifft sich Mailands Jugend und bummelt abends weiter über den **Corso Porta Ticinese** mit teils ausgefallenen Läden (Secondhandware, handgefertigte Kleidung und Accessoires oder No-Name-Shops) zu den Navigli.

Märkte

Mercato Coperto 22, überdachte Markhalle am Hafenbecken mit Enoteca, Bäckereien, Käseständen; beim Metzger Macelleria Popolare gibt's *panini* mit Bio-Steak oder Lampredotto (ähnelt Kutteln). Mo 8.30–13 Uhr, Di–Sa 8.30–13 Uhr, 16–20 Uhr, Piazza XXIV Maggio.

Flohmärkte

MeinTipp **Mercatino dell'Antiquariato**, rund 380 Aussteller verwandeln die Navigli in einen bunten Antiquitäten- und Flohmarkt (Möbel, Porzellan, Puppen, Vintage-Mode und -accessoires, Lampen, alte Kaffeemühlen ...). Jeden letzten So des Monats, 9–19 Uhr, die meisten Läden und Galerien sind geöffnet.

Fiera di Senegallia 37, frühmorgens ist die beste Zeit für Vintage-Schnäppchen auf Mailands ältestem Flohmark. Jeden Sa 8–18 Uhr. Naviglio Grande/Ecke Via Valenza.

Enoteca

Enoteca Iemmallo 8, in der urigen, historischen Weinhandlung, mehrfach vom italienischen Verlag Gambero Rosso prämiert, drängen sich über 3500 Etiketten aneinander (weltweiter Versand). Mo 15–19 Uhr, Di–Fr 9–19 Uhr, Sa 9–13 und 15–19 Uhr, Via Cardinal Federico 7. www.enotecaiemmallo.it.

Feinkost

Peck 5, den Gourmettempel gibt es schon seit 1883 – eine Institution in Sachen Feinkost (exquisite Käse und Schinken, Öle, Antipasti, Pestos, Marmeladen, hauseigene Espresso-Mischung, Weinkeller mit über 3000 Etiketten). Ideal für den kleinen Hunger ist das Piccolo Peck: z. B. Fischgerichte (ab 16 €), dazu ein Glas Wein (ab 6 €). Im 1. Stock ist das elegante Ristorante Al Peck untergebracht (Primi ab 16 €, Secondi 28–45 €). Piccolo Peck Mo 15–20 Uhr, Di–Sa 9–20 Uhr, So 10–17 Uhr. Ristorante Peck Di–So 12–15 Uhr, Via Spadari 9, www.peck.it.

Delicatessen, 7, kleines Feinkostgeschäft mit Südtiroler Spezialitäten wie Schwarz- und Vollkornbroten, Strudeln, Brezeln, Speck, Würsten etc. Piazza Santa Maria Beltrade, Mo–Sa 8–20 Uhr, So 9–20 Uhr, www.delicatessen.eu.

MeinTipp **Pescheria Spadari 4**, im ältesten Fischgeschäft der Stadt kaufen die Mailänder seit 1933 täglich frisch gelieferten Fisch oder Meeresfrüchte. Im Bistro (mitten im Laden) gibt's mittags (Di–Fr) täglich wechselnde Fischgerichte (Primi, Secondi, Frittiertes), auch Streetfood, z. B. Fischburger. Di–Sa 9–13.30 Uhr und 15.30–19 Uhr. Bistro Mi–Sa 19.30–22.30, Sa und So 12.30–14.30 Uhr. Via Spadari 4, www.pescheriaspadari.eu.

Diverses

MeinTipp **Paravicini Milano 9**, vor rund 20 Jahren gründete Constanze ihre kleine Keramik-Manufaktur und fertigt in Handarbeit einzigartige Geschirr-Kreationen an, die romantisch, witzig oder traditionell ausfallen können. Mo–Fr 9.30–13.30 Uhr, nachmittags nach Vereinbarung. Via Nerino 8, ✆ 02/72021006, www.paravicini.it.

MeinTipp **Photo Veneta Ottica 11**, den museumsartigen Laden erreicht man durch einen Hausflur auf der Via Torino 57. Im 1. Stock lädt eine schlichte Holztüre mit „Avanti" zum Eintreten in das Reich der Vintage-Brillen, Ski-Brillen, Operngläser, Fotoapparate etc. Hier könnte man einen ganzen Nachmittag stöbern. Mo 10–12.30 und 14.30–19 Uhr, Di–Sa 10–13.30 und 14.30–19 Uhr. ✆ 02/8055735, Via Torino 57, www.fotovenetaottica.com.

Al Pascia 12, bietet seit 1906 in nostalgischem Ambiente eine Riesenauswahl an Pfeifen, dazu passende Accessoires wie Stopfer, aber auch Taschen, Geldbörsen, Handschuhe aus Leder (keine Zigaretten, kein Tabak!). Mo 15–19.30 Uhr (Juni, Juli montags geschl.), Di–Fr 9.30–13.30 Uhr, 15–19.30 Uhr, Sa 9.30–19.30 Uhr. Via Torino 61, www.alpascia.com.

ODStore Outlet 13, ein Outlet für Süßigkeiten (auch Markenware): Schokolade in allen Formen, Bonbons für jeden Geschmack, Torten, Kuchen, Brioches, Kekse, Lutscher, aber auch frisches Gebäck, Pizza- und Focaccia-Stücke. Mo–So 8–21 Uhr. Via Torino 61.

Nipper Milano seit 1890 35, ein kunterbuntes Modernariat. Ein Besuch lohnt sich schon allein wegen der knallbunten Jukeboxes, Slot Machines, Vintage-Radios, Grammofone oder Leuchtreklamen – alle sorgfältig restauriert. Mi–Sa 14–20 Uhr. Ripa Porta Ticinese 69, www.nipper.it.

Individuals 21, der junge Designer Carlo Galli nutzt Stoffreste großer Marken und lässt Bikinis und Unterwäsche in Italien von Hand nähen. Ober- und Unterteile stellen die Kundinnen selbst zusammen. Mo 16–20 Uhr, Di–Fr 12–20 Uhr, Sa–So 11–20 Uhr, Via Vigevano 11, ✆ 02/36639538, www.individuals.it.

Die Navigli → Karte S. 96/97

mein Tipp **Brandstorming 23**, liegt versteckt in einer Seitengasse der Alzaia Naviglio Grande, hier stöbern Sie zwischen Taschen, Keramik, Möbeln, Schmuck oder Bildern von Künstlern aus ganz Italien – viele Gegenstände sind aus Recycling-Material. Di–Sa 12–20 Uhr. Via Corsico 3, ✆ 02/36595541, www.brandstorming.it.

La Nazionale Manifatture Bandiere 30, seit 1928 produziert man in der Manufaktur Flaggen, Wimpel, Banner, Schürzen, Kochmützen, Schärpen für Miss-Wahlen, Abzeichen etc. Ein interessantes Sammelsurium. Mo 15–19 Uhr, Di–Fr 10–13 Uhr und 15–19 Uhr. Via Casale 4/b, ✆ 02/58101972, www.lanazionale.it.

Il Discomane 31, in dem vollgestopften Plattenladen finden Sie musikalische Schätze: Vinylplatten jeden Formates, CDs, Audiokassetten, Videos, Laser-Discs, Bücher und Zeitschriften zum Thema Musik – alles rigoros secondhand. Mo 15.30–19.30 Uhr, Di–Fr 9.30–12.30 und 15.30–19.30 Uhr, Sa 9.30–13 Uhr und 15–19.30 Uhr. Am letzten So des Monats ganztägig geöffnet. Alzaia Naviglio Grande 38, ✆ 02/89 406291, www.discomane.com.

Ifiorinellarete 28, entzückender Blumenladen direkt beim Vicolo dei Lavandai. Hier können Blumen einzeln oder in per Hand – nach japanischer Technik – hergestellten Netzen gekauft werden. Schöne Dinge wie nostalgische Papierwaren und Kinderspielzeug, Vintage-Gegenstände, Blumensamen etc. Di–Sa 10.30–19.30 Uhr. Vicolo Lavandai 6, www.ifiorinellarete.it.

Cittá del Sole 10, kreative Spielsachen für Kinder von 0 bis 14 Jahre (vieles aus Holz) wie z. B. Modelbaukästen für das Sonnensystem. Mo–Sa 10–19.30 Uhr, So 11–13.30 und 14.30–19 Uhr. Via Torino 57, ✆ 02/86461683, www.cittadelsole.it.

Taschen & Rucksäcke

IF Bags 18, in dem winzigen Laden gibt es handgefertigte Rucksäcke in allen Formen, Farben und Materialien (auf Wunsch auch personalisiert). Mo 15.30–19.30 Uhr, Di–Fr 10.30–13.30 und 14.30–19.30 Uhr, Sa 10.30–20 Uhr, So 11.30–19.30 Uhr. Corso Porta Ticinese 46, www.ifbags.it.

Dambra Borse 24, in dem kleinen Laden mit angeschlossener Werkstatt am Naviglio Grande (direkt hinter dem Vicolo dei Lavandai) gibt es edle handgemachte Taschen aus diversen Ledersorten. Mo–Fr 10–19–30 Uhr. Sa, So 12.30–19.30 Uhr. Vicolo Privato Lavandai, ✆ 02/ 89409326.

Vintage-Mode

Bivio Milano 15, nahe der Porta Ticinese liegt das Vintage-Paradies: Alle großen Designer sind vertreten, wer Glück hat, findet Secondhand-Schnäppchen der letzten Kollektion. Mo–So 11–19.30 Uhr. Via Mora 4 (Damen), Via Mora 14 (Herren), ✆ 02/58108691, www.biviomilano.it.

Pourquoi Moi Vintage 32, auf der Ripa di Porta Ticinese finden Sie ausgefallenen Vintage-Mode für Damen und Herren vor allem aus den 1960er- und 1970er-Jahren, dazu eine große Auswahl an Schuhen, Handtaschen und Accessoires. Di–Fr 11–12.45 Uhr und 14.30–19.45 Uhr, Sa 14.30–19.45 Uhr, So 14–19 Uhr. Ripa di Porta Ticinese 27.

mein Tipp **Fede Milano 19**, in dem entzückenden Laden mit hübscher Blumentapete finden Sie geschmackvolle, teils ausgefallene Kleider, Schuhe, Taschen, Schmuck, Accessoires für jeden Geldbeutel. So und Mo 15–19.30 Uhr, Di–Sa 11–13.30 und 15–19.30 Uhr. Corso di Porta Ticinese 60, ✆ 02/83660653, www.fedemilano.it.

Mailand im Kasten

Le 5 Vie – Die fünf Straßen

Die Initiative „5 Vie" trägt seit 2014 zum Aufschwung des zwar zentralen (rechter Hand der lauten Via Torino gelegenen) und dennoch abseitigen Stadtteils zwischen den Straßen Via Santa Maria, Via Santa Maria Podone, Via Santa Maria Fulcorina, Via Boccetto und Via del Bollo bei. Mit seinen schmalen Gassen, kleinen Plätzen, alten Palazzi und Überresten aus römischer Zeit eines meiner Lieblingsviertel und besonders lebhaft zur Designmesse im April, wenn historische Geschäfte, kleine Manufakturen und Ateliers ihre sonst verborgenen Innenhöfe, Garagen und Werkstätten in Showrooms verwandeln. Auf www.5vie.it finden Sie die Adressen von Ateliers, ausgefallenen Geschäften und Lokalen, Events etc.

Eine Mailänder Institution:
der Feinkosttempel Peck

Sehenswertes am Rande

Ziele rund um die Innenstadt

Auch außerhalb Mailands Zentrum warten beeindruckende Highlights wie die Armani Silos, die Prada Fondazione oder die Bühnenwerkstätten der Scala mit Mode, Kunst und modernster Architektur auf – und Mailands Monumentalfriedhof sollte man sowieso nicht versäumen.

Mode und Kunst in Fabriken

Tortona-Viertel

Das einst trostlose Arbeiter- und Schwerindustrieviertel in Fußnähe zu den Navigli (→ S. 94) hat eine spannende Geschichte: In die leerstehenden Hallen stillgelegter Fabriken, in denen einst Tausende Arbeiter Lokomotiven, Turbinen oder Fahrräder erzeugten, zogen Anfang der 1980er-Jahre die Headquarters namhafter Mode-Labels (Armani, Diesel, Moncler, Gucci-Group, Tod's oder Fendi) sowie die Bühnenwerkstätten der Mailänder Scala ein.

Startschuss war das Superstudio 13: Gisella Borioli, die ehemalige Chefin der italienischen *Vogue*, ihr Ehemann Flavio Lucchini und Fotograf Fabrizio Ferri eröffneten in einer ehemaligen Fabrik ein Fotostudio mit Showrooms, in denen Art-Direktoren, Models, Stylisten und Make-up-Leute mit Starfotografen wie Helmut Newton oder Peter Lindbergh zusammentrafen.

Heute finden Sie im „Design District Tortona" noch die für Mailand typischen *Case di ringhiera* mit Innenhöfen und durchlaufenden Balkonen entlang der Via Tortona, schicke Bars, alternative Lokale, ausgefallene Hotels und unabhängige Shops. Besonders reizvoll (jedoch überlaufen!) ist die Zona Tortona während des Designerevents Fuorisalone (→ S. 176), wenn die Mode-Headquarters ihre Innenhöfe und Werkstätten öffnen.

Metro M2 (Porta Genova)

Armani-Silos – Moda Alta im Getreidesilo: Im Jahr 2015 eröffnete Giorgio Armani sein Museum im Getreidesilo der ehemaligen Nestlé-Fabrik, dem der japanische Stararchitekt Tadao Ando einen neuen Look verlieh. „Ich wollte es Silos nennen, denn hier wurden Getreide und Dinge zum Essen gelagert. Genau wie Essen gehört auch Kleidung zum Leben dazu", erklärte Armani. Rund 400 Kleidungsstücke – u. a. der Anzug, den Richard Gere im Film „Gigolo" getragen hat – sowie 200 Accessoires aus Giorgio Armanis Prèt-à-porter-Kollektionen von 1980 bis heute erzählen die Geschichte seines fast 50-jährigen Schaffens. Hier lohnt sich eine Führung. Modeschauen finden im Teatro Armani direkt gegenüber den Armani-Silos statt.

Do und Sa 11–21 Uhr; Mi, Fr und So 11–19 Uhr. Eintritt 12 €, erm. 8,40 € (bis 26 J.), freier Eintritt für Kinder bis 6 J. Audioguide: 3 € (englisch), Führungen (auch auf Deutsch) bis max. 25 Personen 160 €, mind. 5 Tage im Voraus zu buchen: ✆ 02/91630010. Via Bergognone 40, Metro M2 (Porta Genova), www.armanisilos.com.

Laboratori Ansaldo – Hinter den Kulissen der Scala: Im ehemaligen Stahlwerk Ansaldo, wo zu Beginn des 19. Jh. Lokomotiven gebaut wurden, kann man heute die Bühnenwerkstätten der Mailänder Scala besichtigen. Hier arbeiten rund 140 Schlosser, Schreiner, Dekorateure, Elektriker und Bildhauer. Wer an einer Führung durch die drei jeweils fußballfeldgroßen Hallen teilnimmt, erlebt rege Betriebsamkeit: Späne fallen, Funken sprühen, überall türmen sich fantastische Gebilde aus Metall, Holz oder Gips. Absolventen der Mailänder Kunstakademie *Accademia di Brera* schreiten auf riesigen Leinwänden auf und ab, malen mit Pinseln, langstielig wie Besen – im Stehen. Würden sie auf dem Boden sitzend malen, verlören sie den Überblick über das große Ganze. Etwa drei Monate intensiver Arbeit fließen in ein Bühnenbild, jedes bis ins kleinste Detail maßgefertigt – manchmal nur für eine Spielsaison.

Roben bestickt mit Perlen und Pailletten, Kronen oder Perücken werden Sängern und Tänzern hier auf den Leib geschneidert. Mehr als 60.000 Kostüme verbergen sich im Kostümlager, einige in Vitrinen zur Schau gestellt.

Im Innenhof der ehemaligen Fabrik Ansaldo befindet sich eine öffentlich zugängliche Bar im Industrie-Chic der Talentschmiede BASE, eines jungen Kulturzentrums, das auf Kreativität und Sharing Economy setzt (mit Co-working Space und Hostel, für Events und Fortbildungen). Hier können Sie sich nach der Besichtigung gemeinsam mit jungen Kreativen mit einem *caffè*, *aperitivo* oder leichten (biologischen) Mittagessen stärken.

Besichtigungstermine sind nicht ganz einfach zu bekommen und am besten schon vor Antritt der Reise zu organisieren. Nur im Rahmen von individuellen oder Gruppenführungen (mind. 4 bis max. 20 Personen) zu besichtigen. Preis: 25 € pro Person, unter 18 J. 15 €. Das Ticket muss zwei Tage vor Besichtigung reserviert werden. Buchung und Information unter Civita ✆ 02/43353521 oder 02/43353525, via E-Mail an servizi@civita.it. Weitere Informationen: www.teatroallascala.org. Via Bergognone 34, Metro M2 (Porta Genova). **Bar Base:** Mo–Sa 9–23, So und Feiertag 10–20 Uhr, www.base.milano.it.

Mudec – Museum der Weltkulturen: Das vom britischen Stararchitekten David Chipperfield designte *Museo* *delle culture* (Mudec) eröffnete 2015 auf dem Gelände des ehemaligen Stahlwerks Ansaldo und beherbergt völkerkundliche und anthropologische Sammlungen, Bibliothek, Designershop, Bistro und ein (teures) Restaurant mit schönem Blick über die Dächer Mailands. Schon allein die moderne, großzügige Architektur des Museums lässt einen staunen. Den Hauptsaal in Form einer Blume können Sie auch ohne Eintrittskarte (über die Treppe) besichtigen. Neben permanenten Ausstellungen gibt es alle paar Monate wechselnde monothematische Expositionen. Lange Warteschlangen am Wochenende können Sie durch Onlinebuchung vermeiden.

Mo 14.30–19.30, Di, Mi, Fr, Sa 9.30–19–30, So und Sa 9.30–22.30 Uhr. Der Eintritt zur permanenten Ausstellung ist frei. Wechselausstellungen kosten 5 €, ermäßigt 3 €. Via Tortona 56, Metro M2 (Porta Genova), ✆ 02/54917, www.mudec.it.

Fondazione Arnaldo Pomodoro – Kunst im Labyrinth: Unter den Hallen des ehemaligen Stahlwerks Calzoni Riva (heute Showrooms der Firma Fendi) kreierte der Künstler Arnaldo Pomodoro eine Art Labyrinth: Ausgestattet mit Taschenlampen entdecken Sie in unterirdischen Gängen Skulpturen und weitere Werke des in Mailand lebenden Bildhauers.

11 €, ermäßigt 8 € (Kinder von 5 bis 7 J.), inklusive Führung. Dauer: 60 Min. Fondazione Arnaldo Pomodoro: Via Solari 35, c/o Fendi Showroom (Metro M2 Porta Genova) 02/89075394. Voranmeldung nötig unter https://www.fondazionearnaldopomodoro.it/en (unter „Tours and Workshops").

Spektakuläre Architektur & Shopping

CityLife

In keiner anderen Stadt Italiens wurde in den letzten Jahren so viel gebaut wie in Mailand. Auf dem ehemaligen Messegelände (Ex-Fiera) direkt über der Metrostation Tre Torri (M5) ist ein neues Viertel entstanden: CityLife. Um drei spektakuläre Wolkenkratzer – „il dritto" (der Gerade), „lo storto" (der Krumme) und „il curvo" (der Bucklige) – von internationalen Stararchitekten

Das ehemalige Messegelände verwandelte sich in das ultramoderne Stadtquartier CityLife

CityLife: Torre Generali (links) von Zaha Hadid, Wohntürme und öffentlicher Park

(der 2016 verstorbenen Zaha Hadid, Daniel Libeskind und Arata Isozaki) gruppieren sich luxuriöse Wohnblocks und ein 170.000 m² großer Park mit Tennisplätzen, Wasserläufen und Gemüsegarten. Vor allem am Wochenende pilgern die Mailänder mit Familie in den **CityLife Shopping District**: Über 80 Shops, internationale Brands, Restaurants, Kino, große Piazza und Open-Air-Promenade lassen keine Wünsche offen – können aber auch leicht überfordern.

CityLife Shopping District: Die Geschäfte sind tägl. 9–21 Uhr, die Restaurants 9–23 Uhr geöffnet. Piazza Tre Torri, Metro M5 (Tre Torri, nur 5 Stationen vom Bahnhof Porta Garibaldi entfernt), www.citylifeshoppingdistrict.it.

Kunst, Mode und Architektur

Fondazione Prada

Ein hoher Turm, „Haunted House", überzogen mit 24-Karat-Blattgold mitten im Industriegebiet – der spektakuläre Museumskomplex der Prada-Stiftung im Süden Mailands ist absolut einen Besuch wert. Stararchitekt Rem Koolhaas baute auf dem Gelände einer ehemaligen Destillerie ein Kulturzentrum mit Bibliothek, Kino, Café im Stile der 1950er-Jahre, Höfen und Piazzas – fast schon eine Stadt in sich, in der man sich verlaufen kann. Hier können Sie die permanente Kunstsammlung mit Arbeiten von Robert Gober und Installationen wie „Cell (Clothes)" der Künstlerin Louise Bourgeois bestaunen und darüber hinaus ständig wechselnde Kunstprojekte. Im neuen 2018 eröffneten exklusiven Restaurant Torre hängen einige Kunstwerke, die von prominenten Künstlern wie Thomas Demand, Nathalie Djurberg & Hans Berg oder Joep Van Lieshout speziell für die Fondazione angefertigt wurden, sowie Original-Möbelstücke aus dem von Philip Johnson entworfenen Kultrestaurant „Four Seasons". Planen Sie mindestens einen halben Tag ein.

Mo, Mi, Do 10–19 Uhr; Fr, Sa, So 10–21 Uhr. Eintritt: 15 €, erm. für Studenten bis 26 J. 12 € (Dauer- und Wechselausstellung); nur Dauer- *oder* Wechselausstellung: 10 €, ermäßigt 8 €; Eintritt frei: unter 18 J. Largo Isarco 2, Metro

M3 (Lodi), ✆ 02/56662611. Geführte Touren (auch auf Deutsch) für max. 25 Pers. Kosten 80 €, reservieren unter: ✆ 02/56662612, www.fondazioneprada.it .

Himmelpaläste in der Fabrik

Pirelli HangarBicocca

Ein ganz besonderes Highlight für Kunstliebhaber ist der Pirelli Hangar Bicocca in der ehemaligen Produktionsstätte des Reifenherstellers Pirelli. Gezeigt wird zeitgenössische Kunst mit Schwerpunkt auf spektakulären Installationen, die man in anderen Museen wegen fehlender Raumhöhe nicht zeigen könnte, der Eintritt ist frei. Neben wechselnden Ausstellungen lohnt ein Besuch der Dauerinstallation „Die sieben Himmelspaläste", 15 m hohe, teils schiefe und krumme Stahlbetontürme von Anselm Kiefer. Im stylishen Iuta Bistrot verabreden sich die Mailänder gerne zum Brunch.

Di–So 10–22 Uhr, Eintritt frei! Info-Telefon: ✆ 02/66111573. Bistro: Mo, Di 11–15 Uhr, Do–So 10–22 Uhr. Via Chiese 2. Nehmen Sie z. B. den Bus Linea 87, der von der Stazione Centrale (Metro M2, M3) abfährt bis zur Haltestelle HangarBicocca, www.hangarbicocca.org.

Verdis Herzensanliegen

Casa Verdi

Italiens meistgeliebter Opernkomponist Giuseppe Verdi gründete 1896 die *Casa di riposo*, ein Altersheim für mittellose Opernsänger, Pianisten und Dirigenten, die mit ihrer Kunst nicht reich geworden sind. Wer hier aufgenommen wird, hat ausgesorgt: Verdi hat dem Hause die Urheberrechte an allen seinen Opern vererbt. So leben noch heute in dem Palazzo verarmte Musiker. Verdi verstarb am 27. Januar 1901 im „Grand Hotel et de Milan" (→ S. 163). In einer für Besucher zugänglichen Krypta im Innenhof der *Casa di riposo* liegen Verdi und seine zweite Frau Giuseppina Strepponi begraben. Vor dem Altenheim hat der italienische Bildhauer Enrico Butti den Komponisten als Statue verewigt.

Kryptabesuch tägl. 8.30–18 Uhr. Ehrensaal und Bibliothek sind nur nach Anmeldung für Gruppen zu besichtigen, Eintritt frei, Spenden erwünscht. Piazza Buonarotti 29, (Metro M1 Buonarotti, nur 6 U-Bahn-Stationen vom Duomo entfernt), ✆ 02/4996009, www.casaverdi.org.

Prachtvolle Jugendstilfassade

Casa Galimberti

Östlich des Corso Buenos Aires steht der schönste Jugendstil-Palazzo Mailands (mein Lieblingshaus), die Casa Galimberti – zwar nur von außen zu bestaunen, aber unbedingt einen Besuch wert: verflochtene schmiedeeiserne Balkone, verspielte florale Motive und anmutige Damen auf kunstvoll bemalten und glasierten Kacheln schmücken die gesamte Fassade. Im Erdgeschoss ist ein Lokal der beliebten Mailänder Kette *Panino Giusto* untergebracht, wo Sie frisch zubereitete und fantasievoll belegte Brötchen bekommen.

Via Marcello Malpighi 3, Metro M1 (Porta Venezia) oder Tram 9 (Oberdan).

Legendäres Fußballstadion

Stadio Giuseppe Meazza

Im *calcio*, Fußball, ist Mailand zweigeteilt: in rot-schwarz gestreifte *milanisti*, das sind die Fans des AC Milan; und blau-schwarz gestreifte *interisti*, die Anhänger von FC Inter. Mit welcher Mannschaft man mitfiebert, ist meist Familientradition, die Söhne folgen ihren Vätern. Heimat der beiden Clubs ist das nach einem legendären Mailänder Stürmer benannte Stadio Giuseppe Meazza – eher bekannt als San Siro, der Stadtteil, in dem es liegt.

1926 eingeweiht, gilt es mit seiner spektakulären Architektur und über 80.000 Plätzen als eines der größten Stadien weltweit. Wenn die Clubs im *Derby della Madonnina* aufeinandertreffen, herrscht in Mailand Ausnahmezustand, die Tickets sind schnell ausverkauft. Wer kein *biglietto* ergattert, kann das Stadion auf einer geführten Tour erkunden und in dem kleinen, den beiden Fußballclubs gewidmeten Museum Trophäen, Schuhe und Trikots bestaunen.

Spiel-Termine und Tickets gibt es auf den offiziellen Webseiten der beiden Clubs (Online-Bestellung), dort sind auch die offiziellen Vorverkaufsstellen angeführt. Eintrittskarten fürs Derby zu bekommen ist Glückssache, sie sind schnell ausverkauft. Aussichtsreicher ist es, Karten für andere Liga-Spiele zu bekommen. www.inter.it und www.acmilan.com.

Mein Tipp für AC-Milan-Fans: Nur vier U-Bahn-Stationen weiter (M5, Haltestelle Portello) befindet sich der neue Sitz des AC Milan mit dem Milanstore, einem Restaurant, in dem Fußballübertragungen stattfinden (Tischreservierung unter ✆ 02/62285616), und dem **Museo Mondo Milan**. Auf dem Dach des modernen Gebäudes laufen Fußballer einem Ball fast bis in den Himmel hinterher – ein kühner Anblick. Im Museum können Sie Trophäen des AC Milan bewundern und inmitten zahlreicher historischer Erinnerungsstücke mit Hilfe modernster interaktiver Technologien in die Welt und Geschichte des AC Milan eintauchen.

Stadiontour-Tickets und Öffnungszeiten: 17 € Erw., 11 € Kinder bis 14 J. (Kinder unter 6 J. gratis). Tägl. 9.30–17 Uhr (wenn kein Spiel ansteht). Eintritt: Gate 8. Online-Buchung: www.sansiro.net. Giuseppe-Meazza-Stadion, Piazzale Angelo Moratti 8, 20151 Milano (Metro M5, Haltestelle San Siro).

Für AC-Milan-Fans: Museo Mondo Milan

Museo Mondo Milan: Tägl. 10–19 Uhr, Eintritt: 15 €, Kinder unter 14 J. 12 €, freier Eintritt bis 7. J. Milano Store: tägl. 10–20 Uhr. Via Aldo Rossi 8, Metro M5 (Portello) oder M1 (Lotto), Info-Telefon ✆ 02/62284545, https://casamilan.acmilan.com.

Das Pferd von Leonardo da Vinci

Ippodromo Snai San Siro

Seit 1888 befindet sich in San Siro die von Giulio Valerio entworfene Pferderennbahn (nur 600 m vom Stadion San

Siro entfernt). Die heutige Struktur mit den Jugendstiltribünen geht auf die 1920er-Jahre zurück. Beeindruckend ist das über 7 m hohe *Cavallo di Leonardo* auf dem großen Platz vor der Galopprennbahn, eines der größten Reiterstandbilder der Welt, angefertigt von der Bildhauerin Nina Akamu nach Entwürfen von Leonardo da Vinci.

Piazzale dello Sport 16, Metro M5 (San Siro Ippodromo), www.ippodromisnai.it.

Italiens prachtvollster Friedhof

Cimitero Monumentale

Nirgendwo ist der Tod prunkvoller als in Mailand. Der Monumentalfriedhof, ein rund 25 ha großes Freilichtmuseum mit gepflegtem Park und teils bizarren Grabstätten wie Tempeln, einer Sphinx, Pyramiden, Ochsengespann oder lebensgroßen Engeln allein ist eine Reise in die Metropole wert. Er wurde von Architekt Carlo Maciachini geplant und 1866 eingeweiht. Nicht nur illustre Verstorbene wie Dirigent Arturo Toscanini, Pianist Vladimir Horowitz, Fußball-Legende Giuseppe Meazza oder Architektin Gae Aulenti machen einen Spaziergang zu einem Ausflug durch die Stadtgeschichte, sondern vor allem die opulenten, extravaganten Grabstätten, erschaffen von den besten Bildhauern und Architekten wie Ernesto Bazzaro, Michele Vedani, Luca Beltrami, Giò Pomodoro oder Arturo Martini. Zu den prominentesten Gräbern gehören etwa die Ruhestätten der Famiglia Campari, die den bitteren Aperitivo berühmt machte und die sich das „Letzte Abendmahl" mit lebensgroßem Jesus und 12 Aposteln aus Bronze gießen ließ, oder das Grabmal der Famiglia Motta, mit einem 8 m hohen Granitzylinder, der an ihren weltberühmten Kuchen, den Panettone, erinnert. Im Ruhmestempel „Il Famedio", dem Herzen des Cimitero, ruhen Dichter Alessandro Manzoni, Volksheld Carlo Cattaneo und Architekt Luca Beltrami. Rechts neben dem Eingang erinnert eine Skulptur an Giuseppe Verdi, dessen Grab sich jedoch in der von ihm gegründeten *Casa di riposo*, Altenheim für Musiker (→ S. 116), befindet. Bis heute können sich nur die reichsten Mailänder nach dem Ableben einen Platz auf dem Monumentalfriedhof leisten. Von Mai bis Oktober finden auf dem Friedhof im Rahmen von „Museo a Cielo Aperto" (Museum unter freiem Himmel) Konzerte und Events statt.

Di–So 8–18 Uhr. Mo geschl. Eintritt frei. Friedhofsplan am Eingang erhältlich. Piazzale Cimitero Monumentale, Metro M5 (Monumentale). Museo a Cielo Aperto: Informationen im Tourismusbüro.

Therme mitten in der Stadt

QC Terme Milano

Die Mailänder lieben es, in dem sehr stylischen großen Wellnesscenter unweit der Porta Romana im Südosten der Innenstadt zu entspannen. Allein die Location in einem wunderschön restaurierten Jugendstilgebäude mit Garten, Dampfbad, Hydromassage-Pools, Wasserfällen, thematisch gestalteten Ruheräumen und natürlich Massagen ist einen Besuch wert. Einen Teil der Begrenzung rund um das Gebäude bildet die spanische Befestigungsmauer aus dem 16. Jh. Der Clou ist die Bio-Sauna im Inneren einer umgebauten historischen Mailänder Tram.

Fr und Sa 9.30–0.30 Uhr, So 8.30–23 Uhr, Kinder unter 14. J. haben keinen Zutritt. (Online-)Reservierung besonders für Fr und Wochenenden empfehlenswert. Preis 45 € (ganztags), 54 € (Sa, So, Feiertag), Ticket für die Mittagspause 12.30–15 Uhr für 36 €, Aperiterme (mit Aperitivo) ab 17.30 Uhr 44–52 €. Piazzale Medaglie d'Oro 2/Ecke Viale Filippetti, Metro M3 (Porta Romana, nur drei Stationen vom Duomo entfernt), ✆ 02/55199367, www.termemilano.com.

Raus aus der Stadt

Ausflüge rund um Mailand

Eine gute touristische Infrastruktur sowie regelmäßige Zug- oder Busverbindungen selbst zu kleineren Orten machen auch die Region rund um Mailand für Besucher attraktiv. Kunststädte wie z. B. Bergamo, Cremona oder Brescia erfreuen sich steigender Beliebtheit.

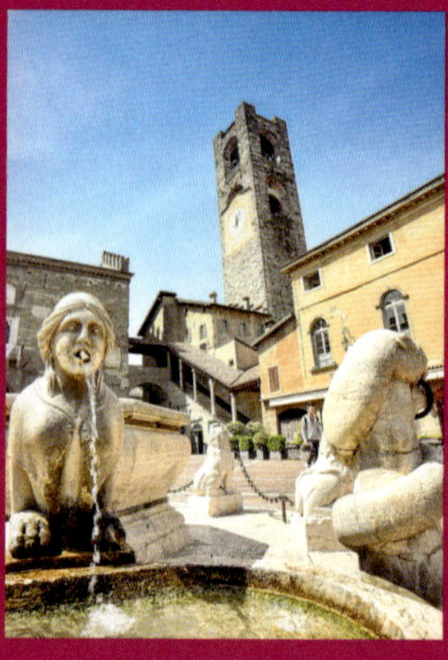

Etwa 45 km nordöstlich von Mailand

Bergamo

Die wunderschöne Geburtsstadt des Komponisten Gaetano Donizetti (und meine Wahlheimat) besteht aus zwei völlig getrennten Bereichen: der auf einem Hügel thronenden *città alta* (obere Altstadt) und der etwa 130 m tiefer in der Ebene gelegenen *cittá bassa* (untere Stadt). Besonders reizvoll: Beide Stadtteile sind mit einer über hundert Jahre alten Standseilbahn verbunden.

Bei Touristen und Einheimischen beliebter ist die denkmalgeschützte *città alta*. Sie besitzt einige hochkarätige Sakralbauten wie die Basilica Santa Maria Maggiore oder die Cappella Colleoni auf der prächtigen Piazza Vecchia und ist von einer etwa 6 km langen, komplett erhaltenen Stadtmauer umgeben (seit 2018 UNESCO-Weltkulturerbe).

Bergamo ist auch als *Città dei Mille*, Stadt der Tausend, bekannt: Im Jahr 1860 zogen 156 junge Soldaten aus Bergamo los, um am „Zug der Tausend" unter der Führung von Giuseppe Garibaldi Italien zur Einheit zu verhelfen.

Es gibt in Bergamo unzählige Sehenswürdigkeiten, meine persönlichen Favoriten sind:

Basilica Santa Maria Maggiore: In diesem Prachtbau aus Marmor (12. Jh.) können Sie Kostbarkeiten venezianischer Kunst, Marmorskulpturen, Fresken, Wandteppiche und das Grab des Komponisten Donizetti bestaunen.

1. Nov.–31. März: Mo–Sa 9–12.30 Uhr und 14.30–17 Uhr, So 9–13 Uhr und 15–18 Uhr. 1. April–31. Okt: Mo–Sa 9–12.30 und 14.30–18 Uhr, So 9–13 Uhr und 15–18 Uhr. Piazza Duomo. Eintritt frei.

Cappella Colleoni: Die Taufkapelle aus Marmor mit wertvollen Fresken ist ein Meisterwerk der Renaissance und befindet sich rechts neben der Basilica Santa Maria Maggiore. Söldnerführer Bartolomeo Colleoni und Tochter Medea ruhen darin.

März–Okt: 9–12.30 Uhr und 14–18.30 Uhr. Nov.–Febr.: 9–12.30 Uhr und 14–16.30 Uhr. Montag geschl. Eintritt frei. Piazza Duomo.

Casa Natale Donizetti: In dem Haus aus dem 14. und 15. Jh. wurde der Komponist Gaetano Donizetti 1797 geboren. Heute ist es ein liebevoll gestaltetes Museum, in dem gelegentlich Konzerte stattfinden.

Sa und So 10–13 Uhr und 15–18 Uhr, Eintritt frei.

Accademia Carrara (cittá bassa): Eine der reichsten Gemäldegalerien Italiens, die aus der Privatsammlung des Grafen Giacomo Carrara entstanden ist. Werke u. a. von Sandro Botticelli, Andrea Mantegna, Rubens, Dürer oder Tizian. Die Stufen neben der Accademia führen in wenigen Minuten hinauf in die Altstadt.

Tägl. (außer Di) 9.30–17.30 Uhr, Eintritt 10 €, 18–25 J. 8 €, freier Eintritt unter 18 J. Piazza Giacomo Carrara 82, www.lacarrara.it.

Information: IAT Bergamo, Piazzale Guglielmo Marconi (direkt vor dem Bahnhof), Mo–Fr 9–12.30 Uhr und 14–17.30 Uhr, Sa, So, Feiertag 9–17.30 Uhr, ✆ 035/210204, oder IAT Bergamo, Via Gombito 13 (in der oberen Stadt), 9–17.30 Uhr, ✆ 035/242226, www.visitbergamo.net/de.

Bergamo Card: Sie gewährt für 48 oder 72 Std. zum Preis von 15 bzw. 20 € freien Eintritt in die wichtigsten Museen und die kostenlose Nutzung öffentlicher Verkehrsmittel.

Mit dem Auto: Auf der A4 Mailand–Venedig bis zur Ausfahrt Bergamo. Die Zufahrt zur Città Alta ist zu folgenden Zeiten gesperrt: Fr–Sa 21–1 Uhr, So und Feiertag 10–12 Uhr und 14–19 Uhr. Mit der Bahn: Von den Mailänder Bahnhöfen Stazione Centrale oder Porta Garibaldi regelmäßig Züge nach Bergamo. Wer direkt in die Altstadt will, nimmt den Bus 1 (er stoppt unterwegs an der Talstation der Standseilbahn).

Achtung: Zugtickets müssen in Italien vor dem Einsteigen entwertet werden (Stempelautomaten am Bahnsteig).

Etwa 12 km nördlich von Mailand

Monza

Hauptattraktion Monzas ist der gotische **Duomo di Monza,** er fällt durch seine elegante, abwechselnd aus grünem und weißem Marmor zusammengesetzte Fassade auf. Sein legendärster Schatz ist die in der **Cappella di Teolondina** (15. Jh.) – links vom Hauptaltar – aufbewahrte **Corona Ferrea,** vermutlich aus dem 9. Jh. Sie besteht aus sechs edelsteinverzierten Goldplatten, innen zusammengehalten von einem eisernen

Bergamo: malerische Città Alta, abseits von Touristenströmen

Reifen, in dem ein Nagel vom Kreuz Christi eingearbeitet sein soll. Mit dieser Krone wurden alle Langobardenkönige gekrönt, auch Karl der Große und sogar Napoleon trugen dieses wertvolle Stück auf dem Haupt. Vom linken Kirchenschiff gelangt man zum reich bestückten Museo e Tesoro del Duomo.

Für den Besuch der Cappella di Teolondina ist eine telefonische Voranmeldung nötig. Mo–Fr 8–12 Uhr und 14–18 Uhr. 8 €, erm. 6 €, Kinder unter 14 J. 4 €. ✆ 039/326383.

Doch das Hauptinteresse der Besucher gilt meist dem **Parco di Monza** (tägl. 7–19 Uhr, im Sommer bis 23 Uhr geöffnet), dem größten ummauerten Park Europas. In der Cascina Bastia, Viale Cavriga 1, können Sie von Mai bis September ein Fahrrad ausleihen und die rund 700 ha große Parkanlage erkunden. Im südlichen Teil liegt die klassizistische **Villa Reale,** die besichtigt werden kann und in der interessante Wechselausstellungen stattfinden. Baumeister Piermarini – der Architekt der Mailänder Scala – erschuf die schlossähnliche Villa Anfang 1776 im Auftrag von Erzherzog Ferdinand von Österreich.

Im Norden des Parks schließlich liegt das berühmte **Autodromo Nazionale Monza,** der alljährliche Schauplatz des Grand Prix d'Italia, der 1922 auf Initiative des Mailänder Automobile Club angelegt wurde.

Zu bestimmten festen Terminen, den „Track Days", können Sie gegen Gebühr mit dem eigenen Auto die Rennstrecke abfahren. Eine 25-minütige Tour kostet ca. 70 €. Mo–Fr 9–13 Uhr und 14–18 Uhr. ✆ 039/24821. www.monzanet.it (unter „Individual").

Information: IAT Monza, an der Piazza Carducci, im Säulengang des Rathauses. Tägl. 9–13 Uhr und 14–18 Uhr (geschl. an Feiertagen), ✆ 039/323222, www.promonza.it Info-Point, am Bahnhof. www.turismo.monza.it.

Mit dem Pkw: Von Mailand Centro auf der SS 36 (Mailand–Monza) Richtung Norden. Das Zentrum ist für den Autoverkehr geperrt. Vor dem Haupteingang des Schlosses, Viale Brianza 1 befindet sich ein Parkplatz. **Mit der Bahn.** Etwa stündl. von und nach Milano Centrale oder Milano Porta Garibaldi. Mit der **Mit der Metro:** M1 bis Sesto 1 Maggio FS, weiter mit dem Bus Z221 bis Monza.

Autodromo Nazionale Monza: seit 1950 Austragungsort des Gran Prix d'Italia

Etwa 35 km nördlich von Mailand

Crespi d'Adda

Ein Ausflug nach Crespi d'Adda, der besterhaltenen Arbeitersiedlung Südeuropas – seit 1995 UNESCO-Weltkulturerbe – lohnt sich. Cristoforo Benigno Crespi errichtete Ende des 19. Jh. am Ufer des Flusses Adda eine Textilfabrik und schuf eine schachbrettartig angeordnete Wohnsiedlung: zweistöckige Einfamilienhäuser für Arbeiter, Villen für Angestellte und Direktoren. Die Unternehmerfamilie Crespi residierte im *Castello*, der Burg mit ihren Schwalbenschwanzzinnen und Turm und überwachte von hier aus Fabrik, Schule, Wohnhäuser, Kirche und Friedhof – letztendlich das Leben der Arbeiter von der Wiege bis zur Bahre. An die 4000 Beschäftige zählte die Fabrik in ihren besten Zeiten, in der Siedlung selbst wohnten etwa 1300 Arbeiter, deren gesamtes Leben dem Rhythmus der Fabrik unterworfen war. Crespi d'Adda war der erste Ort Italiens mit öffentlicher elektrischer Beleuchtung. Im Jahr 1930 meldete die Familie Insolvenz an, danach wechselten die Besitzer. Seit 2003 steigt kein Dampf mehr aus dem hohen Schornstein, dem einstigen Symbol der Fabrik. Die Siedlung ist noch vollständig bewohnt, es gibt weder Eintrittsgebühren noch Öffnungszeiten. Eine Führung lohnt sich.

Information: Informationsbüro „Crespi Cultura", Piazzale Vittorio Veneto 1, im Büro finden Sie Karten und Infomaterial, www.villaggiocrespi.it. Geführte Touren für kleine Gruppen und Familien Sa und So nachmittags von Mitte Febr. bis Mitte Dez. sind reservierungspflichtig (individuelle Termine nach Absprache), 6 €, gratis für Kinder unter 10 J. ✆ 02/90987191.

Mit dem Pkw: Von Mailand auf der A4, Ausfahrt Capriate. Ab hier ist der Weg ausgeschildert, Parkplatz vorhanden. **Mit der Metro:** Nehmen Sie die Metro M2 nach Gessate (Endstation) und von hier den Bus nach Trezzo bis zur Via Biffi. Von hier ist es ein 20-minütiger Spaziergang nach Crespi d'Adda.

Fabrikant Crespi hatte von der Burg Sicht über die ganze Siedlung

Etwa 100 km südöstlich von Mailand

Cremona

Die reizende Kleinstadt am linken Flussufer des Po inmitten der Po-Ebene spuckt große Töne: Stradivari, Guarneri, Amati – drei Meister, und ihre Geigenwerkstätten haben Cremona weltberühmt gemacht. Rund 140 Geigenbauer bringen als „Stradivaris Erben" bis heute Holz zum Klingen und erzeugen edle Unikate von internationalem Renomee. Weltstars wie Anne-Sophie Mutter, Pop-Geigerin Vanessa Mae oder David Garret schwören auf das Saiten-Instrument aus Cremona.

Auf den Spuren Stradivaris wandelt man nirgends so gut wie in dieser Stadt: Andrea Amati um 1505 in Cremona geboren, betrieb hier bis zu seinem Tod (1579) eine Werkstatt. Er gilt als „Vater" der Violine, die in Form und Charakteristik nach ihm nur noch unwesentlich verändert wurde. Amati hat eine ganze Geigenbauerdynastie begründet. Sein Urenkel Nicola war der Lehrer des berühmtesten Geigenbaumeisters der Welt, Antonio Stradivari, der seine erste Werkstatt in *Cremùna*, wie die *Cremonesi* ihre Stadt nennen, eröffnete. Heute gibt es allein in der Altstadt über 70 Geigenbauer. Viele davon studierten an der *Scuola Internazionale di Liuteria*, der „Internationalen Schule für Geigenbau".

Die Geigenbaukunst von Cremona wurde 2012 zum immateriellen UNESCO-Weltkulturerbe ernannt. Aber auch für Nichtmusiker hat die Stadt mit ihren engen Pflastergässchen, dem monumentalen Dom (12. Jh.) mit 112 m hohem Backstein-Glockenturm (man kann ihn besteigen) und einladenden Cafés Interessantes zu bieten.

Museo del Violino: Das Museum wurde 2013 eingeweiht, es zeigt einige der berühmtesten Geigen der Welt hinter Glas, die in fünf Jahrhunderten gebaut wurden. Im Museum befindet sich auch ein Auditorium mit hervorragen-

Der Klang der besten Geigen der Welt wurde für die Nachwelt digitalisiert

der Akustik, in dem Events, Konzerte und Ausstelllungen stattfinden.

Di–So 10–18 Uhr, Eintritt 10 €, erm. 7 €, Kinder unter 6 J. gratis. Palazzo dell'Arte, Piazza Marconi 5, ✆ 0372/080809, www.museodelviolino.org.

Information: IAT Piazza del Comune 5 (Domplatz) unter den Arkaden des Palazzo del Comune. Jan., Febr., Aug., Dez. tägl. 10–16.30 Uhr, März–Juli und Sept.–Nov. 10–18 Uhr. ✆ 0372/407081, www.turismocremona.it.

Mit dem Auto: Cremona liegt an der A21 von Brescia Richtung Cremona, Ausfahrt Castelvetro und weiter auf der SP588 bis Cremona. **Mit der Bahn:** Mehrmals tägl. Zugverbindungen von den Mailänder Bahnhöfen Stazione Centrale oder Porta Garibaldi nach Cremona. Vom Bahnhof erreicht man in ca. 15 Min. das Zentrum.

Etwa 90 km östlich von Mailand

Brescia

Die zweitgrößte Stadt der Lombardei liegt etwa zwanzig Autominuten vom südlichsten Zipfel des Gardasees entfernt. Brescia punktet mit hochkarätigen Kunstschätzen, imposanten Plätzen und breiten Laubengängen. Stolz sind die Bresciani außerdem auf einen berühmten Sohn der gleichnamigen Provinz: Giovanni Battista Montini, bekannter als Papst Paul VI. (1897–1978). Ihm ist der einstige Domplatz gewidmet, die heutige **Piazza Paolo VI.**, die einem Museum unter freiem Himmel gleicht: Dicht an dicht reihen sich der **Duomo Vecchio,** eine Rotunde aus dem 11. Jh., der **Duomo Nouvo,** ein Spätrenaissancebau mit auffallend hoher Kuppel, und der hübsche romanische **Broletto** mit hohem Turm, das ehemalige Rathaus der Stadt, aneinander.

Loggia-Palazzo in Brescias Altstadt

Auf dem Platz sitzen Studenten und Einheimische und genießen warme Sonnenstrahlen, hier ließe es sich schon eine Weile aushalten, gäbe es nicht weitere antike Schätze zu bestaunen. Ein Highlight eines Brescia-Besuches ist das **Museum im Klosterkomplex Santa Giulia,** das gemeinsam mit den nur wenige Schritte weit entfernten archäologischen Ausgrabungen des Capitoliums seit 2011 zum UNESCO-Weltkulturerbe zählt. Zu besichtigen sind Kulturschätze aus über drei Jahrtausenden: Reste der römischen Stadt Brixia, die Fassade des Tempio Capitolino, des größten erhalten gebliebenen Tempels in Norditalien, wertvolle Mosaike, mehrere Kreuzgänge sowie freskenverzierte Kirchen aus unterschiedlichen Epochen. Ebenfalls einen Besuch wert ist die in einem Adelspalast untergebrachte **Pinacoteca Tosio Martinengo** mit Meisterwerken von Raffael, Francesco Hayez, Antonio Canova oder Vincenzo Foppa.

Museo di Santa Giulia e Pinacoteca Tosio Martinengo: Di–Fr 9–17 Uhr, Sa 10–21 Uhr, So und Feiertag 10–18 Uhr. Pinacoteca: 8 €, erm. 6 €, 14–18 J. 4,50 €, Kinder bis 6 J. gratis. Museo Santa Giulia: 10 €, erm. 7,50 €, 14–18 J. 5,50 €, Kinder bis 6 J. gratis. Information und Vorbestellung ☏ 030/2977833-834. Piazza Moretto 4 (Pinacoteca), Via dei Musei 81/b (Museo Santa Giulia), www.bresciamusei.com.

An normalen Tagen wirkt Brescia eher beschaulich und unaufgeregt. Ausnahmezustand herrscht nur einmal pro Jahr: Mitte Mai, wenn die **Mille Miglia,** das schönste Oldtimerrennen der Welt, stattfindet. Dann jubeln Tausende begeisterte Zuschauer knapp 400 Oldtimern, die sonst in Privatsammlungen versteckt sind, zu weitere Informationen unter (www.1000miglia.it).

Die Burg von Brescia über der Altstadt

Information: Info-Point Zentrum, Via Trieste 1/Piazza Paolo VI, ☏ 0039/302400357. Info-Point Bahnhof, Piazzale Stazione, ☏ 0039/30/8378 559. Weitere Infos: www.turismobrescia.it/de.

Mit dem Auto: Von Mailand über die A4 und E 64 erreichbar. **Mit der Bahn:** Regelmäßige Zugverbindungen von der Stazione Centrale nach Brescia.

Die Oberitalienischen Seen

An Wochenenden zieht es Mailänder an den **Lago di Como**, **Lago Maggiore**, **Lago di Garda** oder **Lago d'Iseo** (rechnen Sie mit Staus!). Die Seen sind aber auch per Zug von Mailands Bahnhöfen erreichbar. Informationen: www.trenitalia.com, www.trenord.it oder http://www.muoversi.regione.lombardia.it/planner.

Etwa 35 km südlich von Mailand

Certosa di Pavia und Pavia

7 km nördlich von Pavia erhebt sich von weithin sichtbar der berühmte Klosterkomplex des Karthäuserordens, die schlossartige **Certosa di Pavia**. Die reich verzierte Marmorfassade der Kirche entstand im 15./16. Jh. und gilt als eines der prächtigsten Kunstwerke der oberitalienischen Frührenaissance. Gian Galeazzo Visconti wollte hier 1396 eine Grabanlage für die Visconti-Dynastie schaffen, die Anlage wurde jedoch erst Mitte des 15. Jh. vollendet – mit herrlichen Ausschmückungen der Renaissance-Zeit. Besonders eindrucksvoll im Inneren sind der Freskenzyklus von Bergognone im Querschiff der Kirche sowie die Terrakottaverzierungen der beiden Kreuzgänge. Am rechten Ende des Querschiffes befindet sich das **Grabmal** von **Gian Galeazzo Visconti** und seiner Frau. Am Wochenende ist die Certosa di Pavia meist ziemlich überlaufen.

Mai–Sept. Di–So 9–11.30 und 14.30–18 Uhr, April bis 17.30, Okt.–März bis 16.30 Uhr, Eintritt

Die Frecciarossa-Züge düsen mit rund 300 km/h durch Italien

frei (Spenden für Führungen erwünscht). Via Monumenti 4, Certosa di Pavia, ✆ 0382/925 613, www.certosadipavia.com.

Von der Certosa ist es nur ein Katzensprung in die Altstadt von **Pavia** am malerischen Fluss Ticino: Mit alten Gassen, Backsteinbauten, hohen Geschlechtertürmen, langen Arkadengängen und einer großen Universität mitten im Zentrum, nach Bologna die zweitälteste in Italien. Alles überragt von der imposanten Kuppel des Doms, der im 15. Jh. erbaut wurde. Hinweis: Packen Sie im Sommer Mückenspray ein!

Tourist Info-Point: Palazzo del Broletto, Via del Comune 18, Mo–Fr 9–13 und 14–17 Uhr. Sa und So (März–Okt.) 10–13 Uhr und 15–18 Uhr, Nov.–Febr. 10–13 Uhr, www.vivipavia.it.

Mit dem Auto: Auf der SS 35 Richtung Süden ca. 30 km bis Certosa und weiter bis Pavia (ca. 8 km). Mit der Bahn: Züge etwa im Stundentakt ab der Stazione Centrale oder ab Bahnhof Porta Garibaldi nach Pavia. Die Certosa di Pavia hat eine eigene Bahnstation.

Mailand im Kasten

Highspeed-Züge nach Turin, Bologna, Florenz ...

Von Mailands Hauptbahnhof Stazione Centrale brausen täglich mehrere Highspeedzüge mit rund 300 km/h durch ganz Italien. In verschiedenen Klassen wie „Standard“ (low cost), „Premium“, „Business“ oder „Executiv“ gleiten Sie ruhig und sanft z. B. in 30 Min. nach **Turin**, in 1 Std. nach **Bologna**, in etwa 1:45 Std. nach **Florenz** oder in 2 Std. nach **Venedig**. Die günstigsten Tickets (Frühbuchung nötig!) gibt es bereits ab 9,90 €, z. B. für die Strecke Mailand-Florenz (einfache Fahrt). Informationen: Italo Treno, www.italotreno.it, oder Frecciarossa, www.trenitalia.com.

Rund um die Navigli findet sich jede Menge Street-Art

Nachlesen & Nachschlagen

Die Heiligen Agostino, Marco und Ambrogio auf dem Portal der Chiesa di San Marco (S. 74)

Stadtgeschichte

Die Gründungslegende

Der Geschichtsschreiber Titus Livius schreibt die Gründung Mailands den Insubrern zu, einem Stamm der Kelten, der sich nördlich des Po niederließ. Der Legende nach soll ein Keltenkönig um 400 v. Chr. mitten in den Wäldern einer *scrofa semilanuta*, einer Wildsau, deren Körper halb (*medio*) mit Wolle (*lanum*) bedeckt war, begegnet sein und an diesem Ort das *Mediolanum*, das antike Mailand, gegründet haben. Das Fabeltier wird zum ersten Wahrzeichen der Stadt und ist noch heute auf der Fassade des Palazzo della Ragione auf der Piazza dei Mercanti als Flachrelief zu sehen (→ S. 61). *Mediolanum* kann man wegen der Lage am Schnittpunkt wichtiger Handelswege auch als „Land in der Mitte" – zwischen den Alpen und der fruchtbaren Po-Ebene gelegen – übersetzen.

Mailand wird römisch

222 v. Chr. eroberten römische Legionen die Siedlung. *Mediolanum* wurde zum Hauptort der römischen Provinz **Cisalpina** und 286 n. Chr. **Hauptstadt des Weströmischen Reiches.** Das **Forum Romanum**, politisches, religiöses und wirtschaftliches Zentrum der Stadt, befand sich an der heutigen Piazza San Sepolcro, an der die gleichnamige Kirche und der barocke Eingang der Biblioteca Ambrosiana liegen. Einst trafen sich hier die zentralen Straßenachsen Cardo und Decumanus. Die neuen Machthaber bauten einen **Befestigungsring**, den **Circus Mediolanum**, zur Austragung sportlicher Wettkämpfe in der Nähe des heutigen Corso Magenta sowie das **Teatro Romano**, auf dessen Grundmauern man unterhalb des Palazzo Turati, der die Camera di Commercio (Handelskammer) beherbergt, stößt.

Wer sich für das römische Mailand interessiert, sollte sich die **Colonne di**

San Lorenzo, sechzehn eindrucksvolle römische Säulen vor der Basilica di San Lorenzo (→ S. 102), keinesfalls entgehen lassen.

313 wurde in Mailand **Glaubens- und Religionsfreiheit** ausgerufen. Das **Toleranzedikt** der beiden Kaiser Konstantin I. und Licinius, des Herrschers des Ostens, beendete die Christenverfolgungen, die unter früheren Herrschern Zehntausende von Christen auf brutale Weise das Leben gekostet hatten. Dem Aufstieg des Christentums stand nun nichts mehr im Wege, neue Kirchen wie die Basiliken Sant'Ambrogio (→ S. 88), Sant'Eustorgio (→ S. 103) oder San Lorenzo (→ S. 102) veränderten Mailands Stadtbild.

Ambrosius aus Trier, eine der bekanntesten Persönlichkeiten des frühen Christentums und noch heute von den Mailändern als Kirchenvater, Heiliger und Schutzpatron der Stadt hoch verehrt, wurde am 7. Dezember 373 zum **Bischof** ernannt. Seine Gebeine befinden sich in der Kirche Sant'Ambrogio, die er erbauen ließ. Am ambrosianischen Ritus, der einige Unterschiede zum römischen Ritus aufweist, hält man in Mailand und angrenzenden Gebieten bis heute fest.

Nach dem **Untergang des Weströmischen Reiches** begann eine lange Reihe von Fremdherrschaften, die Mailand in Chaos und Elend stürzten: Ostgoten, Langobarden, Franken und Karolinger fielen ein. Kaiser Friedrich I. „Barbarossa" besetzte 1162 die Stadt, plünderte und zerstörte sie fast völlig. Die lombardischen Städte lehnten sich gegen seine Einmischung in die kommunale Politik auf, schlossen sich zum Bund der **Lega Lombarda** zusammen und besiegten Barbarossa 1176 in der **Schlacht von Legnano.** Im **Frieden von Konstanz** 1183 vereinbarte die Lega Lombarda einen Kompromiss mit dem Kaiser und Mailand baute seine Vormachtstellung in Norditalien weiter aus.

Die Visconti- und Sforza-Herzöge

Fast hundert Jahre später (1277) bestimmte die Familie der **Visconti** die Geschicke der Stadt. **Gian Galeazzo Visconti** (1351–1402) galt als der mächtigste und reichste unter ihnen. Er legte den Grundstein zum **Bau des Mailänder Doms** Santa Maria Nascente (dessen Fassade erst 1813 unter Napoleon fertiggestellt wurde) und ließ die prächtige Klosteranlage Certosa di Pavia (→ S. 126) erbauen.

1441 erhielt **Francesco Sforza** (1401–1466) als Lohn für seine militärischen Dienste die einzige Tochter von Filippo Maria Visconti zur Frau und zog 1450 als **Herzog von Mailand** ein. Unter Francesco Sforzas Sohn, **Ludovico Sforza** (1452–1508) – wegen seiner

Napoleon Bonaparte im Hof des Palazzo di Brera

dunklen Haut- und Gesichtsfarbe auch „il Moro" genannt – verwandelte sich Mailand in eine blühende Renaissancestadt. Er schuf, um das Wohlwollen der Bevölkerung werbend, das Ospedale Maggiore, von Mailändern Ca' Grande (großes Haus) genannt, heute Sitz der Università Cattolica. Außerdem förderte *il Moro* die Kunst und rief einige der besten Künstler seiner Zeit an den Hof. Den Stil der lombardischen Renaissancearchitektur prägte vor allem **Donato Bramante**, der Chor und Kuppel der Chiesa Santa Maria delle Grazie (→ S. 91) schuf und die Chiesa Santa Maria presso San Satiro (→ S. 100) umbaute. Ludovico Sforza lockte auch **Leonardo da Vinci** an seinen Hof, der u. a. das „Abendmahl" im Refektorium der Chiesa Santa Maria delle Grazie – sein berühmtestes Fresko und heute UNESCO-Weltkulturerbe (→ S. 90) – malte, die Sala delle Asse im Castello Sforzesco mit prächtigen Deckenfresken verzierte und durch ein ausgeklügeltes Schleusensystem das Netz der *Navigli*, der schiffbaren Kanäle, die über Jahrhunderte Mailand mit den Flüssen Po, Adda und Tessin verbanden, verbesserte.

Mailand im Kasten

Das Mailänder Wappen

Das offizielle Stadtwappen ist ein rotes Kreuz auf einem weißen oder silberfarbenen Schild. Über dem Kreuz schwebt eine Corona muralis: Sie hat die Form einer Stadtmauer, war eine militärische Auszeichnung im Römischen Reich und gebührte jenem, der als Erster über eine feindliche Stadtmauer gelangte.

Ein Lorbeerzweig (Sieg und Wissen) und ein Eichenzweig (Schutz, Kraft, Ewigkeit), von einem Band in den Farben der italienischen Fahne zusammengehalten, umrahmen das Kreuz.

Wechselnde Fremdherrschaften

1499 eroberten die Franzosen unter **Ludwig XII** Mailand und beendeten die Herrschaft der Sforza, für die Stadt begann erneut eine lange Zeit wechselnder Fremdherrschaften. Die noch heute gebräuchliche Redensart im mailändischen Dialekt „O Franza o Spagna, purchè se magna" (ob Spanien oder Frankreich, Hauptsache, es gibt etwas zu essen), entstand. Die Lage wurde durch große **Pestepidemien** noch schlimmer. An der dramatischsten im Jahr 1630 starb mehr als die Hälfte der Bevölkerung. Diese Pestwelle wurde im berühmtesten Roman der italienischen Literatur, *I Promessi Sposi* (Die Brautleute), vom italienischen Schriftsteller und Dichter Alessandro Manzoni (→ S. 34) beschrieben.

Nach den spanischen Erbfolgekriegen übernahmen 1714 die österreichischen Habsburger die Lombardei. **Kaiserin Maria Theresia** (1717–1780) modernisierte Mailand, die Stadt erblühte und wandelte sich: Der Hofarchitekt Giuseppe Piermarini schuf das weltberühmte Opernhaus **Teatro alla Scala** (→ S. 31) sowie Mailands erste öffentliche Parkanlage, die **Giardini Pubblici** (→ S. 45). Die **Accademia delle Belle Arti** in Brera entstand – Bürgertum, Handel und Kunst gediehen.

Es wurde wieder unruhig: Im Mai 1796 besiegte **Napoleon** die Österreicher, machte Mailand zur Hauptstadt des Königreichs Italien und krönte sich 1805 im Mailänder Dom mit der Eisernen Krone der Langobarden (→ S. 121) selbst zum König. Unter seiner Herrschaft wurden unter anderem der **Arco della Pace** (Friedensbogen), der ursprünglich seine Triumphe feiern sollte, und die **Arena** im Parco Sempione erbaut. Der **Wiener Kongress** drehte 1814 die Geschichte zurück, die Österreicher kamen wieder: Mailand wurde Hauptstadt eines neuen **lombardisch-venezianischen Königreiches.** Doch die Zeiten hatten sich geändert, über diese erneute Fremdherrschaft war man alles andere als erfreut, die Vorstellung von einem freien Nationalstaat kam auf.

Die „Cinque Giornate"

Die italienischen Unabhängigkeitsbestrebungen wurden massiver. Im März 1842 wurde **Giuseppe Verdis** „Nabucco" im Teatro alla Scala uraufgeführt. Das Lied „Va pensiero, sull'ali dorate" (Flieg, Gedanke, auf goldenen Schwingen), auch als Gefangenenchor bekannt, interpretierten die Mailänder als einen Ruf nach Freiheit. Italienische Patrioten entdeckten zudem die politische Deutbarkeit von Verdis Name: V.E.R.D.I. – das stand für „**V**ittorio **E**manuele **R**e **D'I**talia", und das wiederum für die Befreiung von österreichischer Fremdherrschaft und ein geeintes Italien unter Führung des piemontesischen Königs. Mailand wurde zum Zentrum des **Risorgimento,** der nationalen Einigungsbewegung Italiens.

In den fünf Tagen vom 18. bis zum 22. März 1848 kam es zum Aufstand der **Cinque Giornate** (fünf Tage) gegen die Österreicher. Feldmarschall Josef Radetzky musste die Stadt räumen, doch es dauerte schließlich bis 1861, bis Italien tatsächlich geeinigt und unter **König Vittorio Emanuele II.** als neuer Staat ausgerufen wurde. Die weitläufige Piazza Cinque Giornate mit einem Momument (1885) von Giuseppe Grandi erinnert noch heute an den blutigen Aufstand.

Mit der Einheit entwickelte sich Mailand zur wirtschaftlichen und industriellen Hauptstadt des Landes: Neue elegante Wohnviertel – heute noch gut im *Quartiere del Silenzio*, dem Viertel der Stille (→ S. 47), rund um die Via Mozart zu sehen – und die **Galleria Vittorio**

König Vittorio Emanuele II wacht über den Domplatz

Emanuele II entstanden. Die Stadt entwickelte sich mit großen Stahl-, Maschinen- und Eisenbahnwerken zu einem **wichtigen Industriezentrum** und lockte viele Arbeiter aus anderen Regionen Italiens an. Der neue Reichtum zog auch Banken an, die sich rund um die Piazza Cordusio niederließen.

Faschismus und Widerstand

1919 gründete **Benito Mussolini** in Mailand die faschistische Bewegung **Fascio di Combattimento**, auch „Schwarzhemden" genannt. Von dort startete er 1922 seinen „Marsch auf Rom" (er selbst fuhr jedoch mit dem Zug), mit dem die faschistische Diktatur in Italien ihren Anfang nahm. 1940 trat Italien an der Seite Deutschlands in den **Zweiten Weltkrieg** ein. Mailand erlitt durch Bombenangriffe der Alliierten schwere Zerstörungen, bei denen auch das Teatro alla Scala in Schutt und Asche gelegt wurde. Die Stadt wurde zu einem **Zentrum der Widerstandkämpfer**, die mit Sabotageakten den Besatzern schwere Schäden zufügten. Am Morgen des **25. April 1945** rief das Nationale Befreiungskomitee für Norditalien, dessen Leitung der spätere Staatspräsident Sandro Pertini angehörte, über den Rundfunk (Partisanensender) zum offenen Aufstand gegen die Deutschen und die *Brigate Nere* auf. Etliche norditalienische Städte, darunter Mailand, wurden von den Partisanen der Resistenza einige Tage vor Eintreffen alliierter Truppen von der deutschen Besatzung befreit.

Drei Tage später, am 28. April 1945, endete der Versuch Benito Mussolinis, in deutscher Uniform aus Italien zu fliehen, in Giuliano di Mezzegra am Comer See. Zusammen mit seiner Geliebten Clara Petacci wurde der Diktator von Partisanen erschossen. Ein Lastwagen brachte die Leichen nach Mailand, wo sie auf der Piazzale Loreto (am Ende des Corso Buenos Aires) abgeladen, von einer aufgebrachten Menge geschändet und kopfüber auf dem Dach einer Tankstelle aufgehängt wurden.

Der 25. April wurde kurz nach dem Krieg als **Tag der Befreiung** zum staatlichen Feiertag erklärt. Bis heute sind in Norditalien viele Plätze und Straßen nach diesem Datum benannt, darunter Mailands große Piazza XXV Aprile, auf der sich die Porta Garibaldi erhebt.

Mailand im Kasten

Wahlkampf am Nationalfeiertag

Am 25.4.2019, dem „Tag der Befreiung", sorgte der damalige Innenminister Matteo Salvini für einen politischen Eklat der besonderen Art: Während Staatspräsident, Regierungschef und Politiker aller Couleur Kränze niederlegten und an Gedenkveranstaltungen für ermordete Partisanen, deportierte Juden und andere Opfer des Regimes von Benito Mussolini teilnahmen, blieb dieser den Feierlichkeiten fern und machte stattdessen in Sizilien Wahlkampf für seine Lega.

Mailand ab 1945

Nachdem die Italiener ihre Monarchie mehrheitlich abgewählt hatten – das Haus Savoyen mitsamt dem Ex-Monarchen Vittorio Emanuele III wurde ins Exil geschickt –, wurde am 2. Juni 1946 die **Repubblica Italiana** mit der Hauptstadt Rom ausgerufen.

In der Nachkriegszeit entwickelte sich Italien zu einem modernen Industriestaat, allerdings mit starken Entwicklungsunterschieden zwischen Nord und Süd.

Die „Bleiernen Jahre" 1969–1982: Am 12. Dezember 1969 detonierte in der Nationalen Landwirtschaftsbank an der Piazza Fontana in Mailand eine Bombe. Sie tötete 16 Menschen und verletzte 88. Verantwortlich waren neofaschistische Terroristen, die Polizei suchte die Täter aber zunächst im linken Milieu.

Nach dem Anschlag war in Italien nichts mehr wie zuvor. Eine bis 1982 anhaltende Welle rechts- und linksterroristischer Gewalt lähmte das Land. Hauptakteur des linksterroristischen Lagers waren die *Brigate Rosse*, die in Mailand gegründet wurden. Zwischen 1970 und 1988 verübte die Organisation – bis 1972 ausschließlich in der lombardischen Hauptstadt, später landesweit – zahlreiche Anschläge, überfiel Banken und organisierte Entführungen. Höhepunkt des italienischen Linksterrorismus war die Entführung und Ermordung des italienischen Ministerpräsidenten Aldo Moro 1978.

Wuchtiger Tempio della Vittoria (Tour 5)

Korruptionsskandal: Anfang der 1990er-Jahre kam der große Korruptionsskandal Tangentopoli rund um Schmiergelder in vielfacher Millionenhöhe, Amtsmissbrauch und illegale Parteifinanzierungen ans Licht und lähmte das unternehmerische wie das politische Leben der Stadt, die sich gerade von der Industrie- zur Dienstleistungsmetropole wandelte. Fabriken wurden stillgelegt und neue Produktionsflächen frei. *Mani pulite* – saubere Hände – hieß die groß angelegte Aufräumungsaktion der italienischen Justiz, die das politische System vom Sumpf der Korruption befreien sollte. Hunderte Politiker landeten in Untersuchungshaft und vor Gericht.

Zwei Mailänder, zwei politische Karrieren: Politisch war die Stadt lange das Machtzentrum von Medienzar Silvio Berlusconi. Der gebürtige Mailänder – sein Geburtshaus befindet sich in Via Volturno 34 im Stadtviertel Isola – gründete hier 1993 seine Partei Forza Italia, die 1994 siegreich ins italienische Parlament einzog. Bis 2011 war der skandalträchtige Unternehmer insgesamt viermal Ministerpräsident Italiens, so lange hielt sich noch keiner im ehrwürdigen Palazzo Chigi in Rom an der Macht. Bei der Wahl 2018 konnte er nicht mehr antreten, da er aufgrund einer Verurteilung wegen Steuerhinterziehung für kein politisches Amt kandidieren durfte. Im Mai 2018 wurde das Ämterverbot aufgehoben und so sitzt der 82-Jährige inzwischen wieder in einem Parlament, nachdem er bei der Europawahl 2019 ein EU-Mandat erringen konnte. Auch das Bürgermeisteramt Mailands war bis 2011 eine feste Bastion der rechtspopulistischen Berlusconi-Partei und ihrer Unterstützer. Seitdem stammen die Amtsträger aus dem Mitte-links-Spektrum: Von 2011 bis 2016 war Giuliano Pisapia Bürgermeister, aktuell ist es Giuseppe Sala, vormals Direktor der Mailänder EXPO 2015.

Ebenfalls gebürtiger Mailänder (9. März 1973) ist der neue Lautsprecher der italienischen Politik Matteo Salvini. Dessen politische Karriere startete 1993 als Mitglied des Mailänder Stadtrates, ihr vorläufiger Höhepunkt war das Amt des Innenministers und Vizepremiers in einer Regierungskoalition aus seiner ultrarechten Partei Lega Nord und der Fünf-Sterne-Bewegung. Die Koalition war nach der Wahl von 2018 zustande gekommen, aus der die Fünf-Sterne-Bewegung mit weitem Abstand vor der Mitte-links-orientierten Demokratischen Partei und Salvinis Lega als stärkste Partei hervorgegangen war. Sie hielt allerdings nur ein Jahr, dann provozierte Salvini den Koalitionsbruch, äußerer Anlass war der Streit um ein Bahn-Projekt. Eigentlicher Hintergrund war aber Salvinis Kalkül, mit dem Koalitionsbruch Neuwahlen herbeiführen zu können, denn in allen Umfragen hatte seine Lega die Fünf-Sterne-Partei inzwischen deutlich überflügelt und war zur stärksten politischen Kraft des Landes aufgestiegen.

Der Plan scheiterte, am Ende gab es keine Neuwahlen, sondern eine neue Regierung. Die Fünf Sterne und die Demokratische Partei einigten sich auf eine Zusammenarbeit, die 66. (!) Nachkriegsregierung des Landes nahm im September 2019 ihre Amtsgeschäfte auf. Die nächsten regulären Parlamentswahlen sollen 2023 erfolgen.

Modernes Mailand

Dass Mailand den Zuschlag für die **Weltausstellung Expo 2015** erhielt, brachte die Metropole in Schwung. Während sich andere schöne Städte Italiens in ihrem alten Glanz sonnen und sich von Touristenmassen bestaunen lassen, zelebriert Mailand seine **Modernität.** Man sieht es der Stadt von Weitem an: Sie hat eine neue Skyline, wuchtig und hoch. Noch bis nach der Jahrtausendwende ragten nur verein-

Seit 1774 wacht die goldene Madonnina in 108,5 m Höhe über die Stadt

zelt Bauwerke mit über hundert Metern aus dem Dächermeer heraus. Für die Glas- und Stahltürme der neuen Viertel Porta Nuova und CityLife holte man die besten Architekten der Welt. Entstanden sind autofreie Mischformen aus Geschäfts- und Wohnbebauung mit ausgedehnten Grünflächen. Mailand verwandelte Ex-Schwerindustrieorte wie die Zona Tortona in kreative Künstlerviertel und stillgelegte Fabriken in Kulturzentren. Neue und spektakuläre Museen wie das Mudec, das Museo del Novecento oder das Triennale Design Museum wurden eröffnet und im Moment entsteht die neue U-Bahn-Linie U4. Im Jahr 2026 wird Mailand gemeinsam mit Cortina d'Ampezzo Schauplatz der Olympischen Winterspiele sein.

Mailand im Kasten

Metropolitanstadt Mailand

Die Metropolitanstadt Mailand besteht seit 2015 als Rechtsnachfolgerin der *Provincia di Milano*, der Provinz Mailand. Im Stadtgebiet Mailands leben 1,3 Mio. Menschen. In der *Città Metropolitana di Milano* mit einer Fläche von 1575 km², gebildet aus Mailand und 134 umliegenden Gemeinden, sind es 3,2 Mio. Einwohner. Die Metropolitanstadt ist die „Lokomotive", das bedeutendste wirtschaftliche Zentrum Italiens. Hier haben die größten Unternehmen des Landes, die Börse und renommierte Verlage ihren Sitz.

„Il Sole 24 Ore", ein seriöses Wirtschaftsblatt, erkor Mailand 2018 zur italienischen **Stadt mit der höchsten Lebensqualität**, und das zum ersten Mal, seit die Rangliste vor 29 Jahren erstellt wurde. Auch auf Touristen übt das antike *Mediolanum* einen starken Reiz aus, 2017 kamen 6,8 Mio. Besucher in die Metropole.

Mailand im Kasten

Die Weltausstellung 2015

Die Expo 2015 war für Mailand keine Premiere. Bereits 1906 richtete die Stadt eine Weltausstellung aus, die als *Esposizione internazionale del Sempione* zum Thema Transport- und Verkehr in die Geschichte einging und mit der man die Eröffnung des 20 km langen Simplon-Eisenbahntunnels, der Italien mit der Schweiz verbindet, feierte. Ausstellungsgelände war der weitläufige Parco Sempione. Im Rahmen der Expo 1906 wurde das *Acquario Civico di Milano* eröffnet, es ist das einzige heute noch von der damaligen Expo erhaltene Gebäude (→ S. 62).

2015 stand die Schau unter dem Motto „Den Planeten ernähren, Energie für das Leben". Anfangs wäre das Event beinahe im Sumpf von Korruption und Bürokratie stecken geblieben. Doch dann kam die Wende: Zwischen Mai und Oktober strömten über 21 Mio. Besucher auf das Expo-Gelände Rho, auf dem Tausende Events stattfanden. Mailand bekam durch die Expo 2015 einen ordentlichen Energieschub: Pläne, die lange in Schubladen verstaubt waren, wie zum Beispiel die Sanierung des Hafenbeckens der Navigli, wurden realisiert, die Mailänder Skyline ist kaum wieder zu erkennen und die Stadt wurde zu einer der ersten Adressen der Gegenwartsarchitektur.

Für Mailänder Alltag: liebevoll dekorierte Restaurants im Brera-Viertel

Die mailändische Küche

Spaghetti ai frutti di mare, Pizza margherita oder Tiramisù – gibt es an vielen Ecken. Aber mit der kulinarischen Tradition Mailands, der *cucina povera*, Arme-Leute-Küche, haben diese Klassiker nichts zu tun. Opulente Fleischgerichte, deftige Eintöpfe, eher Butter anstelle von Olivenöl sowie Reis statt Nudeln – das ist ursprüngliche *cucina milanese*, Mailänder Küche.

Italien ist Europas größter Reisproduzent: Seit dem 15. Jh. werden im flachen Land des Po Reisfelder geflutet, auf denen der Rohstoff für sämiges Risotto wächst. Arborio, Carnaroli oder Vialone eignen sich dafür am besten, es gibt sie in jedem Supermarkt zu kaufen. Star unter den mailändischen Vorspeisen ist das leuchtend gelbe *risotto alla milanese*: In Butter und Zwiebel angedünsteter Reis, mit Weißwein abgelöscht und mit Safran sowie Parmesan gewürzt. Die eigentliche Kunst besteht darin, das Risotto *all'onda* („mit der Welle"), also wogend-sämig, zuzubereiten. Zwei Legenden ranken sich um die Anfänge des Gerichts. In der einen heißt es, dass arme Leute ihren Reis mit Safran vergoldeten, um es den Reichen nachzutun, die ihn mit Goldstaub benetzten, weil der ihre Seelen leuchten lassen sollte. Nach der anderen soll der belgische Glaskünstler Valerio di Fiandra der Erste gewesen sein, der den Reis färbte, als er ihn 1574 den Hochzeitsgästen seiner Tochter kredenzte – er soll dafür den gleichen Safran verwendet haben, mit dem er die Heiligenscheine in den Chorfenstern des Mailänder Doms färbte.

Traditionelle Hauptgerichte sind fleischlastig. Einer der beliebtesten Klassiker ist *la cotoletta alla milanese*, zubereitet nach einem Rezept, das älter ist als der Mailänder Dom: Kalbskotelett mit Knochen ein wenig klopfen, in Ei wenden, panieren und in Butter kross braten. Klingt wie Wiener Schnitzel, nicht wahr? Falsch, sagen die Mailänder: Feldschmarschall Radetzky soll das Gericht 1857 von Italien nach Österreich gebracht haben. Außerdem soll das *cotoletta alla milanese* in einem Dokument aus dem Jahr 1148 – aufbewahrt in der Basilica di Sant'Ambrogio (→ S. 88) – als „lumbulus cum panitio", Lende mit Brotbröseln, bereits erwähnt worden sein.

Eine aufwendige Dessertspezialität ist der Panettone. Allein das Aufgehen des Teigs dauert mehrere Tage, nach dem Backen werden die Weihnachtskuchen kopfüber zum Auskühlen aufgehängt, bis zu 70 Stunden vergehen vom ersten Teiganrühren bis zum Verpacken. Angeblich hat der Bäckerlehrling Antonio, „Toni", im Spätmittelalter diese Delikatesse aus Teigresten und Trockenfrüchten kreiert, um das Herz der Bäckerstochter zu erobern. Man nannte das süße Brot „Pane di Toni", daraus sei mit der Zeit Panettone geworden, den es in Mailand das ganze Jahr über gibt. Traditionell verzehrt man diesen ab der Weihnachtszeit bis zum Gedenktag des heiligen Blasius am 3. Februar: *A San Biagio, si benedice la gola e il naso*, am Tag des heiligen Blasius segnet man Hals und Nase.

Mailand im Kasten

Essen in Mailand – einige Hinweise

Touristenfallen: In der Nähe des Doms, auf dem Corso Vittorio Emanuele II und in der Via Dante erwartet Sie Super-Luxus, aber auch Touristenfallen.

Reservieren: Am Abend oder Wochenende ist es ratsam zu reservieren. Achtung: Viele Restaurants schließen im August für 2–3 Wochen.

Platz nehmen: In ganz Italien ist es üblich, am Eingang des Restaurants zu warten, bis man vom *cameriere*, Kellner, einen Platz zugewiesen bekommt – selbst, wenn das Lokal fast leer ist.

Essenszeiten: Mittags von etwa 12.30 bis 14.30 Uhr, abends von etwa 19.30 bis 22 Uhr. In den letzten Jahren gibt es immer mehr den ganzen Tag über geöffnete Lokale, wo man frühstücken, lunchen, Tee trinken und Süßes naschen oder Abend essen kann.

Preise: Für ein Menü inkl. *vino della casa* sollte man mit ca. 30–50 € pro Person rechnen (Pizza und Getränk in einer Pizzeria ab ca. 15 –20 €). Es geht natürlich auch wesentlich teurer: In Gourmettempeln ist ein Menü kaum unter 80 € zu haben. Günstiger sind spezielle Mittagsmenüs.

Die Rechnung: *Il conto, per favore.* Man bezahlt *alla romana* (nie getrennt!): Einer am Tisch zahlt, die anderen übergeben ihm ihren Anteil. Um Schwarzgeschäften vorzubeugen, ist der Kunde verpflichtet, die Rechnung (*lo scontrino*) nach dem Zahlen (auch in einer Bar) aufzubewahren und evtl. bei Kontrollen der Finanzpolizei vorzuzeigen (kommt in der Praxis jedoch so gut wie nie vor).

Trinkgeld: Das hierzulande übliche „Aufrunden" gibt es nicht, man lässt sich zunächst das Wechselgeld herausgeben und lässt *la mancia*, Trinkgeld, im Umschlag der Rechnung bzw. auf einem Tellerchen.

Coperto: In fast jedem Lokal werden pro Person zwischen 1,50 und 4 € für das *coperto*, Gedeck aufgeschlagen. Dafür steht oft ein Körbchen gefüllt mit Brot und Grissini auf dem Tisch.

Heute ist die Küche in Mailand natürlich deutlich vielfältiger, nicht zuletzt dank all der Zuwanderer. Restaurants oder Trattorien mit toskanischen, sizilianischen, piemontesischen oder apulischen Spezialitäten lassen kaum Wünsche offen. Man kann in Mailand auch hervorragend Fisch schlemmen, der Fischgroßmarkt der Stadt gilt als wichtigster Handelsplatz für Meeresgetier in Italien – entsprechend fangfrisch ist die Ware. Interessant und preisgünstig sind die chinesischen Restaurants in Mailands China Town (→ S. 58). Auch japanisches Sushi findet bei den Mailändern großen Anklang, Sushi-Boxen gibt es in vielen Supermärkten.

Mailändische Spezialitäten

Antipasti (Vorspeisen)

Typisches Antipasto ist der **insalata di nervetti:** gekochtes Knorpelfleisch von Kalbs- oder Rindsknochen, mariniert mit roten Zwiebeln, Karotten, Staudensellerie, Essig und Öl. Ein weiterer Klassiker sind **mondeghili**, Minifrikadellen aus Fleisch, eingeweichtem Brot und Ei, in Butter gebraten. Häufig werden **tagliere di affettati misti,** gemischter Aufschnitt zum Beispiel aus Salame di Milano, Prosciutto crudo di Parma, Bresaola della Valtellina (luftgetrocknetes Rindfleisch, hauchdünn aufgeschnitten mit Olivenöl, Zitronensaft und Grana-Padano-Splittern gewürzt) auf einem Holzbrett serviert. In zahlreichen Restaurants machen oftmals äußerst opulente Vorspeisenbuffets Appetit – man bedient sich (nach entsprechender Bestellung) selbst.

Primi (erster Gang)

Beim Primo greift man zu sämigem **risotto alla milanese,** Safranrisotto. Risotti gibt's auch mit Kürbis, Pilzen, Spargel, Gorgonzola, Radicchio ... oder – bei Einheimischen beliebt – als **risotto al salto** (Risotto alla milanese in Butter gebraten mit Kruste). Lassen Sie es sich z. B. in der urigen Antica Trattoria della Pesa (→ S. 80), einer der ältesten Trattorien Mailands, auf den Tisch bringen. Ein weiteres traditionelles Gericht ist die **minestrone alla milanese**

Essen in Italien ist niemals Nebensache, sondern wird zelebriert

Mailand im Kasten

Das Ritual des *aperitivo*

Mailand gilt als die Heimat des italienischen Aperitivo-Rituals. Zu den klassischen Getränken wie Aperol Spritz, Campari Spritz (Campari mit Prosecco), einem Glas Weißwein oder dem in Mailand erfundenen Negroni Sbagliato (Prosecco, Campari, Wermut) wird eine meist riesige Auswahl an Köstlichkeiten gereicht: Crostini mit Lardo, Weißbrot mit Salami oder Mortadella, Focaccia, Nudel- oder Reissalate, Parmesansplitter, Artischocken, Aufläufe, Chips, Nüsse etc. Wer am Tresen steht, bedient sich am opulenten Buffet (gerne auch mehrmals), wer am Tisch sitzt, wird meist vom Kellner mit einer Auswahl an *stuzzichini*, Häppchen, versorgt. In vielen Lokalen setzte sich das *apericena* (*aperi*, für Aperitif, *cena*, für Abendessen) nach dem Motto „all you can eat" durch. Kein Wunder, dass die Preise für ein Getränk 6–12 € betragen. Besonders beliebt ist dieses Konzept bei Studenten und jungen Mailändern, die sich an den üppigen Buffets satt essen. Ursprünglich sollte der *aperitivo* mit kleinen Snacks den Appetit lediglich anregen, gestillt wurde der erst anschließend beim Abendessen. Solch einen stilvollen *aperitivo* genießt man in der historischen Bar Camparino (→ S. 36), die Davide Campari, Sohn des Campari-Erfinders Gaspare Campari, 1915 in der Galleria Vittorio Emanuele II eröffnete.

Prendiamo un aperitivo! Gönnen wir uns einen Aperitif! – für Mailänder ein nicht wegzudenkendes Ritual. Ab 18.30/19 Uhr füllen sich die Bars und Lokale mit wahren Menschenmassen, die hier genussvoll in den Feierabend gleiten.

Tipp: Besuchen Sie das sehenswerte **Museum „Galleria Campari"** im Mailänder Vorort Sesto San Giovanni (vom Zentrum bequem per Metro erreichbar) im imposanten Backsteingebäude in der Viale Gramsci 161, wo Campari zu Hause ist. Metro M1: Sesto Rondò. Eintritt frei. Informationen und Buchungen unter: ✆ 02/62251, www.campari.com.

mit Hülsenfrüchten, Lardo, Schweineschwarte, Kohl und Reis. Häufig auf der Karte: **pizzoccheri,** Bandnudeln aus Buchweizenmehl mit Wirsing und Kartoffeln, mit Käse überbacken (eine Spezialität aus der Valtellina), oder **tortelli di zucca,** mit Kürbis gefüllte Teigtaschen (eine Spezialität aus Mantua).

Secondi (Hauptgerichte)

Die Mailänder Spezialität ist **ossobucco,** eine zart geschmorte Beinscheibe vom Kalb mit Knochen, meist auf **risotto alla milanese** oder **polenta** angerichtet. Darüber streut man vor dem Servieren **gremolata,** eine Mischung aus Petersilie, Knoblauch und Zitronenschale. Fast so berühmt ist die **costoletta** oder **cotoletta alla milanese,** ein paniertes Kalbskotelett (mit Knochen). Ebenso zu den Standards gehören **brasato alla milanese,** Rinderschmorbraten in Rotwein; **cassoeula,** ein deftiger Winter-Eintopf aus geschmortem Schweinefleisch (Kopf, Schwarte, Haxe, Rippchen vom Schwein) und Wirsing; **fritto misto alla milanese,** Frittiertes aus Lunge, Bries, Leber und Hirn; **trippa alla milanese** (auch „busecca"), ein Eintopf aus Kutteln, Bohnen und Gemüse; **polenta** in unendlichen Variationen: mit Gorgonzola, mit Pilzen, mit Salsiccia (deftiger Wurst) und **polenta taragna** (Polenta aus Mais- und Buchweizenmehl) mit Käse wie **bitto** oder **casera** aus der Valtellina.

Contorni (Beilagen)

Als Beilagen gibt es häufig **verdure e funghi impanate e fritte** (Gemüse und

Pilze, paniert und/oder frittiert), **fiori di zucca fritti** (frittierte Kürbisblüten), **asparagi alla milanese** (Spargel mit Ei, Butter und geriebenem Käse), **patate al forno,** Ofenkartoffeln mit Knoblauch und Rosmarin. Beilagen zum Hauptgang müssen meist separat bestellt werden.

Pane (Brot)

Das klassische Mailänder Brot, **michetta** (eine Art hohles Brötchen), oder **il pan de mej,** Brot aus Mais- oder Hirsemehl (auch: **pane giallo,** gelbes Brot) fehlen selten am Tisch.

Dolci (Desserts)

Zur bekanntesten Mailänder Süßspeise **Panettone** trinkt man ein Glas *prosecco* oder *moscato mosso* (prickelnden Muskatellawein). Traditionelle Torten: die **meneghina,** aus Weißmehl, Eiern, Haselnüssen, Milch, Hefe und Zucker, oder die **bertolda,** aus weißem und gelbem Mehl, Eiern, geschmolzener Butter, Milch und geriebener Zitronenschale. Probieren sollten Sie **barbajada** (heißer Kaffee mit Schokolade und Schlagsahne), benannt nach dem berühmten Opernimpressario Domenico Barbaja, der das Getränk Anfang des 19. Jh. erfand. Die üblichen Klassiker wie **tiramisù** oder **panna cotta** gibt es fast immer.

Formaggio (Käse)

Mailänder schließen ein Mahl gerne mit Käse ab. Das Angebot ist groß: **gorgonzola** – kurz *zola* – aus dem gleichnamigen Ort östlich von Mailand, **grana padano** (langsam reifender Reibekäse mit geschützter Ursprungsbezeichnung) aus der Po-Ebene, **mascarpone** aus der Stadt Lodi am Fluss Adda oder **taleggio,** ein Weichkäse aus dem gleichnamigen Tal in der Provinz Bergamo.

Gelato (Eis)

In Mailand gibt es wirklich gutes **gelato artigianale,** hausgemachtes Eis mit ausschließlich natürlichen Zutaten, ohne Konservierungs- oder Farbstoffe. In beliebten Ketten wie etwa Grom (www.grom.it) stehen die Mailänder für Eis (glutenfrei) aus Bio-Eiern, teils aus Früchten mit geschützter Herkunftsbezeichnung wie Limone di Siracusa IGP oder Pistacchio di Bronte

Pizza muss kross, knusprig und *fatto con amore*, mit Liebe gemacht sein

Mailand im Kasten

Zu Gast bei Fremden

Wer bei einem Mailänder zu Hause speisen oder kochen lernen will, kann sich auf der Webseite www.cesarine.it beim Kochclub der *Cesarine* einladen und ein selbstgekochtes Menü in der Wohnung des Gastgebers probieren, dabei einen Blick in die Kochtöpfe von Einheimischen werfen, auf Wunsch authentisch mailändische Küche probieren und im besten Fall neue Freunde gewinnen. Mittag- oder Abendessen ab 65 € pro Person. Angeboten werden auch Cooking Classes in Milan, Honeymoon Cooking Classes, geführte Marktbesuche sowie spezielle Silvester- oder Honey-Moon-Menüs. Preis für einen vierstündigen Kochkurs: 120 € pro Person. Sprache: Italienisch, Englisch.

DOP, Schlange. Oder für **granita,** halbgefrorenes, dickflüssiges Wassereis, das man aus dem Becher löffelt.

Bevande (Getränke)

Wein: Die Lombardei produziert hervorragende Schaumweine wie den Franciacorta aus dem gleichnamigen Gebiet südlich vom Iseo-See. Der Franciacorta wird wie französischer Champagner nach der sogenannten *méthode champenoise* hergestellt. Diese hohe Kunst der Weinerzeugung heißt in Italien *metodo classico*, weil die Champagne ersteren Begriff für sich in Anspruch nimmt. Gut zur traditionell deftigen Küche passen Rotweine wie Valtellina Superiore DOCG, Sforzato di Valtellina DOCG oder Oltrepò Pavese DOCG. Selbstverständlich sind in Mailand auch alle anderen Weine von Rang und Namen zu haben, z. B. piemontesische oder toskanische Weine. Tipp für die Weinauswahl: Achten Sie auf die Ursprungsbezeichnungen DOC (Denominazione di Origine Controllata = kontrollierte Ursprungsbezeichnung) oder DOCG (Denominazione di Origine Controllata e Garantita = kontrollierte und garantierte Ursprungsbezeichnung). Wer keinen speziellen Wunsch hat, fragt im Lokal nach dem offen servierten *vino della casa*, Hauswein, meist wesentlich günstiger als Flaschenweine.

Bier: Neben heimischen Sorten werden auch Importbiere wie Becks, Budweiser oder Heineken angeboten (Bier ist wesentlich teurer als in Deutschland). Ein Glas vom Fass bestellt man mit *birra alla spina*, ein kleines Bier (0,33) mit *una birra piccola*, ein großes Bier mit *una birra media* (0,4). Die Craft-Bier-Welle hat auch Mailand erreicht. Ein- bis zweimal pro Jahr findet das Lombardia Beer Fest auf der Piazza Cittá Lombardia (dem größten überdachten Platz Europas) statt (www.lombardiabeerfest.com).

Il caffè: Mit *un caffè* ist in Italien stets Espresso gemeint. Es gibt ihn mit einem Schuss Milch (*caffè macchiato*), in einer größeren Tasse mit aufgeschäumter Milch (*cappuccino)* – trinkt man in Italien nur vormittags. Als Variante mit Schokolade, Milchschaum und Kakaopulver – meist im Glastässchen serviert (*marocchino*); „korrigiert" mit einem Schuss Hochprozentigem (*caffè corretto)*, kalt (*caffè freddo*), mit viel Milch (*caffè latte*), doppelt (*caffè doppio*), reduziert mit wenig Wasser (*caffè ristretto*), verdünnt mit heißem Wasser (*caffè lungo* oder *caffè americano*), mit Ginseng-Extrakt (*caffè al ginseng*) oder koffeinfrei (*caffè decaffeinato*). Filterkaffee gibt es nur in größeren Hotels.

Digestif: Die erfolgreichsten mailändischen *amari*, Kräuterbitter: Ramazzotti (seit 1815) mit 33 Kräutern und Fernet Branca (seit 1845) mit 27 Kräutern aus fünf Kontinenten.

Teatro alla Scala: für Mailänder eine Art Nationalheiligtum

Kulturleben

Opern und Konzerte kommen bei den musikbegeisterten Mailändern gut an, das Kulturprogramm der Metropole ist umfangreich und anspruchsvoll. Am berühmtesten ist natürlich die **Scala,** hier wurden zahlreiche Klassiker uraufgeführt, und auf der Bühne begeisterten Weltstars wie Luciano Pavarotti, Placido Domingo, Diven wie die Callas oder Dirigenten wie Claudio Abbado oder Riccardo Muti. Doch auch in anderen Theatern oder an teils ungewöhnlichen Orten finden Events und Konzerte statt – mit klassischem ebenso wie mit zeitgenössischem Programm. In Mailand würde ein Leben nicht ausreichen, um an allen Spektakeln teilzunehmen.

Was, wann, wo

In den Beilagen *ViviMilano* (mittwochs) der Tageszeitung *Corriere della Sera* (https://vivimilano.corriere.it) finden Sie Veranstaltungstipps (auf Ital.). Weitere nützliche Links: www.milanotoday.it (unter „Cosa fare in Città“ und „Calendario“), www.ciaomilano.it oder www.milano24.ore.de. Tickets für Veranstaltungen aller Art findet man u. a. bei Ticketone (www.ticketone.it). Die Spielpläne der einzelnen Theater finden Sie auch online auf den genannten Websites (dort teilweise auch Ticketverkauf).

Große Oper

Teatro alla Scala: Viele Opernfans träumen von einem Abend in der Mailänder Scala (→ S. 31). Leider bleibt das für viele auch ein Traum, denn es ist sehr schwierig, Karten zu bekommen. Seit Kurzem bietet die Scala auch Opernaufführungen für Kinder (→ S. 32). Piazza della Scala, www.teatroallascala.org.

Theater

Piccolo Teatro Grassi: Das erste Staatstheater für das gemeine Volk, nicht nur für Priviligierte. Gespielt wird heute an drei Stätten: Teatro Grassi, Teatro Strehler und Teatro Studio (→ S. 59).

Via Rovello 2, Metro M1 (Cordusio), M1 Cairoli, ✆ 02/42411889, www.piccoloteatro.org.

Teatro Elfo Puccini: Im Jahr 2010 komplett renoviert und eines der modernsten Theater der Stadt.

Corso Buenos Aires 33, Metro M1 (Lima), ✆ 02/00660606, www.elfo.org.

Teatro Manzoni: 1870 gegründet und seit 1973 nach dem italienischen Dichter Alessandro Manzoni benannt, war es das erste europäische Theater mit elektrischer Beleuchtung. Hier werden italienisches Theater (Sergio Rubini, Enzo Iachetti etc.) sowie musikalische Darbietungen aufgeführt.

Via Manzoni 42, Metro M1 (San Babila oder Palestro), M3 (Montenapoleone), ☏ 02/00634555 (Call Center), www.teatromanzoni.it.

Teatro degli Arcimboldi: Das moderne Theater, 2002 eingeweiht, diente der Mailänder Scala während der Restaurierungsarbeiten als Ersatzbühne. Heute finden hier u. a. Ballettabende, Musicals und Kabarett statt, die beliebte Fernsehshow *Zelig* wird von hier übertragen.

Viale dell'Innovazione 20, Metro M5 (Bicocca), ☏ 02/641142200, www.teatroarcimboldi.it.

Teatro Dal Verme: In seiner Blütezeit Ende des 19., Anfang des 20. Jh. zählte das schöne Teatro Dal Verme zu den führenden Opernhäusern und war Bühne zahlreicher Weltpremieren. Es wurde in den 1990er-Jahren komplett saniert und ist mit modernster Technik ausgestattet.

Via San Giovanni Sul Muro 2, Metro M1 (Carioli), ☏ 02/87905, www.dalverme.org.

Teatro Nazionale Milano: Das 2009 komplett renovierte Theater, eines der bedeutendsten Mailands, begeistert v. a. Musicalfans: Hier werden Produktionen z. B. vom Broadway oder aus London (auch Kindertheater) aufgeführt.

Via Giordano Rota 1, Metro M1 (Wagner), ☏ 02/00640888 (Di–Sa 15–18 Uhr), www.teatronazionale.it.

Teatro Out Off: Interessantes zeitgenössisches Theater (200 Plätze) im ehemaligen Kino Eolo. Unter der Leitung von Lorenzo Loris sind Werke von Kultautoren wie Boris Vian, Samuel Beckett, Thomas Bernhard oder Jean-Luc Lagarce zu sehen.

Via Mac Mahon 16, ☏ 02/34532140, Metro M5 (Cenisio), Tram 12 (Via Mac Mahon/Via P. Eugenio), www.teatrooutoff.it.

Teatro Franco Parenti: Geleitet von der Regisseurin Andrée Ruth Shammah widmet sich das Theater besonders der italienischen Gegenwartsdramaturgie. Auch Workshops für Erwachsene und Kinder.

Via Pier Lombardo 14, ☏ 02/59995206, Metro M3 (Porta Romana), www.teatrofrancoparenti.it.

Teatro Litta: Im ältesten Theater der Stadt, untergebracht im prächtigen Palazzo Litta (1648), sind v. a. zeitgenössische Aufführungen (ital. und international) zu sehen. Es finden aber auch Konzerte und Ausstellungen statt.

Corso Magenta 24, Metro M1, M2 Cadorna. Tickets: ☏ 02/86454545 (Mo--Sa 15–19.30 Uhr) oder online unter www.mtmteatro.it.

Kabarett

Zelig Cabaret: Hochburg des italienischen Kabaretts und der Satire, auch Café (Tischreservierung nötig!). An manchen Abenden gibt es Programme in englischer Sprache z. B. „The best of Zelig in English". Showbeginn: 21 Uhr. Viale Monza 140, ☏ 02/2551774, Metro M1 Turro, www.areazelig.it.

Kino

Kulinarisches Kino: Im Anteo Cinema können Cineasten Feines vom Gourmettempel Eataly Smeraldo (→ S. 75) schlemmen und dabei Filme (gelegentlich in Originalsprache) ansehen. Film plus Mittagessen 25 €, plus Aperitivo 18 €, plus Abendessen 35 €. Nettes literarisches Café: Mo–Fr 7.30–22.30 Uhr, Sa und So 8.30–22.30 Uhr. Tickets: Eataly Smeraldo (Info-Point), Piazza Venticinque Aprile 10, ☏ 02/6597732; Cinema Anteo, Piazza Venticinque 8, ☏ 02/6597732, Metro M2 Moscova oder Porta Garibaldi (auch M5). www.spaziocinema.info.

Cinema Beltrade: Das kleine Kino – eine Mailänder Institution – ist auf Dokumentarfilme spezialisiert, teils in Originalsprache bzw. mit Untertiteln. Auch in den alten Formaten 36 mm oder 16 mm. Es liegt etwas in der Peripherie im NoLo-(Nord Loreto)-Viertel. Via Nino Oxilia 10, ✆ 02/26820592, Metro M1 Pasteur, www.cinemabeltrade.net.

Cinema Mexico: Antonio Sancassani führt dieses unabhängige Kino mit nur einem Saal seit über 40 Jahren im Viertel Tortona. Seit 1976 läuft jeden Freitag der globale Dauerbrenner „The Rocky Horror Picture Show". Donnerstags Filme in Originalversion, auch Nischenfilme und Dokumentarfilme. Via Savona 57, ✆ 02/48951802, Metro M2 Porta Genova, www.cinemamexico.it.

Cinema Bianchini: Filme (teils in Originalsprache) an spektakulären Orten wie z. B. im Archiv der Università Statale „Ca' Grande" (→ S. 75). Di, Do, Fr und So ab 20.30 Uhr. Spezielle Abende wie „Cena (Abendessen) con Film" (37 € pro Person, inkl. 4-Gänge-Menü und Besichtigung des Archivs) oder „Cinema Bianchini Drive-in" Fr, Sa, So ab 21.30 Uhr. Gezeigt werden Klassiker, Film noir, Dokumentationen, Musicals, Horror etc. www.cinemabianchini.it (nur ital.). Infos auf Engl. ✆ 02/92965 790 (die Leitung ist häufig besetzt!).

Teatro Dal Verme, 1872 eröffnet

Cineteca Spazio Oberdan: Von Architektin Gae Aulenti renoviertes Kulturzentrum. Im Archiv finden sich u. a. Stummfilme, Hollywood Block Busters sowie Raritäten etwa von Pabst, Siodmak, Wilder, Fellini oder Visconti. Viale Vittorio Veneto 2/Ecke Piazza Oberdan, Metro M1 Porta Venezia, ✆ 02/83982421, www.cinetecamilano.it.

Le Vie del Cinema: Einige Kinos zeigen im Juni, September und Dezember Filme (in Originalsprache mit italienischen Untertiteln) der Filmfestspiele von Venedig, Cannes, Turin oder Locarno. https://leviedelcinema.lombardiaspettacolo.com.

Musikclubs

In den meisten Musikkneipen ist der Eintritt frei, Getränkekonsum jedoch erwünscht bzw. obligatorisch.

Blue Note: Mailand wurde 2003 als erste europäische Metropole für die Eröffnung einer Dependance des weltberühmten New Yorker Lokals auserwählt. Im stadtbekannten und stets vollen Jazztempel im Viertel Isola traten bereits Jazzgrößen wie Stefano Bollani, Dee Dee Bridgewater oder Billy Cobham auf. Das Programm ist sehr vielfältig, die Atmosphäre locker. Zusammen mit dem Ticket können Sie gleich einen Tisch fürs Abendessen im Ristorante (italienische und internationale Küche) reservieren: Antipasti ab 12 €, Primi ab 13 €, Secondi ca. 23 €. Beliebt ist der Sonntags-Brunch mit Livemusik (35 € inkl. Konzert und Buffet – unbedingt reservieren!).

Konzerte: Di–So zweimal tägl. (21 Uhr und um 23 Uhr). Restaurant 19.30–24 Uhr. Via Pietro Borsieri 37 (Metro M5 Isola), ✆ 02/69016888, www.bluenotemilano.com (mit Online-Ticket-Verkauf).

Nidaba Theatre: Ein sehr beliebter Musikclub nur wenige Schritte vom Naviglio Pavese entfernt. Auf der kleinen Bühne spielen Musiker aus dem In- und Ausland (Jazz, Folk, Soul und Blues). Hier gibt es eine große Auswahl an Bier und gute Stimmung. Di–Sa 21 bis 2 Uhr, Showbeginn 22.30 Uhr. Eintritt frei. Via Emilio Gola 12, ✆ 339/3477512, Metro M2 Porta Genova, www.nidaba.it.

Caffè Doria – Jazz Club: In der eleganten Bar des Grand Hotels Doria ertönen dienstags und donnerstags ab 22 Uhr live Dixieland-, Ragtime- und Swing-Klassiker. Angenehme Atmosphäre, Salon im englischen Stil. Eintritt frei! Viale Andrea Doria 22, ✆ 02/67411411, Metro M2 Caiazzo, www.doriagrandhotel.it.

Musikveranstaltungen

Auditorium di Milano: Im Konzerthaus finden interessante Konzerte mit klassischer sowie zeitgenössischer Musik statt. Hier spielt das Mailänder Symphonieorchester Giuseppe Verdi. Jeden Do ab 19 und Fr ab 18.30 „Happy Hour con LaVerdi" (Getränk plus reichhaltiger Aperitivo um 12 €) in der Bar dell'Auditorium. Largo Gustav Mahler, ✆ 02/83389401, Metro M1, M3 Duomo mit der Tram 3 Richtung Gratosoglio (Largo Mahler/Auditorium), www.laverdi.org.

Serate musicali: Musikabende an ausgefallenen Orten wie z. B. in Museen finden von Januar bis Juni, statt. www.seratemusicali.it (ital.).

Piano City Milano: Drei Tage ertönen an ausgefallenen Orten Klavierklänge. www.pianocitymilano.it.

MiTo Milano Torino: Ein hochkarätiges Musikfestival, das sich Ende September in den Städten Mailand (Mi) und Turin (To) abspielt. www.mitosettembremusica.it.

Cantantibus organis: Von September bis Juni können Sie Orgelkonzerte (günstig bzw. bei freiem Eintritt) in

Zauberhafter Innenhof des Piccolo Teatro Grassi

wunderschönen Mailänder Kirchen erleben. www.organieorganisti.it (Suchbegriff *cantantibus organis*).

Festival Milano Musica: Konzerte in außergewöhnlichen Locations wie zum Beispiel im Teatro alla Scala, dem Planetario Ulrico Hoepli, der Gallerie d'Italia oder im Pirelli HangarBicocca. Anfang Oktober bis Ende November. www.milanomusica.org.

JazzMI: Zehn Tage im November mit Konzerten, Workshops, Ausstellungen an verschieden Plätzen der Stadt. www.jazzmi.it.

Open Air

Estate Sforzesca: Beliebter Musiksommer unter freiem Himmel im Castello Sforzesco mit Tanz, Theateraufführungen und Konzerten (von Klassik über Jazz, Rock, Pop, Gospel bis hin zu Punk). Der Eintritt zu vielen Veranstaltungen ist frei bzw. moderat. Anfang Juni bis Ende August im Waffenhof des Castello Sforzesco, Metro M1, M2 Cadorna, www.milanocastello.it.

Das „Just Cavalli", Restaurant und Club des Modeschöpfers Roberto Cavalli, ist eine der Top-Locations der Stadt

Nachtleben

Das geschäftige Mailand verwandelt sich abends in eine Ausgehstadt für jeden Geschmack: Wer wie die Mailänder gerne mit einem *aperitivo* in den Abend gleitet, in Lounge-Bars chillt oder in glamourösen Clubs tanzt, wird hier fündig. Die Kneipen an den Ufern der Navigli locken ein Publikum jeder Altersklasse an. In das Stadtviertel Brera und auf den Corso Garibaldi nebenan zieht es eine eher schicke Gästeschar, und bei Studenten heißt es: *„Ci vediamo in Colonne"* – wir treffen und bei den Säulen von San Lorenzo und ziehen weiter in eine der (günstigen) Bars. Ein Szene-Spot in Sachen Nightlife ist die Partymeile Corso Como, hier feiern VIPs, Models, Fußballstars sowie Sternchen aus dem Showbiz bis zum Morgengrauen.

Um an strengen Türhütern vorbeizukommen, sollte man möglichst schick und trendig gekleidet sein. Die Eintrittsgelder variieren je nach Uhrzeit oder Wochentag: Rechnen Sie mit etwa 15–20 € (ein Getränk ist meist inbegriffen). Achtung: Das Nachtleben in Mailand beginnt generell spät. An Wochentagen oder vor 24 Uhr ist in den Clubs nichts los! Für Erasmus-Studenten gibt es in vielen Clubs einmal die Woche freien Eintritt. **Veranstaltungskalender** finden Sie täglich in der Zeitung Corriere della Sera und donnerstags im Magazin „Tutto Milano", der Zeitung la Repubblica oder auf dem englischsprachigen Portal www.wheremilan.com.

Bars, Kneipen, Cafés

meinTipp **Bar Magenta** **8** → Karte S. 87, in die Jugendstilbar in der Nähe der Universitá Cattolica kommen Mailänder jeder Altersklasse seit über 100 Jahren, um sich in entspannter Atmosphäre zu unterhalten und am üppigen Aperitivo-Buffet (Getränk 10 €) zu bedienen. Die Bar war Schauplatz für den Film „Asso" mit Adriano Celentano in der Hauptrolle. Tische im Freien. Mo–So 7.30–2 Uhr. Via Giosuè Carducci 13, ✆ 02/8053808, www.barmagenta.it.

Bar Jamaica **26** → Karte S. 71, im legendären Künstlertreff der 1920er-Jahre scheint die Zeit stehen geblieben zu sein. Die meisten wollen hier, wie einst Lucio Fontana, Allen Ginsberg, Piero Manzoni, Alain Delon oder Robert Redfort einen Drink genießen und einfach Leute kennenlernen. Auch Livemusik. Ganztags warme Küche und Tische im Freien. Tägl. 9–2 Uhr. Via Brera 32, ✆ 02/876723, www.jamaicabar.it.

MeinTipp **El Tombon de San Marc 16** → Karte S. 71, schon zum morgendlichen *caffè* mit *brioche* ist das wunderschöne Jugendstil-Café geöffnet. Und auch für den abendlichen *aperitivo* mit stadtbekannten Cocktails zu fairen Preisen ist es ideal. Kleine Tische im Freien. Via San Marco ✆ 20, 02/6599507, Mo–Sa 8–2 Uhr.

Radetzky Cafè 10 → Karte S. 71, sehr beliebtes Straßenlokal in Brera, in das die Mailänder gern zum Frühstück, Mittag-, Abendessen oder zum *aperitivo* einkehren, sofern sie einen Platz ergattern. Hier geht's abends zu ausgezeichneten italienischen Weinen hoch her, Tische im Freien. Corso Garibaldi 105, ✆ 02/6572645, www.radetzky.it. Tägl. 8–1.30 Uhr, Do, Fr und Sa bis 2 Uhr nachts.

MeinTipp **N'ombra de vin 24** → Karte S. 71, im perfekt erhaltenen Gewölbe aus dem 16. Jh. neben der Chiesa San Marco lagern über 3000 Etiketten Wein. Dazu gibt's Tapas in allen Variationen. Am Wochenende wird's hier voll, man steht dicht gedrängt mit einem Glas in der Hand draußen vor der Tür. Tägl. 10–2 Uhr. Via San Marco 2, ✆ 02/6599650, www.nombradevin.it.

La Prosciutteria 22 → Karte S. 71, ein uriges Lokal auf dem Corso Garibaldi, wo man mit Freunden unter baumelnden Schinkenkeulen z. B. *un tagliere per due* (Salami und Käse für 2 Personen auf einem Holzbrett serviert)und dazu ein Glas Wein probiert. Hier ist immer viel los. Mo–So 11–1 Uhr. Corso Garibaldi 55, ✆ 02/89010390, www.laprosciutteria.com.

Cantine Isola 2 → Karte S. 54/55, die winzige Enoteca (ein Tisch!) mitten in Chinatown ist immer voll und für Touristen ein Geheimtipp. Hier steht jeder an der Theke bzw. auf der Straße, trinkt hervorragenden Wein und nascht Snacks wie Parmesansplitter, Oliven oder Crostini mit Tomaten. Di–So 10–22 Uhr. Via Paolo Sarpi 30/Ecke Via Arnolfo di Cambio 1A, ✆ 02/3315249, www.cantineisola.com.

oTTo 1 → Karte S. 54/55, ein trendiges Lokal mit Sofas, vielen Pflanzen und Terrasse. Hier treffen sich die Mailänder auf ein birroTTo (hauseigenes Craft Beer) zum *aperitivo*. Spezialität: Quadrotti (mit Lachs, Tartare, Avocado, Huhn etc. belegte Brote). Am Sa und So gibts Brunch (12.30–15 Uhr). Di–So 10–2 Uhr nachts, Mo 19–2 Uhr nachts. Via Paolo Sarpi 8 (winzige private Seitenstraße der Via Paolo Sarpi), www.sarpiotto.com.

Living Liqueurs & Delights 4 → Karte S. 54/55, ein schickes, stets volles Lokal mit Blick auf den Arco della Pace in einem ehemaligen Postamt. Hier gönnen sich die Mailänder frühabends bei Chill-out-Musik einen *aperitivo* mit üppigem Buffet. Es gibt Salate, kleine Snacks, über 100 verschiedene Wodkas aus aller Welt und sonntags Brunch (12–16 Uhr). Akzeptable Preise. Tägl. 7–3 Uhr morgens. Piazza Sempione 2, ✆ 02/33100824, www.livingmilano.com.

MeinTipp **Officina 12 25** → Karte S. 96/97, früher eine Werkstätte, heute ein schicker Schuppen am Naviglio Grande mit großen Räumen, Backsteingewölbe und Terrasse. In der integrierten Gin-Bar **GINO12** finden Sie über 100 Sorten Gin. Sehr beliebt bei Nachtschwärmern. Mo, Mi–So 12–15 Uhr und 19–24 Uhr, Di 19–24 Uhr. Via Alzaia Naviglio Grande 12, ✆ 02/89422 261, www.officina12.it.

Berlin Café 16 → Karte S. 96/97, originelles Café nur wenige Schritte von den Colonne di San Lorenzo entfernt. Beliebter Treffpunkt der jungen Mailänder Szene, die sich hier zu den Klängen italienischer Rap-Music beim *aperitivo* vergnügt. Mo–Do 7.30–2 Uhr, Fr, Sa 11–3 Uhr, So 15–24 Uhr. Via Gian Giacomo Mora 9, ✆ 02/8392605, www.berlincafe.milano.it.

La Sacrestia Farmacia Alcolica 38 → Karte S. 96/97, eines der beliebtesten Lokale im Navigli-Viertel mit Kristalllüstern, Möbeln und Marmortresen einer alten Apotheke. Spezialität: *Apericena* (*aperitivo* mit üppigem Buffet: Pasta, Fleisch, Fisch, Reis, Polenta etc.) mit DJ-Set. 18.30–21.30 Uhr, 12 €. Di–Do und So 18–2 Uhr morgens, Fr und Sa bis 3 Uhr morgens. Via Conchetta 20/Ecke Ascanio Sforza, ✆ 02/87382458 (nach 18 Uhr).

Frida, ein unkonventioneller Ort im Viertel Isola und in der ganzen Stadt bekannt für sein cooles Klientel. Mit Innenhof und Aperitif-Bar aus Majolika im Stil der Sixties. Hier sitzen VIPs neben Studenten, man trifft sich zum Kaffeetrinken, einer Bio-Mahlzeit oder zum Plaudern bis spätnachts. Im Geschäft „Particelle complementari" finden Sie Vintage-Mode. Mo–Sa 12–15 Uhr, 18–2 Uhr, So 18–1 Uhr. ✆ 02/680260, Via Antonio Pollaiulo 3 (Metro M2, M5 Garibaldi, M5 Isola), www.fridaisola.it.

Designer-Bars

Dolce & Gabbana Martini Bar 15 → Karte S. 42/43, wer VIP-Atmosphäre spüren möchte, sollte sich hier einen (hochpreisigen) *aperitivo* gönnen. Die Atmosphäre ist klassisch D&G, dominiert von edlem Schwarz, hier chillt abends Mailands selbstbewusste Modeszene auf Ledersofas im gedimmten Licht, bei gutem Wetter im zauberhaften Innenhof. Mo–Sa 7.30–1 Uhr, So 9–24 Uhr. Corso Venezia 15, www.dolcegabbana.it/martini.

Bamboo Bar Armani 6 →Karte S. 42/43, an „Re Giorgio" kommt man in Mailand nicht vorbei. Das Publikum in der hochpreisigen Bar ist international, auch Stars und Sternchen treffen sich hier auf einen eleganten Afternoon Tea oder *aperitivo* mit Blick auf den Dom. Cocktails ab 24 €, Bier 15 €. Tägl. 11–1 Uhr. Via Manzoni 31.

Ceresio 7 2 → Karte S. 71, feine und teure Rooftop-Bar der Zwillinge Dean und Dan Caten, Gründer des hippen Modelabels DSquared2, mit schöner Terrasse, Pool und der Skyline vor Augen. Hier räkelt sich Mailands schicke Szene. *Aperitivo* ab 15 €. Bar tägl. 12.30–1 Uhr, Restaurant (unbedingt reservieren!) tägl. 12.30–15 und 19.30–23 Uhr. Pool tägl.10–17.30 (Juni–Sept.). Via Ceresio 7 (etwa 500 m von Metrostation Porta Garibaldi M2, M5 entfernt), ✆ 02/31-039221, www.ceresio7.com.

Clubs und Diskotheken

Selbst wer nicht an strengen Türstehern vorbeikommt, kann auf dem Corso Como problemlos durchfeiern, viele Bars stellen bei gutem Wetter Tische auf die Fußgängerzone. Tipp: In der Pizzeria di Porta Garibaldi (Corso Como 6) bekommt man bis 1 Uhr nachts, Fr und Sa bis 3 Uhr nachts frisch gebackene *pizza al trancio* (Pizzastücke) zu moderaten Preisen.

Hollywood, In-Disco der Models, Fußballstars und Sternchen aus dem Showbiz. Nicht ganz einfach reinzukommen, schickes Outfit ist Bedingung. Begehrt sind die VIP-Zonen, in denen sich während der Modewoche die gesamte Branche trifft. Do–So 10.30–5 Uhr. Corso Como 15 (Metro M2, M5 Garibaldi), ✆ 02/655318, www.discotecahollywood.it.

Loolapaloosa, eine der bekanntesten Diskotheken der Stadt, gleich neben dem Hollywood. Oft extrem voll, hier tanzen Mädels und auch Barkeeper auf den Tischen. Vintage-Partys (sonntags) ziehen nicht nur junges Publikum an. Mo–So 18–5 Uhr. Corso Como 15 (Metro M2, M5 Garibaldi), 02/6555693, www.loolapaloosa.com.

Il Tocqueville 13, der Club ist ein Mix aus Bar, Restaurant und Disco. Themenabende wie Hip-Hop, Reggae oder House-Music, Auftritte internationaler DJ-Stars, Motto-Partys und Dinnershows (sonntags) sind vor allem bei jungen Mailändern sehr beliebt. Di, Fr, Sa 23–5 Uhr, So 22–5 Uhr. Via Alessio di Tocqueville 13 (Metro M2, M5 Garibaldi), ✆ 391/4030794, www.tocqueville13.club.

Bobino, ein großer Club mit New-Yorker-Flair, Bar, Restaurant und Garten, direkt an den Navigli gelegen. Man kommt zum *aperitivo* und bleibt zum Tanzen – das üppige Aperitivo-Buffet ist bis 22 Uhr geöffnet. Do–Sa 19–3 Uhr. Alzaia Naviglio Grande 116 (Metro M2 Porta Genova), ✆ 02/36559070, www.bobino.it.

Just Cavalli 5 → Karte, S. 54/55, der Club gehört dem berühmten Designer Roberto Cavalli, eine der Top-Locations der Stadt im Parco Sempione. Models und VIPs starten hier mit einem *aperitivo* und tanzen zwischen Animal-Print-Motiven und Kristalllüstern, im Sommer auf der Terrasse. *Der* Treffpunkt während Fashion- oder Designerweeks. (Online-)Reservierung nötig! Ticket (je nach Event) inkl. 1 Drink ab 20 €. Täglich von 19.30–5 Uhr. ✆ 02/311817, Via Luigi Camoens (am Fuße des Torre Branca), www.justcavallimilano.com.

Old Fashion 6 → Karte, S. 54/55, seit 1933 einer der angesagtesten Clubs (Jimi Hendrix spielte 1968 hier) mit Bar, Restaurant und Disco im Palazzo dell'Arte (Triennale) mitten im Parco Sempione. Hier trifft man Models, Designer, Fußballspieler, TV-Sternchen. Es gibt Themenabende (jeden Mi: Aperitivo-Buffet für Erasmus-Studenten) und eine große Tanzfläche im Freien. Palazzo dell'Arte, Viale Luigi Camoens (Metro M1 Cairoli), ✆ 02/8056231, www.oldfashion.it.

Jazzclub

MeinTipp **Blue Note**, Jazz-Konzerte auf höchstem Niveau bietet diese stadtbekannte Dependance des weltberühmten New Yorker Jazzclubs – unbedingt reservieren! Zusammen mit dem Ticket können Sie gleich einen Tisch fürs Abendessen (italienische und internationale Küche) reservieren. Beliebt ist der Sonntagsbrunch mit Livemusik (35 € inkl. Konzert und Buffet). Konzerte: Di–So zweimal tägl. (21 und 23 Uhr). Restaurant: 19.30–24 Uhr. Via Pietro Borsieri 37 (Metro M5 Isola), ✆ 02/69016888, www.bluenotemilano.com (mit Online-Ticket-Verkauf).

Im Museo Civico di Storia Naturale werden Kinderaugen groß

Mailand mit Kindern

Italiener sind sehr kinderlieb und mit einem Kinderwagen muss sich auch in Mailand niemand allein die Stufen hinab- oder in die Tram hineinplagen. Auch finanziell kommt man Familien mit Kindern entgegen: Fast alle Museen bieten Vergünstigungen für *bambini* an, das gilt auch für die Fahrpreise des öffentlichen Nahverkehrs. Kinder unter 14 Jahren dürfen die städtischen Verkehrsmittel kostenlos benutzen (Ausweise nicht vergessen!). In Restaurants findet man eher selten spezielle Kindermenüs – italienische *bambini* halten sich an die *primi* (Vorspeisen) – weil *pasta al pomodoro* (Nudeln mit Tomatensoße) oder *das* Kindergericht in Italien, *pasta in bianco* (Nudeln mit Olivenöl und Parmesan), schließlich alle glücklich macht.

Klassiker für Kinder

Kinder für Sehenswürdigkeiten zu begeistern kann eine Herausforderung sein. Vom Dach des **Mailänder Doms** (→ Tour 1, S. 27) bekommt man sie aber kaum wieder herunter: Über die flachen Terrassen zu laufen, durch einen Wald filigraner Turmspitzen und Figuren, hinterlässt bei den allermeisten bleibende Eindrücke. Auch die **Highline Galleria**, ein begehbarer Pfad auf dem Dach der Galleria **Vittorio Emanuele II**, vermag Kinder zu erstaunen.

Von den unzähligen Museen ist vielleicht das **Museo della Scienza e della Tecnologia Leonardo da Vinci** (Museum für Wissenschaft und Technik) in Sant'Ambrogio mit einem echten U-Boot, Eisenbahnwaggons, einem Stück vom Mond (!) sowie interaktiven Spielen am interessantesten (→ S S. 88). Immer einen Besuch wert ist das **Museo Civico di Storia Naturale** (Naturhistorisches Museum) in den Giardini Pubblici, wo Kinder vor dem versteinerten Baby-Dinosaurier „Ciro", einer japanischen Riesenkrabbe oder den Schaukästen mit lebensgroßen Tieren aus aller Welt, ausgestellt in ihrem natürlichen Habitat, große Augen machen (→ S. 45). Im **Acquario Civico** im Parco Sempione kann man Fische im gläsernen Tunnel aus nächster Nähe betrachten (→ S. 62), in der **Fondazione Arnaldo Pomodoro** mit Taschenlampen in ein Labyrinth hinabsteigen (→ S. 114).

Kinderoper in der Scala

Das weltberühmte **Teatro alla Scala** führt mit dem Programm „Grandi Spettacoli per Piccoli", kindgerecht aufgeführten Opern, Ihren Nachwuchs z. B. in die Welt von *La Cenerentola* (Aschenputtel) oder Rossinis *Barbiere di Siviglia* (Barbier von Sevilla) ein. Kinder und Jugendliche zahlen einen symbolischen Eintrittspreis von 1 € (Ausweispflicht!). Ab 18 Jahren kosten die Karten 20–40 €. Ein Erwachsener (über 18 J.) kann (bis zum Vorabend der Aufführung) maximal 2 Tickets zum Preis von je 1 € erwerben und zwar online (Aufschlag von 20 %) oder in der Biglietteria (Aufschlag 10 %) (→ S. 31).

Biglietteria: Largo Ghiringelli 1 (direkt bei der Scala, Metro M1, M3 Duomo) Mo–Sa 10–18, So 12–18 Uhr, Info-Telefon Scala 02/72003744 (tägl. 9–18 Uhr), .

Spielzeugläden

Beim Shopping kommen Kinder z. B. im **Disney Store** mit Produkten zu den beliebtesten Charakteren von Disney World, die man sonst nirgends findet (allerdings teils zu stolzen Preisen), auf ihre Kosten. Im **Lego Store** thront ein aus Legosteinen nachgebauter Dom im Schaufenster und im Spielzeugladen **Cittá del Sole** gibt's kreative Spielsachen wie z. B. Modellbaukästen für das Sonnensystem (→ S. 39, 83 und 110).

Innen zu besichtigen: das U-Boot Enrico Toto

Unter freiem Himmel

Ihren Bewegungsdrang können Kids auf den Spielplätzen im **Parco Sempione** ausleben (→ S. 62). Wie wäre es mit einem improvisierten Picknick (wenige Gehminuten vom Castello Sforzesco entfernt finden Sie einen Supermarkt der Kette Carrefour Express, Piazzale Luigi Cadorna 13) auf den weitläufigen Wiesen, die man betreten darf? Große Spielplätze laden auch in den **Giardini Pubblici** (→ S. 45) oder im 2018 eröffneten zeitgenössischen Park **Biblioteca degli Alberi** im Hochhausviertel Porta Nuova (→ S. 78) zum Toben ein. Im Sommer könnten Sie sich und Ihren Kindern einen Tag im schicken Freibad **Bagni Misteriosi** mit beheizten Außenpools, Liegewiese und Bistro mit Bio-Gerichten gönnen – im Winter verwandelt sich das Bad in einen Eislaufplatz (→ S. 177)

Vergnügungspark Leolandia

Etwa 30 km nordöstlich der Stadt, in Capirate San Gervasio, liegt **Leolandia,** ein großer Freizeitpark für jeden Bedarf an Nervenkitzel, mit unterschiedlichen Shows, Reptilienhaus, Minitalia – ganz Italien präsentiert sich hier in Miniaturgröße – und natürlich der entsprechenden gastronomische Versorgung aller Art. Während der Saison gibt es täglich morgens einen Leolandia-Express ab der Piazza della Repubblica (Metro M3)/Ecke Via Turati, der die Besucher am Abend auch wieder zurückbringt.

Tägl. 10–18 Uhr, Juli, Aug. und Okt. bis 22 Uhr. Eintritt 20,50–38,50 €, Kinder 18,50–33.50 €, Kinder unter 89 cm gratis. www.leolandia.it.

Mailand (fast) umsonst

Ein Hotel in zentrumsnaher Lage, Restaurants, Museumsbesuche, Shopping – Mailand kann ganz schön teuer sein. Umso besser, wenn man da und dort ein wenig sparen kann. Einige Highlights kosten erfreulicherweise wenig oder gar nichts und schließlich gibt es noch die mailändischste aller Freizeitbeschäftigungen: den frühabendlichen **aperitivo** oder **apericena** (ein Mix aus *aperitivo* und *cena*, Abendessen) in einer der vielen Bars der Stadt, wo man sich am meist üppigen Buffet (gratis zum Getränk) durchaus satt essen kann, zum Beispiel in der seit mehr als hundert Jahren angesagten **Bar Magenta** in der Nähe des Corso Magenta (→ S. 91). Die Getränke haben zur typischen Aperitifzeit von 18.30 bis 21 Uhr einen Einheitspreis von etwa 6 bis 12 €.

Highlights zum Nulltarif

Einige der bedeutendsten Sehenswürdigkeiten der Stadt sind eintrittsfrei zu genießen: die edle Einkaufsmall **Galleria Vittorio Emanuele II** (zum Fotografieren am schönsten frühmorgens), das **Castello Sforzesco** mit Schlosspark mitten in der Stadt, die mächtigen **Colonne di San Lorenzo** aus dem 4. Jh., der **Cimitero Monumentale** (Monumentalfriedhof) – ein prächtiges Museum unter freiem Himmel – oder die **Basilica Sant'Ambrogio**, Mailands spirituelles Herz und eine der ältesten und schönsten Kirchen der Stadt. Des Weiteren elegante **Kreuzgänge** wie der von **Bramante** in der **Università Cattolica** oder die beeindruckenden Kunstausstellungen im **Pirelli HangarBicocca**.

Museen – ermäßigt oder gratis

Viele staatliche bzw. städtische Museen gewähren EU-Bürgern unter 18 Jahren (gegen Nachweis) freien Eintritt, Jugendlichen zwischen 18 und 25 Jahren sowie über 65-Jährigen Ermäßigungen. Freien Eintritt gibt es in staatlichen Museen am ersten Sonntag im Monat (mit entsprechendem Andrang!), private Museen gewähren seltener Ermäßigungen.

MilanoCard

Die MilanoCard ist online erhältlich und berechtigt in mehr als 20 Museen zu ermäßigtem Eintritt, Sie haben u. a. freie Fahrt in allen öffentlichen Verkehrsmitteln, Rabatte auf Flughafentransfers und erhalten außerdem Ermäßigungen in vielen Restaurants und Geschäften. Die Karte kostet 8 € für einen Tag, 14 € für zwei Tage und 19 € für drei Tage, für Kinder unter zehn Jahren ist sie gratis. Informationen auf www.milanocard.it.

Abbonamento Musei Lombardia

Ein Jahr lang freier Eintritt in 120 Museen (davon 35 in Mailand) in der

Der filigrane Torre Branca

ganzen Lombardei, z. B. in das Museo del Duomo, das Museo del Novecento, die Pinakotheken Brera und Ambrosiana oder das Museo Teatrale alla Scala. Die Karte lohnt sich für alle, die viele Museen besichtigen möchten oder öfter in die Lombardei reisen. Preis: 45 € pro Jahr, Junior (bis 14 J.) 20 € und von 15 bis 26 Jahren 30 €. Verkaufsstellen finden Sie z. B. in der Gallerie d'Italia, Piazza della Scala 6; im Dommuseum, Piazza del Duomo 12, oder der Triennale in der Viale Alemagna 6. Online ist die Karte erhältlich unter www.abbonamentomusei.it (nur auf Italienisch).

Zum Nulltarif zu besichtigen sind z. B. das Modemuseum „Costume, Moda, Immagine" in den prächtigen Sälen des **Palazzo Morando,** das originelle **Museo Mangini Bonomi** mit kuriosen Alltagsgegenständen wie Kanonenkugeln, Giftring, Schirmen oder Hörapparaten verschiedener Epochen neben der Kirche San Sepolcro oder das kleine **Museo Astronomico** im Palazzo di Brera. Hinter den Mauern des **Castello Sforzesco** befinden sich gleich mehrere interessante Museen (darunter das **Museo Pietà Rondanini Michelangelo** mit dem letzten unvollendeten Werk des Künstlers, der Pietà Rondanini). Das Ticket für 5 € (ermäßigt 3 €) berechtigt zum Besuch aller Museen der Burg.

Kultur draußen und drinnen

Estate Sforzesca

Musiksommer unter freiem Himmel im Castello Sforzesco: Tanz, Theateraufführungen und Konzerte (von Klassik bis hin zu Rock und Punk). Der Eintritt zu vielen Veranstaltungen ist frei bzw. moderat. Informationen auf www.milanocastello.it.

Cantantibus organis

Von September bis Juni können Sie Orgelkonzerte (günstig bzw. bei freiem Eintritt) in wunderschönen Mailänder Kirchen erleben. Informationen auf www.organieorganisti.it (Suchbegriff *cantantibus organis*).

Günstig essen

Menu a prezzo fisso (auch *menu turistico*): der Tipp schlechthin für eine komplette und günstige Mahlzeit (meist Vorspeise plus Beilage oder Hauptgericht, Dessert, Wasser oder Wein, *caffè*, ab ca. 15 €), die selbst teure Restaurants mittags anbieten. Preiswert essen lässt es sich u .a. dank der **Pizza al taglio,** Pizzastücken, die es frisch aus dem Ofen an jeder Ecke gibt. Hervorragende und stadtbekannte **Panzerotti** (3 €) gibt es bei **Luini** – erkennbar an der langen Warteschlange mittags – hinter der Galleria Vittorio Emanuele II, frisch zubereitete und fantasievoll belegte **Panini** bei der Mailänder Kette **Panino Giusto**.

Die Stadt von oben ...

Die Aussicht vom **Torre Branca** im Parco Sempione auf Mailands neue Skyline ist herrlich, für 5 € fährt man mit dem Lift hinauf (geschlossen bei schlechtem Wetter). Von der Terrasse des Edelkaufhauses **Rinascente** (7. Stock) hat man einen fantastischen Blick auf das Dach des Mailänder Doms mit einer Heerschar von Zinnen, Turmspitzen und Skulpturen.

... und mit der Straßenbahn entdecken

Hop-on-hop-off-Sightseeing mit der historischen **Tram 1**, die alle 10 Minuten regulär verkehrt und die wichtigsten Sehenswürdigkeiten der Stadt ansteuert, ist eine Fahrt wie in einem lebendigen Museum. Einzelticket kostet 2 €, Tagesticket 7 € (→ Kasten, S. 161).

Free walking tours → S. 162

Vor Mailands Hauptbahnhof thront ein 8 m hoher Apfel: „La Mela Reintegrata" ist ein Werk von Michelangelo Pistoletto

Anreise

Mit der Bahn

Alle internationalen Züge kommen am Hauptbahnhof, der Stazione Centrale, an. Die Bahnsteige befinden sich im Obergeschoss des imposanten Gebäudes (→ S. 156), in dem auch eine Bank, ein Postamt, ein Reisebüro, eine Autovermietung, eine Gepäckaufbewahrung, eine Apotheke, Läden jeder Art, ein Supermarkt, Bars, Restaurants und eine Bahnhofskapelle untergebracht sind, die U-Bahnstation ist direkt unter dem Bahnhof (www.milanocentrale.it).

Direktverbindungen aus Ö, D, CH, z. B.: ÖBB Nightjet vom Wiener Hauptbahnhof nach Mailand. DB: Frankfurt–Mailand oder Nightjet München–Mailand. CH: Zürich–Mailand oder Genf–Mailand. Ankunft ist immer Milano Stazione Centrale. **Metro** M2, M3 (bringt Sie in nur 4 Stopps zum Dom).

Informationen zu Verbindungen und Preisen unter www.bahn.de, www.oebb.at, www.sbb.ch und www.trenitalia.it.

Mit dem Flugzeug

Mailand hat **drei Flughäfen:** Malpensa (Airport Code MXP), ca. 45 km nordwestlich der Stadt, Linate (Airport Code LIN), ca. 7 km östlich des Zentrums, und Orio al Serio (Airport Code BGY) in Bergamo (hier landen Billigflieger), ca. 45 km nordöstlich von Mailand. Alle drei sind bestens an die Innenstadt angebunden.

Aeroporto Milano Malpensa

Flughafeninfos und Flugauskunft

Zwischen Terminal 1 und dem kleineren Terminal 2 verkehren Gratis-Shuttlebusse (alle 7 Min. von 6 bis 23.30 Uhr; alle 30 Min. von 23.30 bis 6 Uhr). **Info-Telefon:** ✆ 02/232323, www.milanomalpensa-airport.com. Am Flughafen auch zwei **Hotels**, das Sheraton (Terminal 1) und das Moxy (Terminal 2), Banken, Post, Reisebüros (u. a. Zug- und Bustickets), Flughafen-Kapelle sowie **Autoverleihe** (Noleggio Auto).

Vom Flughafen in die Stadt

Mit dem Zug: Der „Malpensa Express" fährt von ca. 5 bis 23.30 Uhr etwa alle

Mailand im Kasten

Stazione Centrale – Mailands Reisepalast

Wie ein Gebirge aus weißem Marmor wirkt die Stazione Centrale, einer der größten Hauptbahnhöfe Europas, mit kathedralähnlichen Hallen, Art-déco-Lampen und kunstvoll geschwungenem Gewölbe aus Eisen und Glas. 1912 begann Architekt Ulisse Stacchini mit dem Bau. Doch der Erste Weltkrieg verzögerte die Fertigstellung, eingeweiht wurde der Bahnhof schließlich 1931 unter Benito Mussolini. Unter Bahnsteig 21 befindet sich das Kellergleis 21, von dem gegen Ende des Zweiten Weltkrieges Deportationszüge abfuhren. Eine kleine Holocaust-Gedenkstätte (oben auf Gleis 21 neben der Bahnhofskapelle) erinnert daran.

Verpassen Sie nicht den **Grattacielo Pirelli** auf der weitläufigen **Piazza Duca d'Aosta** vor dem Bahnhof. *Pirellone* nennen die Mailänder den 1955–1960 von Gio Ponti errichteten eleganten und schlanken, abends beleuchteten Wolkenkratzer, der mit seinen 127 Metern als erstes Gebäude in Mailand den Dom überragte. Nachdem 2002 ein Sportflugzeug in den Turm gerast war, wobei der Pilot und zwei weitere Menschen ums Leben kamen, wurde er generalsaniert. Der angebissene Apfel *La Mela Reintegrata* auf der Piazza Duca d'Aosta ist ein Werk von Pistoletto. Metro M2, M3 (Stazione Centrale).

30 Min. von Terminal 1 und Terminal 2 zu den Bahnhöfen Milano Centrale (Metro M2, M3), Milano Cadorna (Metro M1, M2) und Milano Porta Garibaldi (Metro M2, M5). Dauer etwa 40 Min., Fahrpreis 13 €. Tickets am Bahnsteig (Schalter oder Automat), online unter www.malpensaexpress.it oder über Pay&Go Contactless (mittels Kreditkarte oder Smartphone) erhältlich. **Achtung**: Die Tickets müssen vor dem Einsteigen am Stempelautomaten entwertet werden! www.malpensaexpress.it.

Mit dem Bus: Die Busunternehmen „Malpensa Shuttle" (www.malpensashuttle.com), „Terravision" (www.terravision.eu) oder „Airport Bus Express" (www.autostradale.it) fahren von Terminal 1 über Terminal 2 zwischen ca. 5 und 24 Uhr im 20-Min.-Takt zum Hauptbahnhof Milano Centrale (Metro M2, M3). Fahrtdauer ca. 50 Min., Tickets kosten 8–10 € und sind im Bus oder über Online-Ticketverkauf der jeweiligen Unternehmen erhältlich. Wer Hin- und Rückfahrt bucht, erhält meistens einen Rabatt.

Mit dem Taxi: Standplätze finden Sie vor den Ankunftshallen: Exit Gate 6 (Terminal 1) und Exit Gate 4 (Terminal 2). Die Taxifahrt ins Zentrum dauert ca. 50 Min. und kostet ca. 95 €. Eine Auswahl: Radio Taxi ✆ 02/6969, Radio Taxi Freccia ✆ 02/4000 oder Taxi Blu ✆ 02/4040.

Aeroporto Linate

Flughafeninfos und Flugauskunft

Info-Telefon ✆ 02/232323, www.milanolinate-airport.com. Am Flughafen finden Sie Banken, Post, Reisebüros (u. a. Bus- und Zugtickets) und Flughafen-Kapelle sowie **Autoverleihe** (Noleggio Auto).

Vom Flughafen in die Stadt

Mit dem Bus: Shuttlebusse der Linien „Linate Shuttle (www.milano-aeroporti.it), „Starfly" (www.starfly.net) oder der Linie ATM (www.atm.it) verbinden im 30-Min.-Takt den Airport Linate mit dem Bahnhof Milano Centrale (Metro M2, M3). Dauer der Fahrt ca. 25 Min., Fahrpreis 5 € (einfache Fahrt), Tickets können Sie im Bus oder über Online-Ticketkauf erwerben. Wer Hin- und Rückfahrt bucht, erhält meistens einen Rabatt.

Etwas günstiger, aber länger fährt man mit dem ATM-Linienbus 73, er verbindet den Flughafen Linate etwa im 10-Min.-Takt mit der Piazza Diaz, in unmittelbarer Dom-Nähe (Metro M1, M3). Ticket 2 € (erhältlich in der Ankunftshalle, bei Zeitschriftenhändlern oder an Ticket-Automaten).

Ab dem Jahr 2021 soll eine neue U-Bahn-Linie, Metro M4 (blau), den Flughafen Linate mit dem Zentrum (Piazza Babila in Dom-Nähe) verbinden.

Mit dem Taxi: Standplätze finden Sie vor der Ankunftshalle (Exit Gate 5). Preis Airport Linate/Milano Centro ca. 50 €. Eine Auswahl: Radio Taxi La Martesana ✆ 02/2181, Taxi Blu ✆ 02/4040 oder Radiotaxi ✆ 02/6969.

Aeroporto Orio al Serio

Flughafeninfos und Flugauskunft

Wird von der Billiglinie Ryanair von mehreren deutschen Flughäfen angeflogen. **Info-Telefon:** ✆ 035/326323, www.milanbergamoairport.it. Am Flughafen finden Sie Banken, Flughafen-Kapelle, Tourist-Office Bergamo sowie **Autoverleihe** (Noleggio Auto).

Vom Flughafen in die Stadt

Mit dem Bus: Shuttlebusse der Linien „Orio Shuttle" (www.orioshuttle.com), „Autostradale" (www.autostradale.it) oder „Terravision" (www.terravision.eu) fahren zw. ca. 5 und 24 Uhr etwa alle 15–30 Min. zur Stazione Centrale (Metro M2, M3) im 15-bis-30-Min.-Takt. Dauer der Fahrt: ca. 50 Min. (bei dichtem Morgen- und Abendverkehr 20 Min. länger). Fahrpreis ab 6 €, Tickets sind im Bus oder über Online-Ticketverkauf erhältlich. Wer Hin- und Rückfahrt bucht, erhält meistens einen Rabatt.

Mit dem Taxi: Standplätze finden Sie vor der Ankunftshalle, z. B. Radiotaxi: ✆ 035/4519090. Die Taxifahrt nach Mailand dauert rund. 50 Min. und kostet ca. 95 €.

Mit dem Auto

Dichter Verkehr vor Ort, teure Parkhäuser (25–30 € pro Tag) und strikte Zufahrtsbestimmungen ins Zentrum machen diese Anreisevariante nur bedingt empfehlenswert.

Nach Mailand führen durchgehend **Autobahnen**: von Österreich über Wien, Villach, Venedig, Verona (820 km); von Deutschland über München, die Brennerautobahn und Verona (585 km); von der Schweiz über Basel, Chiasso und Como (350 km). Um die Metropole herum verlaufen mehrere sehr stark befahrene Tangenten (*tangenziali*), die eine einfache Zufahrt von allen Seiten in die Stadt ermöglichen, sodass man diese nicht durchqueren muss. Autobahnen und Tangenten sind **gebührenpflichtig**, bezahlt wird an den Mautstellen (bar oder mit Kreditkarte). **Höchstgeschwindigkeiten für Pkw**: Innerorts 50 km/h, auf Schnellstraßen 100 km/h, Autobahnen 130 km/h. Die **Promillegrenze** liegt bei 0,5. Außerhalb geschlossener Ortschaften ist auch tagsüber Abblendlicht vorgeschrieben.

Parken Das Zentrum Mailands ist großteils gebührenpflichtig (blaue Bodenmarkierung; gelbe Markierung: nur für Anrainer). Bezahlt wird an Parkscheinautomaten (bar oder mit Kreditkarte), manchmal muss das Kennzeichen eingegeben werden.

Belle Époque in der Stazione Centrale

Parkhäuser in Domnähe: Es empfiehlt sich, einen Parkplatz vorab zu reservieren unter www.myparking.eu. **Achtung:** Bei der Anfahrt zu Parkhäusern in der Innenstadt fahren Sie durch die Area C (→ City Maut)! *Autosilo Diaz* befindet sich in unmittelbarer Dom-Nähe und ist täglich von 7 bis 2 Uhr (überwacht) geöffnet. Piazza Armando Diaz 6. *Duomo Parking* ist rund um die Uhr geöffnet (Via Olmetto 9).

Park & Ride: Eine gute Alternative zum Parken in der Innenstadt sind die meist unmittelbar neben den Autobahnausfahrten stadteinwärts gelegenen günstigen Park-&-Ride-Parkhäuser mit U-Bahn-Anbindung. An den großen Tangenten (*tangenziali*) weisen Anzeigentafeln auf die nächstgelegenen Parkäuser/Parkplätze hin, z. B. vom Norden: Ausfahrt Viale Certosa – Parkhaus *Lampugnano*. Vom Osten: Ausfahrt Tangenziale Est – Parkhaus *Cascina Gobba*. Vom Süden: Ausfahrt Famagosta – Parkhaus *Famagosta*. Eine Übersicht über alle Parkhäuser finden Sie unter www.atm.it/en (unter „Travel with ATM").

Hauptbahnhof mit reich dekorierter Fassade

Diebstahl/Sicherheit In den Parkhäusern kaum ein Problem, bei Park & Ride parken Sie auf eigene Gefahr. Lassen Sie nichts im Auto liegen (auch nicht im Handschuhfach oder Kofferraum).

Umweltzonen/Fahrverbote In Mailand gelten hohe Umweltauflagen für Kraftfahrzeuge. In die nahezu das gesamte Stadtgebiet umfassende **Area B** der **zona a traffico limitato, ZTL** (= verkehrbeschränkte Zone), dürfen Dieselfahrzeuge mit den Abgasnormen 0 bis 4 (ohne Partikelfilter) und Benziner mit Euro 0 nicht einfahren. Das Fahrverbot gilt Montag bis Freitag von 7.30 bis 19.30 Uhr. In der **Area C**, die das historische Stadtzentrum umfasst, muss darüber hinaus eine City-Maut von 5 € gezahlt werden.

Die Zufahrt wird durch Videokameras überwacht, wer gegen die Auflagen verstößt, muss mit einem hohen Bußgeld rechnen.

City-Maut

Das Ticket erhalten Sie in Tabak- und Zeitungsläden (*tabacchi*), an ATM-Points (Verkaufsstellen der öffentlichen Verkehrsmittel) oder auf www.aerac.it. Wichtig: Es muss vor der Einfahrt in die Area C aktiviert werden (telefonisch unter ✆ 02/48684001 oder online auf https://areac.atm-mi.it)!

Wer ein **Hotel im historischen Zentrum** gebucht hat, nennt dem Hotelpersonal *vor* der Anreise das Autokennzeichen, es wird dann an die Stadtverwaltung weitergegeben. Das lohnt sich allerdings nur, wenn das Hotel über einen eigenen Parkplatz verfügt, ansonsten fährt man besser in eines der Parkhäuser und nimmt von dort die U-Bahn oder ein Taxi zum Hotel.

Ideal, um das Centro zu erkunden: bikeMI, ein städtisches Verleihsystem

Unterwegs in Mailand

Die meisten Sehenswürdigkeiten in der Innenstadt sind relativ schnell zu Fuß zu erreichen, wer sich mit öffentlichen Verkehrsmitteln bewegen möchte, kann in Mailand auf ein sehr effektives Nahverkehrsnetz mit U-Bahn und ausgezeichneten Bus- und Tramverbindungen zurückgreifen. Einen Gratis-Stadtplan mit Metro- und S-Bahn-Linien gibt es in den Touristeninformationen Piazza Duomo 14 und Via dei Mercanti 8.

Mit Bus, Straßenbahnen und Metro

Die **Metropolitana Milano** (weißes „M“ auf rotem Grund) besteht aus vier Linien, der roten M1, der grünen M2, der gelben M3 sowie der lilafarbenen M5. Eine fünfte Linie ist in Bau: die M4 (blau) soll ab dem Jahr 2021/22 u. a. den Flughafen Linate mit dem Zentrum (San Babila, M1) verbinden. Sie verkehren tägl. von etwa 5.50 bis 0.40 Uhr. Wer nach Mitternacht unterwegs ist, kann einen der **Nachtbusse** nehmen. Ihre Fahrzeiten variieren, die frühesten fahren ab kurz vor 1 Uhr etwa alle 30 Min. und folgen im Großen und Ganzen dem U-Bahn-Haltestellenverlauf. Nachtbus NM1 ersetzt die Metro M1, Nachtbus NM2 die Metro M2 und Nachtbus NM3 die Metro 3. Für die M5 gibt es keinen Ersatzverkehr. Das Ticket (*biglietto urbano*, 2 €) muss vor Antritt der Fahrt erworben werden. Informationen unter: www.atm.it.

Reisen mit Handicap

Mailand gehört nicht zu den besonders behindertenfreundlich gestalteten Städten, Rollstuhlfahrer müssen mit Hindernissen rechnen. Die Metrolinien M3 und M5 sind komplett barrierefrei zu erreichen, M1 und M2 nur begrenzt. Nützliche Informationen (über öffentliche Verkehrsmittel, barrierefreie Stadttouren etc.) finden Sie unter www.milanopertutti.it (engl.). ATM Infoline ✆ 02/48607607 (tägl. 7.30–19 Uhr).

Infos/Pläne

Nützliche Informationen (ital.; engl.) zum Thema öffentliche Verkehrsmittel, Fahrpläne, Wartezeiten, Car-Sharing und BikeMi-Stationen bietet die **ATM Milano Official App,** mit der auch Tickets erworben werden können (www.atm.it).

Einen Übersichtsplan mit dem **Metro-Netz** finden Sie auf der Umschlaginnenklappe hinten im Buch.

Tickets

Fahrscheine gibt es in Kiosken, in mit „T" gekennzeichneten Tabakläden (*tabacchi*) oder an Fahrkartenautomaten (an jeder Metrostation). Seit Juli 2019 ist auch kontaktloses Bezahlen mit Mastercard, Visa, American Express, Maestro und V Pay möglich. **Achtung:** In den meisten Bussen und Straßenbahnen ist es nicht möglich, Karten an Bord zu kaufen. Des Weiteren benötigen Sie nach der Fahrt das Ticket, um die U-Bahn-Station zu verlassen!

Die folgenden Tickets sind für die Zonen M1–M3 des Stadtgebiets für alle Metrolinien, Busse und Straßenbahnen gültig. Eine **einfache Fahrkarte** *(biglietto urbano)* kostet 2 €, ist 90 Min. gültig und berechtigt in diesem Zeitraum zu einer Metrofahrt (inkl. Umsteigemöglichkeiten von einer auf die andere Linie) sowie Bus- und Straßenbahnfahrten. Seit Juli 2019 ist das *biglietto urbano* auch bis zum Messegelände Rho/Fiera gültig. Ein 3-Tages-Ticket kostet 12 €, Kinder bis 14 J. fahren gratis. Es gibt auch einen Block von 10 Einzeltickets zum Preis von 18 €.

Mit dem Taxi

Sie stehen an den über die ganze Stadt verteilten Taxiständen oder können telefonisch gerufen werden, z. B. Radio Taxis: ✆ 02/4040, 02/8585 oder 02/4000. Nur wenige Taxis akzeptieren Kreditkarten.

Mit dem Fahrrad

Ideal, um z. B. den weitläufigen Schlosspark Parco Sempione oder die 2018 eröffnete *Biblioteca degli Alberi* im Viertel Porta Nuova zu erkunden. Für den Stadtverkehr ist das Fahrrad allerdings nur ein bedingt empfehlenswertes Fortbewegungsmittel, es sei denn, man bewegt sich ausschließlich im historischen Zentrum.

BikeMi ist ein städtisches Verleihsystem. Sie können 1 Std. (1 €), einen Tag (4,50 €) oder eine ganze Woche (9 €) ein Fahrrad (auch E-Bikes) mieten. Dazu registrieren Sie sich auf www.bikemi.com oder bei einem der ATM Points (z. B. Domplatz, Cadorna, Stazione Centrale, Garibaldi). Die erste halbe Stunde ist gratis, jede weiter kostet 50 Cent. Sie dürfen mit ein und demselben Rad maximal 2 Std. fahren, können es nach einer Pause von 5 Min. jedoch beliebig oft wechseln. Bezahlung nur per Kreditkarte möglich. Infoline ATM ✆ 02/48 607607. Tägl. 7 bis 1 Uhr. BikeMi--Stationen finden Sie unter www.muoversi.milano.it (unter „Geomobilita").

Car- und Scootersharing

Car Sharing: car2go, Informationen (mit den jeweiligen Apps) finden Sie unter www.car2go.com, DriveNow unter www.drive-now.com oder Share'N go (fast ausschließlich Elektroautos) unter www.sharengo.it (nur ital.). Carsharing-Autos dürfen in die mautpflichtigen „Area C" fahren und gratis parken. Das nächste freie Auto finden Sie unter www.muoversi.milano.it (unter „Geomobilita").

Scootersharing: MiMoto, Informationen finden Sie unter www.mimoto.it (nur ital.).

Die elektrischen Scooter sind mit einem Helm ausgestattet und dürfen in der mautpflichtigen „Aera C" gefahren werden.

Stadtführungen und -rundfahrten

Elestra Travel: Architektin Elisabetta Gavazzi Carissimo, gebürtige Mailän-

Mailand im Kasten

Mailand mit der historischen Tram 1 entdecken

„Ventotto" (*achtundzwanzig*) nennen die Mailänder ihre geliebte Tram. Sie ist knallgelb und alles an ihr ist genietet oder verschraubt, nichts geschweißt oder verschmolzen. 1928 (daher der Name) rumpelte sie erstmals durch die Stadt und seither ist sie mit über hundert Wägen in der Spur – zwei davon als rollende Restaurants ATMosfera 1 und 2 (→ S. 66). Entworfen wurde die *Ventotto* in Amerika von Peter Witt, gebaut in Italien. Die Fabrik Carminati & Toselli steht noch heute, zwischen Monumentalfriedhof und Chinatown, die sogenannte *Fabbrica del Vapore*, Dampffabrik, in der sich Galerie- und Ausstellungsräume befinden.

Mitte der 80er-Jahre schickten die Mailänder eine ihrer Trams auf das Trolley-Festival nach San Francisco. Die ausgetüftelte Mechanik und das elegante Design begeisterte die Amerikaner so sehr, dass sie Mailand einige Trams abkauften – sie verkehren bis heute in San Francisco.

Hop-on-hop-off-Sightseeing mit der historischen **Tram 1**, die alle 10 Min. regulär verkehrt und an Mailands wichtigsten Sehenswürdigkeiten vorbeirollt, ist eine Fahrt wie in einem lebendigen Museum: Eindrucksvoll sind die Flügeltüren, Schiebefenster und Glaslampen. Man nimmt Platz auf blank gesessenen, ungepolsterten Holzbänken oder hält sich an Ledergriffen fest und rumpelt an den wichtigsten Sehenswürdigkeiten vorbei. Die interessantesten *fermate*, Haltestellen: Piazza della Repubblica (Blick auf die Stazione Centrale), Piazza Cavour (Giardini Pubblici), Via Monte Napoleone (Goldenes Modeviertel), Piazza della Scala (Opernhaus Scala), Piazza Duomo (Dom, Galleria Vittorio Emanuele II), Piazza Castello (Castello Sforzesco), Piazzale Cadorna (Torre Branca, La Triennale), Piazza Virgilio („Abendmahl" von Leonardo da Vinci), Arco della Pace (Parco Sempione, Chinatown). Ein Einzelticket kostet 2 €.

derin, und ihr Team bieten interessante deutschsprachige Touren an. Sie können zwischen klassischen und ausgefallenen Themen wählen (z. B. „Auf den Spuren des Architekten Gio Ponti", „Geschichte und Gegenwart in der Kunst des Handwerks" oder – besonders schön – „Versteckte Gärten Mailands"). Eine Tour für max. 10 Personen kostet 300 €. Dauer: 2–3 Std. Informationen: www.elestatravel.com, Kontakt: e.gavazzi@elestatravel.it.

Vintage Tour Milano: Stadtrundfahrten im original alten Fiat 500 (jeweils mit vorheriger Buchung und nicht ganz günstig). Die Touren dauern zw. 30 Min. und drei Stunden (Preis 60–250 €, für max. 3 Pers.) und führen z. B. durch das Zentrum, zu den Navigli oder durch die Nacht (Night-Tour). Tägl. ab 10 Uhr, Tickets sind an Bord erhältlich. Hinweis: Nicht jede Tour sieht Foto-Stopps vor! Treffpunkt: Via Bagutta/Piazza San Babila (M1). Infos und Buchungen unter ✆ 346/8353403 (Mobiltelefon), www.vintagetour.it.

Milano City Sightseeing bietet Hop-on-hop-off-Tour auf verschiedenen Routen in roten Doppeldeckerbussen mit deutschsprachigen Informationen über Audioguides mit Einwegkopfhörern. Dauer der Fahrt: 90 Min. Ein 24-Std.-Ticket kostet 22 €, für Kinder 5–15 J. 10 €. Erste Abfahrt 9.30 Uhr, letzte 18 Uhr ab Foro Bonaparte 76/Ecke Via Cusani. Zu- und Aussteigen ist an allen Stationen möglich. Tickets sind im Bus oder online erhältlich, ✆ 02/867131, www.city-sightseeing.it.

Sightseeing per Fahrradtaxi

Bike & The City: Zu Mailand Highlights, versteckten Kleinoden oder einfach dem Sonnenuntergang entgegen führen englischsprachig moderierte etwa dreistündige Fahrradtouren (auch E-Bikes) in kleinen Gruppen. Preise ab 35 €; Meeting Point Via Vetere 12 (M1, M3 Duomo und Tram 3). Reservierung unter: ✆ 393/8032968 (mobil), www.bikeandthecity.it.

freetour.com: Geführte Touren durch Mailands Innenstadt (in englischer Sprache): ausgefallene Spaziergänge wie etwa „Hidden Treasures of Milan" und „The City Storytelling Experience" oder aber die klassische „Milan City Tour", die auch auf Deutsch angeboten wird. Dauer 2–3 Std. Diese und einige andere Stadtführungen sind gratis – einziger Lohn ist ein (erwünschtes!) Trinkgeld (nach eigenem Ermessen). Ideal für alle, die erst am Ende entscheiden möchten, wie viel die Tour wert war. Informationen zu Treffpunkt, Startzeit und Reservierung auf www.freetour.com.

Walkabout Tours: Die Free Walking Tour of Milan (engl.) dauert 2:30 Std. und führt vom Domplatz über das Ca'Grande und die Piazza dei Mercanti zur Piazza degli Affari. Die Teilnahme ist gratis, ein Trinkgeld am Ende der Tour wird aber erwartet! Treffpunkt ist die Piazza del Duomo (M1, M3), halten Sie nach einem gelben Regenschirm Ausschau. Informationen und Reservierung: auf www.walkabouttours.eu.

Tourenvorschläge zu verschiedenen Themen wie z. B. „Auf den Spuren von Leonardo da Vinci" oder „Unbekannte Kirchen" finden Sie unter www.turismo.milano.it (auch auf Deutsch, unter „Die Stadt entdecken").

Das Nu Hotel Mailand überrascht mit minimalistischem Design

Karte S. 164/165

Übernachten

Die Zahl der Unterkünfte in Mailand ist groß: ob herrschaftlich geprägt, mit klösterlicher Vergangenheit oder luxuriös direkt neben der Scala. Die Metropole bietet für jeden etwas. Am schönsten übernachtet man zweifelsohne in der Innenstadt. Allein der zentralen Lage wegen muss man hier allerdings mit generell hohen Preisen rechnen, das gilt auch für einfachere Unterkünfte. Zu Messezeiten – besonderes während der Möbelmesse im April – kann es schwierig werden, ein Zimmer zu finden, die Hotelpreise steigen in diesen Wochen rasant. Zahlreiche Hotels jeder Art und aller Preisklassen findet man rund um den Hauptbahnhof Milano Centrale, aber besonders lauschig ist es hier nicht.

Hotels

***** **Grand Hotel et de Milan** **8**, Mailands erstes Luxushotel und heute unter Denkmalschutz. Seinen Ruhm verdankt das Haus vor allem Giuseppe Verdi: Von 1872 bis zu seinem Tod 1901 wohnte er hier und komponierte „Falstaff" und „Otello". Verdi-Fans können in seiner Suite nächtigen, schätzen die Nähe zur Scala, und im Gourmetrestaurant Don Carlos schwelgen auch Nicht-Gäste im Charme der Opernwelt. Auch heute beherbergt das Hotel viele Künstler der Scala, denen es hier an nichts mangelt. DZ/F etwa 400–600 €. Via Manzoni 29 (Metro M3 Montenapoleone), ✆ 02/723 141, www.grandhoteletdemilan.it.

**** **Hotel 3 Rooms** **3**, drei traumhafte Suiten, die Carla Sozzani, legendäre Redakteurin der Vogue Italia, in ihren Concept Store „10 Corso Como" (S. 83) integriert hat. Man wohnt mit Design-Interieur und frühstückt im lauschigen Garden-Café im Innenhof, mitten auf der noblen Einkaufs- und Ausgehmeile Corso Como. Suite ab ca. 340 €/Nacht (inkl. Frühstück). Corso Como 10 (Metro M2 Porta Garibaldi), 02/626163, www.3rooms-10corsocomo.com.

**** **Hotel Milano Scala** **10**, 2010 als erstes Null-Emissions-Hotel in Mailand eröffnet, unweit der namensgebenden Scala. Auf dem Dach gedeiht ein Kräutergarten, zum reichhaltigen biologischen Frühstück gibt es täglich Live-Harfen- oder Celloklänge, und im Restaurant „La Traviata" traditionell lombardische Gerichte. Die Sky-Terrassen-Bar mit Blick über die Stadt eignet sich herrlich für einen Sundowner. DZ/F etwa 280–400 €, Via dell' Orso, Metro M1 (Cairoli) M3 (Montenapoleone), ✆ 02/870961, www.hotelmilanoscala.it. ■

**** **Spadari al Duomo** **17**, das stilvolle Hotel liegt nur wenige Schritte vom Dom entfernt in einer der ältesten Straßen der Stadt. Hier legt man Wert auf jedes Detail: Die Zimmer sind mit Bildern junger zeitgenössischer Künstler dekoriert, in der Lobby steht frisches Obst zur freien Entnahme, und jeden Abend finden Sie eine Kurzgeschichte als Gute-Nacht-Lektüre in

Domodossola FN
Stazione Domodossola FN
Largo Domodossola
Corso Sempione
Via Fra Savonarola
V. da Procida
V. Domodossola
Via Trebazio
Via Filelfo
V. Agudio
Via Giuseppe Mussi
Via Saronno
Via della Francesca
V. Procaccini
Piazza A. Gramsci
Via G. Battista Bertini
Via Aleardi
Via Messina
V. Fioravanti
Via G. Battista Niccolini
Via Bramante
Chinatown
Chinesisches Viertel
Via Lomazzo
Via Signorelli
Largo C. E. Gadda
Via Giulio Procaccini
Via Francesco Londonio
Via Canonica
Via Morazzone
Largo L. Medici
Via Bruno
Via Rosmini
Via Giusti
Via Verga
Trinità
Via Prina
Via Moscati
Via Ferrucci
Radiotelevisione Italiana
Via Villasanta
Via Riva
Via Pancrazi
Via Pucci
Sant'Ambrogio ad Nemus
V. Melzi d'Eril
Via Melzi d'Eril
Piazza E. L. Morselli
Via Alfieri
Piazza SS. Trinità
V. Giannone
Piazza Lega Lombarda
Via Cesariano
Via Canonica
Via Balestrieri
Via Carlo Maggi
Viale Elvezia
V. Elvezia
V. Douhet
V. Byron
Viale Boezio
Via Prati
V. Linneo
Piazza VI Febbraio
Via Nievo
V. Luca Comerio
Giardini Bompiani
Via Andrea Massena
V. Randaccio
Via Eupili
Via Domenico Cirillo
Via Cagnola
Via Bertani
Via Gherardini
Via Piermarini
V. Guerrazzi
Arco della Pace
Arena Civica
Viale Cassiodoro
V. Cassiodoro
Via Ippolito Nievo
Via Vincenzo Monti
Piazza G. XXIII
Via Abbondio Sangiorgio
Piazza dei Volontari
Piazza Sempione
Napoleone III
Parco Sempione
Piazza Giovanni XXIII
Via Niccolò Machiavelli
Via Canova
Via Pagano
Corpus Domini
Largo A. Camus
Via L. XIII
Instituto Leone XIII
Via Rossetti
Via R. Savoia Cavalleria
Viale Milton
Torre Branca
Ponte delle Sirenette
Palazzo dell'Arte/ Triennale di Milano (Design Museum)
Teatro dell'Arte
Viale Molière
Via Nievo
Via Grancini
Largo Carabinieri d'Italia
Via Lorenzo Mascheroni
Largo Alpini
Via Revere
Viale Curie
Castello Sforzesco
Musei del Castello Sforzesco
Parco G. Vergani
V. Pallavicino
Via Alberto da Giussano
Via Mario Pagano
Via Bernardino Telesio
V. Pagano
Via Ariosto
Via Tasso
Via Petrarca
Via Leopardi
V. Alemagna
V. Gadio
Via Jacini
Studio Achille Castiglioni
Piazza d'Armi
Piazza Tommaseo
S. Maria Segreta
Via Pietro Tamburini
Via Venti Settembre
Via Rovani
Via Saffi
Via Gioberti
Via Giacomo
Via Paleocapa
Stazione Cadorna Ferrovie Nord
Piazza Castello
Via Guido d'Arezzo
Via Giovanni Rasori
Via Gian B. Bazzoni
Via Mascheroni
Via Boccaccio
Piazza Giovane Italia
Piazza Virgilio
Leopardi
Piazzale L. Cadorna
Cadorna FN
F. Buonaparte
Conciliazione
V. Toti
Via Aurelio Saffi
Corso Magenta
Porta Magenta
Cenacolo Vinciano
Piazza S. Maria delle Grazie
Santa Maria delle Grazie
C. Magenta
V. Caradosso
Via Monti
Largo P. d'Ancona
M. Martinitt e Stelline
V. Carducci
V. S. Nicolao
Palazzo Litta
San M. al Monastero Maggiore
Largo Tortona
Largo Ansperto
Via Illica
Casa degli Atellani
Palazzo delle Stelline
Civico Museo Archeologico
V. Terraggio
V. S. Agnese
Via Nirone
Via Luini
Via della Rocca
Via Zenale
V. priv. De Grassi
Via Meravigli
Ospedale San Giuseppe
Via San Vittore
Via Matteo Bandello
Via De Togni
Via Giosuè Carducci
Pza S. Ambrogio
V. Sta Valeria
Largo Fra A. Gemelli
Piazza S. Vittore
San Vittore al Corpo
Tempio della Vittoria
Palazzo Stanga
Via Cappuccio
Museo Nazionale della Scienza e della Tecnologia „Leonardo da Vinci"
Pza Sant'Ambrogio
Sant'Ambrogio
V. Necchi
Via Gian Battista Vico
V. d. Olivetani
Carceri di San Vittore
Pusterla di Sant'Ambrogio
Università Cattolica
Sant'Agostino
V. San Pio V
Circo Romano
Via degli Olivetani
Piazza Venino
S. Ambrogio
Via Lanzone
Piazzetta S. J. Escrivà
San B. alle Monache
Via Olona
Via Carroccio
Via De Amicis
Übernachten
1 Biocity Hotel
2 Nu Hotel
3 Hotel 3 Rooms
4 Rossosegnale
5 Antica Locanda Solferino
6 Hotel Ritter
7 Hotel Lancaster
8 Grand Hotel et de Milan
9 La Locanda del Pino
10 Hotel Milano Scala
11 Antica Locanda dei Mercanti
12 Hotel London
13 Antica Locanda Leonardo
14 Atellani Apartments
15 Palazzo delle Stelline
16 Straf Hotel
17 Spadari al Duomo
18 Hotel Brunelleschi
19 Ostello Bello
20 Hotel Nhow Milano
21 Hotel Maison Borella
22 Cascina Cuccagna

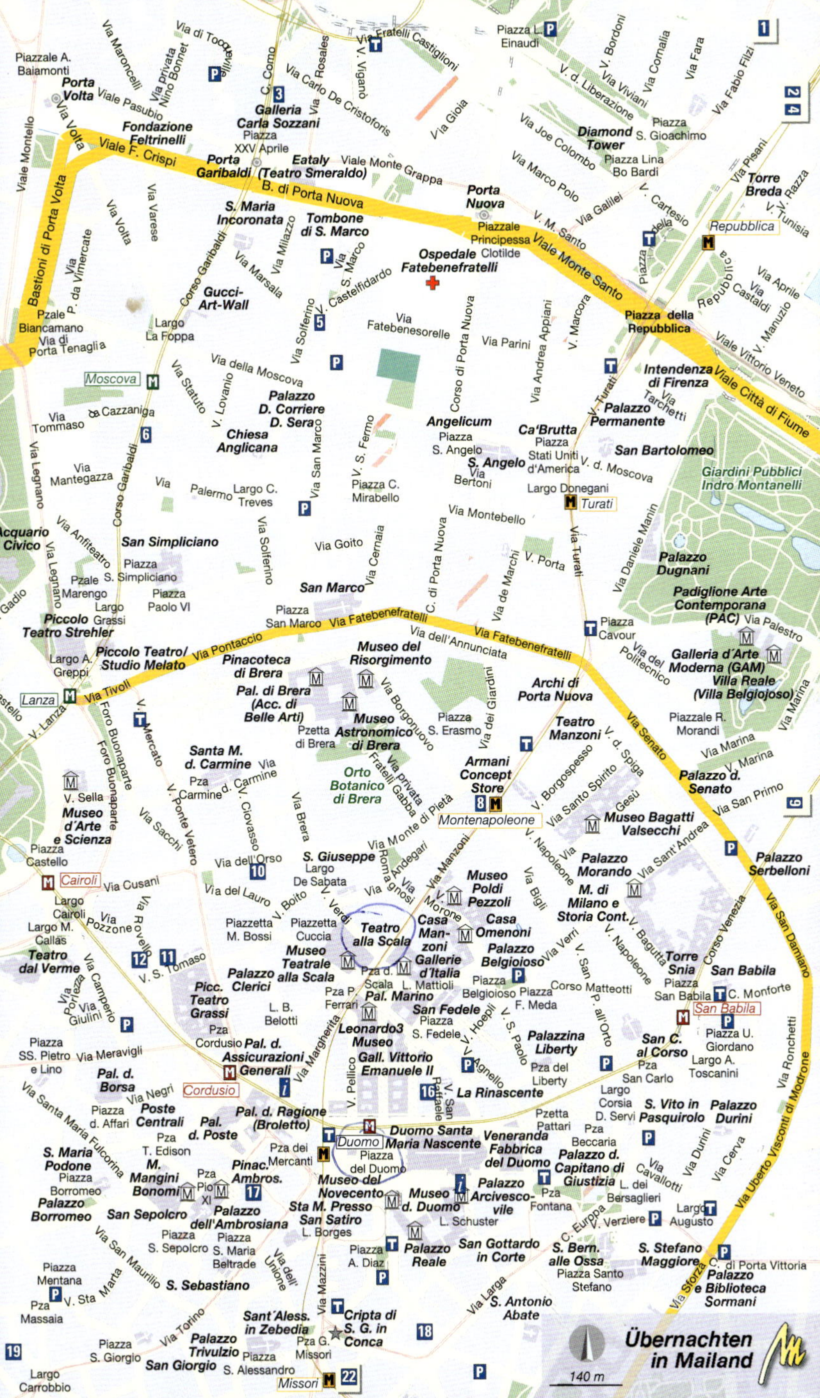
Übernachten in Mailand
140 m
Piazzale A. Baiamonti
Porta Volta
Viale Pasubio
Via Maroncelli
Via di Tocqueville
Via privata Nino Bonnet
C. Como
Via Rosales
V. Viganò
Via Fratelli Castiglioni
Piazza L. Einaudi
V. Bordoni
Via Cornalia
Via Fara
Via Fabio Filzi
V. d. Liberazione
Via Viviani
Fondazione Feltrinelli
Galleria Carla Sozzani
Piazza XXV Aprile
Via Carlo De Cristoforis
Via Gioia
Via Joe Colombo
Diamond Tower
Piazza S. Gioachimo
Viale Montello
Via Volta
Viale F. Crispi
Porta Garibaldi
Eataly (Teatro Smeraldo)
Viale Monte Grappa
Piazza Lina Bo Bardi
Via Marco Polo
Via Pisani
Torre Breda
V. Tunisia
Bastioni di Porta Volta
B. di Porta Nuova
S. Maria Incoronata
Tombone di S. Marco
Porta Nuova
Piazzale Principessa Clotilde
V. M. Santo
Via Galilei
V. Cartesio
Via della Pazza
Repubblica
Via Varese
Via Volta
Via Milazzo
Via S. Marco
Ospedale Fatebenefratelli
Viale Monte Santo
Via P. da Vimercate
Corso Garibaldi
Via Marsala
Gucci-Art-Wall
V. Castelfidardo
Via Repubblica
Via Castaldi
Via Aprile
Via Manuzio
Pzale Biancamano
Via di Porta Tenaglia
Largo La Foppa
Via Solferino
Via Fatebenesorelle
Corso di Porta Nuova
Via Parini
Via Andrea Appiani
V. Marcora
Piazza della Repubblica
Viale Vittorio Veneto
Moscova
Via della Moscova
Via Statuto
V. Lovanio
Palazzo D. Corriere D. Sera
Intendenza di Firenza
Via Tarchetti
Palazzo Permanente
Viale Città di Fiume
V. Turati
Via Tommaso
Cazzaniga
Chiesa Anglicana
Via San Marco
V. S. Fermo
Angelicum
Piazza S. Angelo
Ca'Brutta
Piazza Stati Uniti d'America
S. Angelo
Via Bertoni
San Bartolomeo
V. d. Moscova
Via Legnano
Via Mantegazza
Via Palermo
Largo C. Treves
Piazza C. Mirabello
Largo Donegani
Turati
Giardini Pubblici Indro Montanelli
Via Montebello
Acquario Civico
Via Anfiteatro
San Simpliciano
Via Solferino
Via Goito
Via Cernaia
C. di Porta Nuova
V. Porta
Via Turati
Via Daniele Manin
Palazzo Dugnani
Piazza S. Simpliciano
Pzale Marengo
Piazza Paolo VI
San Marco
Via de Marchi
Padiglione Arte Contemporana (PAC)
Via Palestro
Largo Grassi
Piccolo Teatro Strehler
Piazza San Marco
Via Fatebenefratelli
Piazza Cavour
Via dell'Annunciata
Via del Politecnico
Galleria d'Arte Moderna (GAM) Villa Reale (Villa Belgiojoso)
Largo A. Greppi
Piccolo Teatro/Studio Melato
Via Pontaccio
Pinacoteca di Brera
Museo del Risorgimento
Archi di Porta Nuova
Via Marina
Castello
Lanza
Via Tivoli
V. Lanza
Foro Buonaparte
V. Mercato
Pal. di Brera (Acc. di Belle Arti)
Via Borgonuovo
Via dei Giardini
Piazza S. Erasmo
Teatro Manzoni
Via Senato
Piazzale R. Morandi
Pzetta di Brera
Museo Astronomico di Brera
Santa M. d. Carmine
Pza Carmine
V. d. Carmine
Via Fratelli Gabba
Via privata
Orto Botanico di Brera
Armani Concept Store
V. Borgospesso
Via Santo Spirito
V. d. Spiga
Via Gesù
Palazzo d. Senato
Via Marina
V. Marina
Via San Primo
V. Sella
Museo d'Arte e Scienza
Via Sacchi
V. Ponte Vetero
V. Ciovasso
Via Brera
Via Monte di Pietà
Montenapoleone
Museo Bagatti Valsecchi
Piazza Castello
Via dell'Orso
S. Giuseppe
Largo De Sabata
Via Romagnosi
Via Andegari
Via Manzoni
V. Napoleone
Via Sant'Andrea
Palazzo Morando
Palazzo Serbelloni
Cairoli
Via Cusani
Via del Lauro
V. Verdi
Museo Poldi Pezzoli
Via Bigli
M. di Milano e Storia Cont.
Via San Damiano
Largo Cairoli
Via Rovello
V. Boito
V. Morone
Largo M. Callas
Via Pozzone
Piazzetta M. Bossi
Piazzetta Cuccia
Teatro alla Scala
Casa Manzoni
Casa Omenoni
V. Bagutta
Corso Venezia
Teatro dal Verme
Via Camperio
V. S. Tomaso
Museo Teatrale alla Scala
Galleria d'Italia
Palazzo Belgioioso
Via Verri
V. San P. all'Orto
Torre Snia
San Babila
Palazzo Clerici
Pza d. Scala
L. Mattioli
Piazza Belgioioso
Piazza F. Meda
Corso Matteotti
Piazza San Babila
C. Monforte
Via Porlezza
Via Giulini
Picc. Teatro Grassi
L. B. Belotti
Pza P. Ferrari
Pal. Marino
San Fedele
Piazza S. Fedele
V. Hoepli
V. S. Paolo
San Babila
Piazza U. Giordano
Leonardo3 Museo
Via Margherita
Palazzina Liberty
Pza del Liberty
San C. al Corso
Largo A. Toscanini
Piazza SS. Pietro e Lino
Via Meravigli
Pza Cordusio
Pal. d. Assicurazioni Generali
Gall. Vittorio Emanuele II
Agnello
Pza San Carlo
Via Ronchetti
Pal. d. Borsa
Via Negri
Cordusio
V. Pellico
V. San Raffaele
La Rinascente
Largo Corsia D. Servi
S. Vito in Pasquirolo
Palazzo Durini
Via Santa Maria Fulcorina
Piazza d. Affari
Poste Centrali
Pal. d. Poste
Pal. d. Ragione (Broletto)
Duomo Santa Maria Nascente
Pzetta Pattari
Pza Beccaria
Via Uberto Visconti di Modrone
Pza T. Edison
Pza dei Mercanti
Duomo
Piazza del Duomo
Veneranda Fabbrica del Duomo
Palazzo d. Capitano di Giustizia
Via Cavallotti
Via Durini
Via Cerva
S. Maria Podone
Piazza Borromeo
Palazzo Borromeo
M. Mangini Bonomi
Pza Pio XI
Pinac. Ambros.
Museo del Novecento
Museo d. Duomo
Palazzo Arcivescovile
Pza Fontana
L. dei Bersaglieri
San Sepolcro
Palazzo dell'Ambrosiana
Sta M. Presso San Satiro
L. Borges
L. Schuster
C. Europa
V. Verziere
Largo Augusto
Via San Maurilio
Piazza S. Sepolcro
Piazza S. Maria Beltrade
Via dell'Unione
Via Mazzini
Piazza A. Diaz
Palazzo Reale
San Gottardo in Corte
S. Bern. alle Ossa
Piazza Santo Stefano
S. Stefano Maggiore
C. di Porta Vittoria
Palazzo e Biblioteca Sormani
Via Sforza
Piazza Mentana
V. Sta Marta
S. Sebastiano
Via Larga
S. Antonio Abate
Pza Massaia
Sant'Aless. in Zebedia
Cripta di S. G. in Conca
Via Torino
Palazzo Trivulzio
Piazza S. Giorgio
San Giorgio
Piazza S. Alessandro
Pza G. Missori
Largo Carrobbio
Missori

Ihrem Zimmer. DZ/F etwa 250–280 €, Via Spardari 11 (Metro M1, M3 Duomo), ✆ 02/72 002371, www.spadarihotel.com.

****** Hotel Brunelleschi** **18**, nur einen Steinwurf vom Dom entfernt. Vieles befindet sich hier in Laufweite, wie das Künstlerviertel Brera oder das Quadrilatero d'Oro (Goldene Karree). Die Zimmer sind elegant und großzügig, die Lage ruhig. Morgens gibt es ein ausgezeichnetes Frühstücksbuffet. Im Restaurant Le Volte können Sie den Tag ausklingen lassen und typisch mailändische Gerichte probieren. DZ/F etwa 200–360 €, Via Baracchini 12 (Metro M1, M3 Duomo), ✆ 02/88431, www.hotelbrunelleschi.net.

****** Antica Locanda dei Mercanti** **11**, kleine Herberge in einem barocken Palast nicht weit von der Scala in einer für Mailand ungewöhnlich ruhigen Straße. Die Zimmer sind hell und luftig, stilvoll eingerichtet und stets mit frischen Blumen geschmückt. Das Frühstück wird aufs Zimmer (drei davon mit Terrasse) serviert. DZ/F ca. 250–360 €. Via San Tomaso 6 (Metro M1 Cairoli), ✆ 02/8054080, www.locanda.it.

****** Straf Hotel** **16**, Architekt Vincenzo de Cotiis entwarf das Hotel hinter der Fassade eines Palazzo aus dem 19. Jh. direkt beim Domplatz. Materialien wie Schiefer, Messing und Beton dominieren in den 64 Zimmern und Suiten, die modern minimalistisch eingerichtet sind. Die Straf-Bar ist ein stadtbekannter Treffpunkt zum *aperitivo*, hier finden regelmäßig Konzerte statt. Ein perfekter Ort, um das hippe Mailand kennenzulernen. DZ/F etwa 280–360 €. Via San Raffaele (Metro M1, M3 Duomo), ✆ 02/805081, www.straf.it.

meinTipp ***** Antica Locanda Leonardo** **13**, Mutter Camilla und Tochter Martina führen dieses romantische kleine Hotel in der Nähe von Leonardo da Vincis berühmtem „Abendmahl". Hier nächtigen Sie in einem Palazzo aus dem 18. Jh. in ruhiger Lage. Die 17 Zimmer sind liebevoll eingerichtet, einige mit Blick in den privaten Garten. Mit der Tram oder Metro sind Sie in nur wenigen Minuten am Domplatz. Zum Frühstück gibt's eine täglich wechselnde Auswahl. DZ/F etwa 180–300 €, Corso Magenta 78 (Metro M1 Cairoli oder Cadorna), ✆ 02/48 014197, www.anticalocandaleonardo.com.

meinTipp ***** Palazzo delle Stelline** **15**, in unmittelbarer Nähe der Chiesa Santa Maria delle Grazie mit dem berühmten „Abendmahl" von Leonardo da Vinci. Hier nächtigen Sie in einem ehemaligen Kloster in netten, einfach ausgestatteten Zimmern. Schon beim Blick in den ruhigen Kreuzgang aus dem 15. Jh. fühlt man sich in da Vincis Zeiten versetzt. Es gibt ein gutes Frühstücksbuffet. DZ/F etwa 140–300 €. Corso Magenta 61 (Metro M1, M2 Cadorna), ✆ 02/4818431, www.hotelpalazzostelline.it.

**** Hotel London** **12**, *very british* in einer ruhigen Seitengasse ganz in der Nähe des Piccolo Teatro mit sehr gemütlicher Lounge. Für Gäste, die (günstig) Ruhe suchen, aber zentrumsnahe wohnen möchten. Einige Zimmer teilen sich Bad und WC auf dem Gang, andere verfügen über ein privates Bad. Gutes Frühstück und sehr freundliches Personal. DZ ab etwa 80 €. Via Rovello 3 (Metro M1 Cairoli), ✆ 02/72020 166, www.hotellondonmilano.com.

meinTipp **** Antica Locanda Solferino** **5**, ein kleines Schmuckstück in einem Palazzo aus dem 19. Jh. in sehr zentraler Lage. Alle elf Zimmer sind gemütlich – ein wenig altmodisch – eingerichtet. Morgens wird ein süßes Frühstück mit (italienischer) Zeitung aufs Zimmer serviert. Das Hotel ist sehr beliebt, daher unbedingt lange im Voraus reservieren! DZ/F ca. 160–220 €. Via Castelfidaro 2 (Metro M2 Moscova, M3 Turati), 02/6570129, www.anticalocandasolferino.it.

***** Hotel Ritter** **6**, von außen eher unscheinbar, dafür in bester Lage mitten im Ausgehviertel Brera. Die Zimmer wurden 2013 komplett renoviert, sie sind komfortabel und schlicht eingerichtet. Gutes Frühstücksbuffet. Das Hotel hat eine Loungebar und ein Restaurant. Tipp: Fragen Sie nach einem Zimmer zum ruhigen Innenhof (zur Straße hin kann es nachts laut werden)! DZ/F ab etwa 130 €. Corso Garibalid 68 (Metro M2 Moscova), ✆ 02/29006 860, www.ritter-hotel.com.

****** Hotel Nhow Milano** **20**, Stardesigner Matteo Thun verwandelte eine alte Fabrik in der Nähe der Navigli in eine hippe Herberge. Die zeitgenössische Ausstattung der Lobby und der Gänge mit Möbeln und Kunst wechselt alle sechs Monate (und steht dann zum Verkauf). Die Zimmer sind hell und luftig, das Frühstück reichhaltig. Zum Haus gehören ein elegantes Restaurant und eine Loungebar mit Terrasse. DZ/F ab etwa 160 €. Via Tortona 35 (Metro M2 Porta Genova), ✆ 02/4898861, www.nhow-milan.com.

****** Hotel Maison Borella** **21**, in einer typisch mailändischen *casa a ringhiera* aus dem 18. Jh. mit durchlaufenden Balkonen und In-

Das gemütliche Ostello Bello ist auch bei Nicht-Gästen sehr beliebt

nenhof direkt am Ufer des Naviglio Grande. Die Zimmer (schallisoliert) sind einfach, aber elegant eingerichtet, einige mit Balkon und Blick auf den Kanal. Zum Frühstück gibt's hausgemachte Kuchen, im Restaurant mit Terrasse und Innenhof mailändische sowie klassisch italienische Küche. DZ/F ab etwa 175 €. Alzaia Naviglio Grande 8 (Metro M2 Porta Genova), ✆ 02/58109114, www.hotelmaisonborella.com.

** **Biocity Hotel** 1, das kleine Hotel liegt in einer Villa aus den 1920er-Jahren in der Nähe vom Hauptbahnhof. Bei der Renovierung der Zimmer hat man auf Nachhaltigkeit geachtet, alle verwendeten Materialien sind umweltverträglich. Zum Frühstück gibt's Bio-Produkte und selbstgemachte Marmelade, im Bio-Bistro auch vegane und vegetarische Gerichte aus regionalen Zutaten. DZ/F etwa 90–140 €, Via Edolo 18 (Metro M2, M3 Centrale), ✆ 02/66703595, www.biocityhotel.it.

*** **Hotel Lancaster** 7, freundliches Hotel nur wenige Schritte vom Parco Sempione entfernt und eine der günstigeren Unterkünfte der Stadt. Die Zimmer sind schlicht, aber angenehm ausgestattet. In der Früh gibt's italienisches (süßes) Frühstück. Abends finden Sie zahlreiche Lokale rund um den Arco della Pace. DZ/F ab etwa 110 €. Via Abbondio Sangiorgio 16 (Metro M1 Pagano oder M5 Domodossola, jeweils 12 Gehminuten entfernt), ✆ 02/344705, www.hotellancaster.it.

**** **Nu Hotel** 2, 38 helle Zimmer in skandinavischem Design. Von den großen Panoramafenstern der Restaurants (modern interpretierte italienische Küche) im obersten Stockwerk mit Terrasse genießt man einen schönen Blick auf die Stadt. Die Zimmer sind hell und minimalistisch eingerichtet, das Frühstück ausgiebig. DZ/F ab etwa 140 €. Via Feltre 19b (Metro M2 Udine, nur 5 Stationen vom Hauptbahnhof entfernt), ✆ 02/9715451, www.nu-hotel.com.

Hostels

meinTipp **Ostello Bello** 19, ein sympathisches und stadtbekanntes Hostel, zentral in einer ruhigen Seitengasse der Via Torino gelegen. Die Atmosphäre ist international, auf der geräumigen BBQ-Terrasse lernt man schnell neue Leute kennen. Im liebevoll eingerichteten Café im Erdgeschoss treffen sich auch Nicht-Gäste, es finden regelmäßig Konzerte statt. Für Gäste gibt's täglich einen Gratis-Aperitivo mit Buffet. DZ/F und *aperitivo* ab 130 €. Via Medici 4, ✆ 02/36582720, www.ostellobello.com.

Cascina Cuccagna 22, der große restaurierte Bauernhof aus dem 17. Jh. mitten in der Stadt ist ein Zentrum für Kultur mit Herberge. Die vier netten Zimmer mit privatem Bad/WC eignen sich jeweils für ein bis vier Personen. Im Bistro „Un posto a Milano" gibt's italienische (günstige) Gerichte aus biologischen Zutaten, in der Gemeinschaftsküche selbst Gekochtes. DZ etwa 120 €. Via Cuccagna 2 (Metro M3 Porta Romana, nur drei Stationen vom Dom entfernt), ✆ 02/547785, www.unpostoamilano.it.

Bed & Breakfast/Apartments

meinTipp **La Locanda del Pino** 9, nahe der Porta Venezia in einer für Mailand typischen *Casa a ringhiera* mit durchlaufenden Balkonen und Innenhof versteckt sich dieses kleine Luxus-B&B. Eingerichtet sind die vier Zimmer sowie ein Miniapartment mit Möbeln aus dem 16. Und 18. Jh., die Besitzer Pino Tomaiulo zusammengetragen hat. Es gibt keinen Check-in-Schalter, die ungefähre Ankunftszeit muss fixiert werden. DZ/F ab 120 €. Via Melzo 28 (Metro M1 Porta Venezia, Tram 9), ✆ 02/36557074, www.locandadelpino.it.

MeinTipp **Atellani Apartments 14**, Liebe auf den ersten Blick. In der Casa Atelani aus dem 15. Jh. lebte Leonardo da Vinci, während er an seinem berühmten „Abendmahl" im Refektorium der Kirche Santa Maria delle Grazie genau gegenüber malte. Die sechs Apartments sind schön und geräumig, der Blick in den verwunschenen Garten und auf Leonardo da Vincis noch erhaltenen Weingarten ein Traum. Das Castello Sforzesco erreichen Sie zu Fuß in gut 10 Minuten. Apartment ab 150–400 €. Corso Magenta 65 (Metro M1 Cairoli oder Cadorna). ✆ 3755289922 (mobil), www.atellaniapartments.com.

Rossosegnale 4, B&B und Kunstgalerie „3001 Lab" mit Werken junger Künstler in einem. Die drei Zimmer sind mit Familienstücken und Designermöbeln ausgestattet. Serviert wird ein kontinentales Frühstück, auf Wunsch im Garten. Es ist gibt einen Mini-Fitnessraum, schön ist die Dachterrasse mit Liegestühlen. Zur Metrostation Loreto sind es zu Fuß nur fünf Minuten. DZ/F ab 116 €. Via Antonio Sacchini 18 (Metro M1, M2 Loreto, 5 Stationen vom Dom entfernt), ✆ 02/29527453, www.rossosegnale.it.

Camping

Cittá di Milano, großer Platz in der westlichen Peripherie Mailands, direkt neben dem bei Mailändern sehr beliebten Wassererlebnis-Bad „Acquatica". Wer kein Zelt oder Wohnmobil besitzt, kann einen Bungalow mit Küche und Bad, ein Zimmer mit Bad oder ein Hängezelt, das zwischen Bäumen schwebt (!), mieten. Selbst kleine private Bäder können gemietet werden. Hängezelte für 2 Pers. 30–50 €, Bungalow für 2 Pers. 75–195 €, Zimmer mit WC und Dusche 45–115 €. Via Gaetano Airaghi 61 (Metro M5 San Siro, Autobus 80 Haltestelle Quinto Romano), ✆ 02/48207017, www.campingmilano.it.

Mailand im Kasten

Hinweise zum Übernachten in Mailand

City-Tax: Die Stadt erhebt eine „Touristensteuer", die sogenannte *tassa di soggiorno* (zu begleichen mit der Hotelrechnung): je nach Hotelkategorie 3–5 € pro Person und Nacht. Kinder unter 10 Jahren sind frei.

Preise: Die angeführten Preise beziehen sich auf die Übernachtung für zwei Personen im Standard-Doppelzimmer und sind wegen teils starker Schwankungen je nach Saison als Anhaltspunkt zu verstehen. Bei besonderen Ereignissen und großen Messen ist mit weit über die Angaben hinaus erhöhten Preisen zu rechnen. Preisermäßigungen gibt es häufig im August (wegen der Hitze), zum Teil im November/Dezember (ausgenommen Weihnachten und Silvester) sowie im Januar/Februar.

Frühstück: Ein Caffè, dazu süße Brioche reichen den meisten Italienern morgens völlig aus. Entsprechend schlicht kann sich vor allem in den unteren Kategorien das Frühstück gestalten. Da ist die Bar ums Eck manchmal die bessere Wahl. In höherklassigen Hotels gibt es in der Regel reichhaltige Frühstücksbuffets.

Zimmer: Man unterscheidet *camera singola* (Einzelzimmer), *camera doppia* (zwei getrennte Betten) und *camera matrimoniale* (Doppelbett).

B&B: Bed-&-Breakfast-Angebote sind eher rar. Es lohnt sich, unter www.bbitalia.it die Angebote durchzusehen.

Parkplätze: Manche Hotels besitzen eine Garage (rechnen Sie mit mindestens 25 € pro Tag für einen Stellplatz), viele andere haben zum selben Preis Plätze in nahen Parkhäusern gemietet.

Mailand von A bis Z

Ärztliche Versorgung

Prinzipiell übernehmen private und gesetzliche Krankenkassen die Kosten ambulanter Behandlungen im EU-Raum. Erkundigen Sie sich vorab bei Ihrer Kasse über die aktuelle Verfahrens- und Abrechnungsweise und führen Sie die *European Health Insurance Card (EHIC)* – in der Regel auf der Rückseite der normalen Versicherungskarte enthalten – mit. Eine **private Reisekrankenversicherung** kann sinnvoll sein, wenn Sie gegen die hohen Kosten eines unfall- oder krankheitsbedingten Rücktransports abgesichert sein wollen.

Bester Anlaufpunkt im akuten Notfall ist die **Notaufnahme** *(pronto soccorso)* eines Krankenhauses (*ospedale*), z. B. im Allgemeinkrankenhaus **Ospedale Maggiore Policlinico**, Via Francesco Sforza 35 (Metro M1 San Babila oder Duomo, M3 Crocetta oder Missori), ✆ 02/55036671. Die Behandlung ist mit gesetzlichem Versicherungsnachweis kostenlos. Bei niedergelassenen Ärzten muss man in der Regel bar bezahlen, lässt sich dann unbedingt eine detaillierte Rechnung (*fattura*) geben und reicht diese bei der Kasse zur Rückerstattung ein.

Notrufnummern: Emergenza ✆ 112 – diese Notrufnummer für Polizei, Ambulanz und Feuerwehr funktioniert landesweit. Ärztlicher ADAC-Notruf in D: ✆ 0049/89/767676. Ärztlicher ÖAMTC-Notruf in Ö: ✆ 0043/1/2512000.

Apotheken (farmacie): In der Regel Mo–Fr 8.30–19.30 (zuweilen mit Mittagspause), Sa nur bis 13 Uhr geöffnet, So geschl. Nacht- und Sonntagsdienste sind an jeder Apotheke angeschlagen oder unter der Nummer ✆ 800801185 (24-Std.-Service) zu erfahren. Einen täglichen **24-Std.-Dienst** bietet die Farmacia Boccaccio, Via Boccaccio 26, 20123 Milano (in der Nähe der Kirche S. Maria delle Grazie).

Deutschsprachige Ärzte: Eine umfangreiche Liste von deutsprachigen (Fach-)Ärzten findet sich auf der Seite des deutschen Konsulats in Mailand unter www.italien.diplo.de, dort dann unter „Soziales". Im Milan Medical Center in der Innenstadt praktizieren ebenfalls deutschsprachige Ärzte, Via Angelo Mauri 3, 20144 Milano, (Metro M1 Conciliazione oder Pagano), ✆ 02/43990401, www.milanmedicalcenter.it.

Ausweispapiere

Generell benötigen Sie einen gültigen Reisepass *(passaporto)* oder Personalausweis *(carta d'identità)*. Kinder bis 12 Jahre benötigen einen eigenen Kinderreisepass (über 12 Jahre Personalausweis/Reisepass). Wer mit dem eigenen Fahrzeug unterwegs ist, muss außerdem Führerschein *(patente di guida)* und Fahrzeugpapiere *(libretto di circolazione)* immer bei sich haben, empfehlenswert ist auch die grüne Versicherungskarte (erhältlich bei Ihrer Versicherung). **Bei Diebstahl oder Verlust:** zur Polizei gehen (Kopien des verloren gegangenen Dokuments sind hilfreich). Man bekommt ein Formular, das zur Heimreise berechtigt.

Barrierefreiheit

Mailand gehört nicht zu den besonders behindertenfreundlich gestalteten Städten, auch wenn sich in den letzten Jahren einiges verbessert hat. So sind für Rollstuhlfahrer oft Hindernisse zu erwarten. Nur die Metrolinien M3 und M5 sind komplett barrierefrei zu erreichen, M1 und M2 nur begrenzt. Eine Liste mit behindertengerechten Hotels, Sehenswürdigkeiten und Verkehrsmitteln erhält man bei der Touristeninformation www.turismo.milano.it (unter „Mailand handlich") oder unter www.milanopertutti.it.

Co-Working

Einen Arbeitsplatz (auch stundenweise) mieten kann man z. B. im gemütlichen Coffice, einem Mix aus Bar und

Office, im Viertel Sant'Ambrogio (Metro M2, Sant'Ambrogio). Die erste Stunde kostet 4 €, jede weitere halbe Stunde 1,50 €. Im Preis inbegriffen: *caffè* und kleines Buffet. Mo–Fr 7.30–19.30, Sa und So 9–19 Uhr. Via Olona 11, 20123 Milano, ✆ 02/91573021, www.cofficemilano.it.

Feiertage

1. Jan.: **Capodanno,** Neujahr.

6. Jan.: **Epifania,** Dreikönigstag.

Giorno di Pasqua, Ostersonntag, und **Pasquetta,** Ostermontag (Geschäfte geschl.).

25. April: **Festa della Liberazione,** Tag der Befreiung.

1. Mai: **Festa del Lavoro,** Tag der Arbeit (öffentl. Verkehrsmittel fahren nur eingeschränkt). Pfingsten ist in Italien kein Feiertag, am Pfingstmontag sind alle Geschäfte geöffnet.

2. Juni: **Festa della Repubblica,** Fest der Republik.

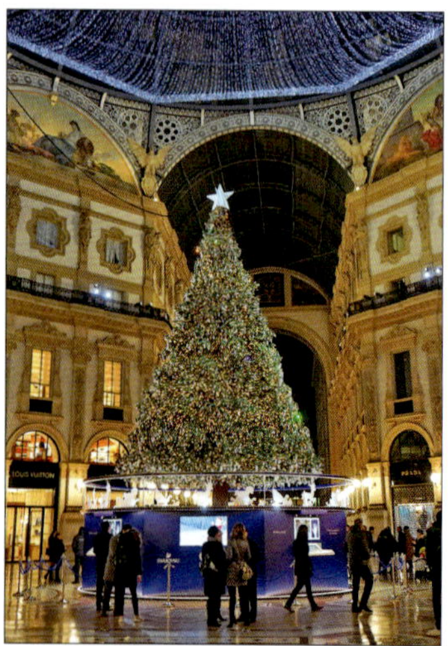

Christbaum in der Galleria Vittorio Emanuele II

15. Aug.: **Ferragosto,** Mariä Himmelfahrt.

1. Nov.: **Ognissanti,** Allerheiligen.

7. Dez.: **Sant'Ambrogio,** zu Ehren des Stadtheiligen Ambrosius (Geschäfte in der Innenstadt sind geöffnet).

8. Dez.: **Immacolata Concezione,** Maria Empfängnis (Geschäfte in der Innenstadt sind geöffnet).

25. Dez.: **Natale,** 1. Weihnachtstag.

26. Dez.: **Santo Stefano,** 2. Weihnachtstag.

Feste, Events und Messen

Mailand mit seinem traditionellen Messegelände in der Innenstadt (*Fiera Milano City*, Metro M5 Portello) und der 2006 hinzugekommenen, etwa 20 km außerhalb gelegenen weltweit größten Ausstellungsfläche *Fiera Milano Rho* (Metro M1 Rho-Fieramilano) ist eine der bedeutendsten Messestädte der Welt. Viele Besucher kommen nur oder vor allem wegen der bedeutenden Mailänder Fashion Week *Milano Moda Donna* im Frühjahr und im Herbst oder wegen der fünftägigen Möbelmesse *Salone del Mobile* im April in die Metropole. Letztere gilt als weltweit wichtigstes Design-Event.

Informationen rund um die Messen finden Sie auf www.fieramilano.it, zu allen anderen Veranstaltungen in der Stadt z. B. unter www.ciaomilano.it, www.milano24.ore.de, www.festeamilano.it (ital.) oder https://vivimilano.corriere.it (ein Service der Mailänder Tageszeitung *Il Corriere della Sera*).

Januar/Februar

Corteo dei Re Magi: Am 6. Januar findet der historische Umzug der Heiligen Drei Könige vom Domplatz zur Basilica Sant'Eustorgio statt. *La befana*, die Hexe, bringt Kindern Süßigkeiten und kleine Geschenke.

Chinesisches Neujahrsfest: Es folgt dem Mondkalender (25. Jan. im Jahr

2020, 12. Feb. im Jahr 2021), ein sehenswertes Spektakel mit Umzügen in der Via Paolo Sarpi, dem Herzen von Mailands China-Town (→ S. 58).

Februar

Milano Moda Donna: Im Februar finden die mailändischen Modeschauen statt, die Herbst-/Wintermode der kommenden Saison wird vorgestellt – eines der wichtigsten Fashion-Events der Welt (s. u. „Mode und Design").

Carnevale Ambrosiano: Nach dem ambrosianischen Kirchenkalender endet der Karneval erst am Samstag nach Aschermittwoch, dem *sabato grasso*. Aus verschiedenen Stadtteilen ziehen Umzüge bis vor den Dom.

Borsa Internazionale del Turismo (BIT): Die größte Tourismusmesse Italiens findet Mitte Febr. auf dem Messegelände statt. www.bit.fieramilano.it .

März

Milano Sanremo: Ende März startet der 29 km lange Radklassiker von Mailand nach Sanremo.

StraMilano: Marathon- und Halbmarathon sowie 5-km- und 10-km-Touren für Freizeitsportler und Familien. www.stramilano.it.

März/April

MiArt: Gegenwartskunst im Messezentrum Fiera Rho (Endstation der Metro M1). www.miart.it.

April

Internationaler Marathon: An einem autofreien Sonntag in der Innenstadt. www.milanomarathon.it.

Salone Internazionale del Mobile: Die bedeutendstes Möbelmesse der Welt und parallel dazu der **Fuorisalone** mit Hunderten kostenlosen öffentlichen Veranstaltungen an ungewöhnlichen Orten wie z. B. in Innenhöfen, Garagen, Kreuzgängen der Stadt (s. u. „Mode und Design").

Food Market mit Garküchen in Chinatown

Juni

Festa dei Navigli: Großes Fest an den Ufern der Navigli, in der ersten Juni-Hälfte.

Notte Bianca: in der Weißen Nacht sind Museen durchgehend geöffnet, Läden schließen spät. www.milanofree.it

Milano Latin Festival: Lateinamerikanisches Musik-Festival von Juni bis Aug.

September

Milano Moda Donna: Im Sept. werden die mailändischen Modeschauen präsentiert, die Frühjahrs-/Sommermode der kommenden Saison wird vorgestellt – eines der wichtigsten Fashion-Events der Welt (s. u. „Mode und Design").

Grand Prix d'Italia in Monza: Seit 1950 jährlich veranstaltetes Formel-1-Rennen 15 km von Mailand entfernt (in etwa 10 Min. mit dem Zug erreichbar).

Oktober

Food Market in Chinatown: Großer Markt mit vielen Ständen und Garküchen, am 2. Wochenende im Okt.

Parco Sempione: die größte grüne Lunge der Stadt rund um das Castello Sforzesco

Dezember

Festa di Sant'Ambrogio: Am 7. Dez: Feiertag des Stadtpatrons und Eröffnung der Spielsaison der Mailänder Scala, *das* gesellschaftliche Event des Jahres.

O'bej! O'bej!: Ein großer Markt rund um das Castello Sforzesco.

L'Artigiano in Fiera: Eine internationale Kunsthandwerksmesse auf dem Messegelände Rho (Endstation der Metro M1). 1.–8. Dez. (Termin kann um ein, zwei Tage variieren). Eintritt: frei! Informationen unter: https://artigianoinfiera.it/de.

Fundbüro

Ufficio Oggetti Rinvenuti: Mo–Fr 8.30–12, 13–15.30 Uhr, Sa und So geschl. Via Friuli 30 (Metro M3 Porta Romana oder Lodi), ✆ 02/88453900. Online-Service: www.comune.milano.it (unter *Utilizza I Servici* und *servici on-line*).

Fußball

Infos zu Clubs und Spielen → S. 116.

Geld

Zum Geldabheben stehen in Mailand flächendeckend EC-Automaten (*bancomat*) zur Verfügung. Die gängigen **Kreditkarten** werden in fast allen Hotels, Restaurants und Geschäften akzeptiert. In Bars, kleinen (Lebensmittel-)Geschäften oder einfachen Trattorien zahlt man meist bar.

Banken: Öffnungszeiten sind in der Regel Mo–Fr 8.30–13.30, 14.30–16 Uhr. Einige Banken im Zentrum wie z. B. Unicredit, Piazza Gae Aulenti 3, sind Mo–Fr 8.30–19 Uhr und Sa 9–18.45 Uhr geöffnet.

Sperrnummern für Bank- und Kreditkarten: Sperr-Notruf-Nummer für Deutschland ✆ 0049/116116 (kostenpflichtig) oder ✆ 0049/30/40504050. Österreich: Bei Verlust oder Diebstahl von Kreditkarten kontaktiert man den Kreditkartenaussteller, bei Verlust einer Bankomatkarte die jeweilige Bank telefonisch. Schweizer USB-Karten sperrt man unter ✆ 0041/44/8283135, Credit-Suisse-Karten unter ✆ 0041/800800488.

Hunde

Die EU hat 2004 einen obligatorischen Heimtierausweis für Hunde eingeführt, Mikrochip und Leine sind verpflichtend (Maulkorb z. B. in öffentl. Verkehrsmitteln). Über Details informiert der Tierarzt.

Joggen

Wer sein Laufprogramm auch in Mailand durchziehen will, kann das in einem der Parks tun, z. B. in der **Biblioteca degli Alberi** (Bibliothek der Bäume) im Viertel Porta Nuova – ein 10 ha großes grünes Kunstwerk, eingeweiht im Oktober 2018 (Metro M2, M3 Porta Garibaldi), oder in den **Giardini Pubblici Indro Montanelli** (Metro M1, Palestro oder Porta Venezia). Reizvoll ist die Laufstrecke im **Parco Sempione,** der größten Grünfläche der Stadt (Metro M1, M2 Cadorna). Passionierte Läufer können im April am **Milano Marathon** teilnehmen (www.generalimilanomarathon.it).

Kassenzettel

Achten Sie bei Einkäufen in Bars, Restaurants oder auf dem Markt darauf, dass man Ihnen *lo scontrino fiscale* aushändigt. Den Beleg muss man laut Gesetzt bis zu 100 m nach Verlassen des Geschäfts behalten. Kontrollen sind selten, jedoch nicht auszuschließen.

Klima und Reisezeit

Das Klima in Mailand ist gemäßigt: heiße Sommer, mäßig kalte Winter und ganzjährig hohe Luftfeuchtigkeit. Im Juli und August kann es drückend schwül sein (Mückenspray einpacken!). Deshalb verlassen Mailänder, die es sich leisten können, ihre Metropole und strömen ans Meer, viele Restaurants und Geschäfte bleiben dann geschlossen. Im Winter muss man gelegentlich mit Regen und Nebel (selten Schnee) rechnen. Mailand ist prinzipiell ganzjährig eine Reise wert, es gibt Wintertage, die so warm sind, dass man bei Sonnenschein mittags im Freien essen kann. Klimatisch angenehm sind Frühling und früher Herbst.

Konsulate

Deutschland: Deutsches Generalkonsulat Mailand, Via Solferino 40, 20121 Milano, 02/6231101, www.italien.diplo.de.

Österreich: Österreichisches Generalkonsulat, Piazza del Liberty 8/4, 20121 Mailand, 02/778078-0, www.bmeia.gv.at/gk-mailand.

Schweiz: Schweizerisches Generalkonsulat, Via Palestro 2, 20121 Milano, 02/7779161, www.eda.admin.ch.

Österreichisches Konsulat im Jugendstil-Palazzo

Stazione Centrale: Mailands Hauptbahnhof zählt zu den schönsten der Welt

Kriminalität/Sicherheit

Mailand ist eine relativ sichere Stadt, viele Ecken videoüberwacht, Polizei im Zentrum und an Bahnhöfen allgegenwärtig. Frauen allein unterwegs sollten sich dennoch spätabends nicht in der Gegend rund um den Hauptbahnhof *Stazione Centrale Milano* oder in Parks aufhalten. Gewarnt sei vor Taschendieben besonders in der Metro oder im Umkreis von viel besuchten Sehenswürdigkeiten. Vorsicht auch vor „Händlern", die einem Scala- oder Fußballtickets bzw. am Bahnhof oder Flughafen (insbesondere in Linate) Chauffeurdienste andrehen wollen! Tragen Sie im Gedränge Tasche oder Kamera auf der Vorderseite des Körpers (keine Geldbörsen in der Hosentasche!). Lassen Sie keine Wertsachen im Auto liegen!

Mailand im Internet

www.turismo.milano.it: Offizielles Mailand-Portal der Stadt, reich an Apps und Downloads. Nützliche Infos zu Sehenswürdigkeiten, Restaurants, Unterkünften, Events, Transport und Online-Ticket-Service für Museen und Ausstellungen. Auch deutschsprachig. Mit der kostenlosen App VisitMilano kann man z. B. direkt Tickets für öffentliche Verkehrsmittel kaufen oder Stationen von BikeMe (Bike Sharing) finden.

www.enit.de: Umfassendes Informationsmaterial zu Mailand zum Download als PDF.

www.in-lombardia.it: Offizielles Tourismusportal der Region Lombardei mit ausführlichen Infos zu Sehenswürdigkeiten, Sport, Essen & Trinken, Wellness, Kunst sowie Ausflugtipps rund um Mailand.

www.milano24ore.de: Deutschsprachiger Onlineguide mit Insidertipps zu Stadtvierteln, Sehenswürdigkeiten, Shopping, Fußball, Eventkalender, Stadttouren etc. und praktischen Reiseinfos.

www.wheremilan.org: Vielfältige Site auf Englisch zum Thema Sightseeing, Shopping, Outlets, Nightlife, Streetmarkets, Dining, Hotels etc.

www.milaofree.it: Italienischsprachiges Online-Magazin mit gigantischer Linksammlung zu allen erdenklichen Themen rund um Milano.

www.vivimilano.it: Internetseite der Mittwochsbeilage des *Corriere della Sera* mit zig Restaurant- und Veranstaltungstipps (italienischsprachig).

www.zero.eu/milano: Informationen über Events, Shows, Nachtleben, Lokale, Konzerte, Clubbings etc. (auf Italienisch mit deutschen Rubriküberschriften).

QR-Codes: Quick Response Codes an rund 140 Mailänder Sehenswürdigkeiten leiten Handy-Nutzer auf zusätzliche Informationsseiten weiter (in sieben Sprachen, auch auf Deutsch).

Märkte

Die über 100 Wochenmärkte sind ein Eldorado für Gourmets. Hier bekommt man Wurst- und Käsesorten regionaler Anbieter, Obst und Gemüse werden täglich frisch geliefert, die Preise sind meist günstig und ehrlich. Alle Märkte auf einen Blick finden Sie auf www.mercati-settimanali.it/Milano (auf Italienisch).

Mercato Comunale Wagner: Der Markt wurde 1929 gebaut und ist die älteste Markthalle Mailands. Über 30 herrliche Käsestände, Fisch-, Gemüse- und Obsthändler, Bäcker und Metzger – überwiegend Familienbetriebe – sind ein lebendiges Beispiel für Slow Food.

Mo 8–13.30, Mi–Fr 8.–13.30 und 15.30–19.30, Sa 8–19.30 Uhr. Piazza Riccardo Wagner 15/A, 20122 Milano, Metro M1 (Wagner).

Mercato San Marco: Dank seiner Altstadtlage ist der Wochenmarkt in der Via San Marco sehr beliebt, hier sind die Mailänder unter sich. Neben Lebensmitteln gibt es auch Kleider, Schuhe und Haushaltswaren.

Mo und Fr 7.30–14 Uhr. Metro M1, M3 (Duomo).

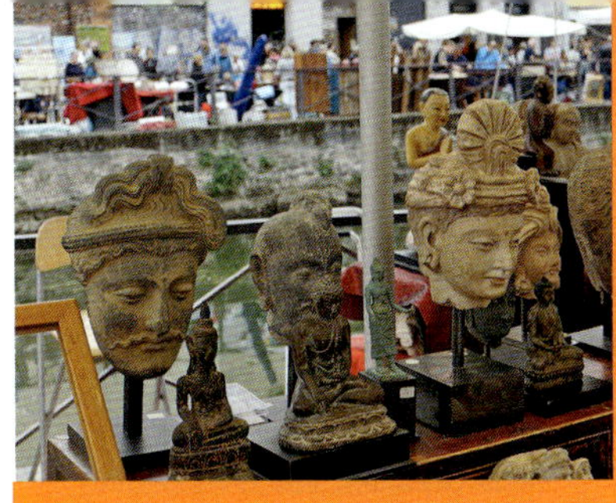

Altes & Skurriles: Rund 380 Aussteller säumen jeden letzten So des Monats die Ufer des Naviglio Grande

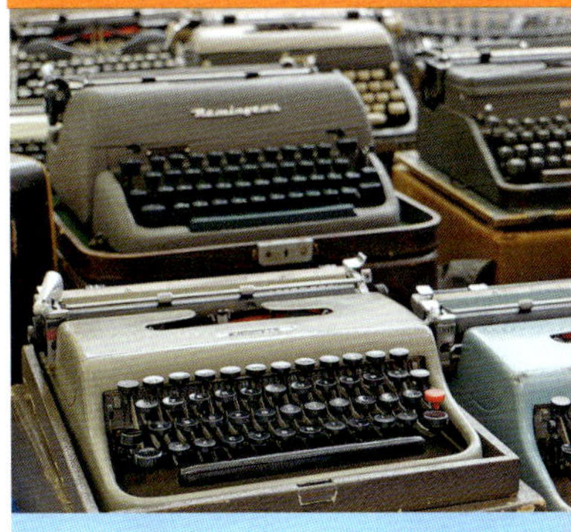

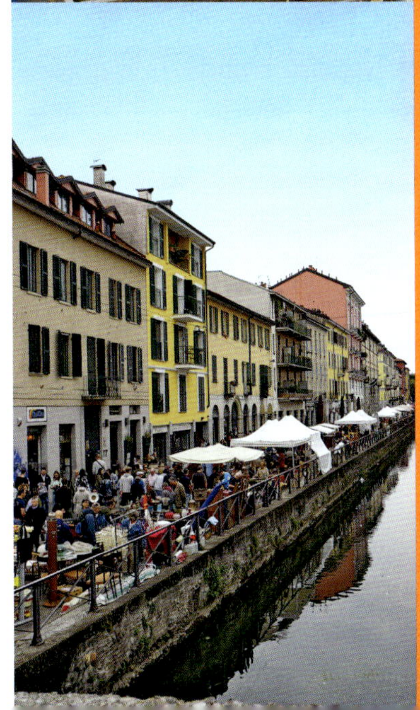

Mercatino di Brera: Mehr als 70 Stände locken mit Antiquitäten, Bilderrahmen, Porzellan, Glas, Spazierstöcken, Silber etc.

Jeden dritten So im Monat 9–18 Uhr rund um die Straße Via Brera, Metro M1, M3 (Duomo).

Fiera di Senigallia: Wer Kurioses (einzelne Schuhe!), Vintage-Kleidung, Bücher, Filme, Münzen, Bio-Kosemtik etc. sucht, wird auf Mailands ältestem Flohmarkt fündig.

Sa 8–18 Uhr. Ripa di Porta Ticinese, Metro M2, (Porta Genova).

Mercatone dell'Antiquariato: An den malerischen Ufern des Naviglio Grande lockt ein buntes Sammelsurium (380 Stände!) an Antiquitäten, Trödel, Möbel und Secondhandwaren.

Jeden letzten So im Monat 9–18 Uhr. Alzaia Naviglio Grande, 4, 20144 Milano MI. Metro M2 (Porta Genova).

Mercato di Via Fauche: Hier erstehen Mailänder neben Lebensmitteln Designer-Schnäppchen, Markenschuhe oder Edles aus Stoff.

Di 7.30–14 Uhr, Sa 7.30–18 Uhr. Via Giovanni Battista Fauche, Metro M5 (Gerusalemme).

Mode und Design

Mailand zählt zu den „Big Four" der internationalen Modemekkas neben Paris, London und New York. Die erste italienische Modeschau fand 1951 in Florenz – damals gemeinsam mit Rom Modezentrum Italiens – statt. Ende der 1950er-Jahre verlagerte sich das Zentrum der Modeindustrie nach Mailand. Dabei halfen die zentrale geografische Lage der Metropole und ihre günstige Infrastruktur u. a. als Sitz der Börse sowie von Verlagen und Werbeagenturen. 1969 ging die Mailänder Modemesse an den Start, Designermarken wie Versace, Dolce & Gabbana, Prada oder Armani entwickelten sich zu wahren Imperien. Mode und Design sind in Mailand das ganze Jahr Thema: Modezaren gestalten und eröffnen Cafés wie das Just Cavalli (→ S. 65), die Martini Bar von D&G (→ S. 49) oder das Restaurant Trussardi alla Scala (→ S. 36). Ein Tipp: Spaziergänge z. B. zu den Themen „Design" oder „Mode und Shopping" in Mailand finden Sie auf www.turismomilano.it (unter „die Stadt entdecken" und „Rundgang").

Milan Fashion Week: Anderswo geht man mit der Mode, in Mailand wird sie gemacht. Wenn alle Hotels ausgebucht sind, weiß man: Es ist wieder Milano Moda Donna. Zweimal pro Jahr, immer im Januar/Februar und im September, finden die Modewochen statt. Die Schauen selbst sind jedoch geladenen Gästen vorbehalten. Zu sehen gibt es trotzdem genug: An verschiedenen Orten der Stadt wie z. B. Via Mercanti, Piazza Cordusio, Corso Como oder Corso Vittorio Emanuele/Ecke Piazza San Babila können Modebegeisterte die fantasievollen Fashion-Shows auf Video-Wänden mitverfolgen. Alle Termine finden Sie auf der www.cameramoda.it/en.

Salone del Mobile und der Fuorisalone: Jedes Jahr im April herrscht in Mailand eine Woche lang Ausnahmezustand: Der Salone del Mobile, das weltweit wichtigste Design-Event mit über 1100 Ausstellern, lockt Hunderttausende Besucher und Designer aus aller Welt in die Stadt (Hotelpreise erreichen schwindelerregendes Niveau). Die kreative Szene spielt sich jedoch nicht nur auf dem Messegelände Fiera Rho ab, sondern mit dem Fuorisalone auch in der Innenstadt – vor allem in Brera (Tour 4) und der Zona Tortona (→ S. 112): Ehemalige Fabrik- und Lagerhallen, Hinterhöfe, Werkstätten, Kreuzgänge oder schlicht Gehsteige verwandeln sich in Showrooms, Temporary Stores oder Galerien. Ein sehenswertes Spektakel. Weitere Stadtteile des Fuorisalone: Triennale di Milano in Via Allemagna 6 (→ S. 63), Porta Romana Design im Stadtteil Porta

Romana, Porta Venezia Design rund um Porta Venezia etc.

Messegelände Fiera Milano, Rho, Metro M1, Haltestelle Rho Fiera Milano. Seit Juli 2019 gilt ein neues Tarifsystem im Nahverkehr. Das Messezentrum Rho ist mit dem Innenstadt-Ticket für 2 € erreichbar, obwohl es außerhalb des Stadtgebiets liegt.

Museen

Mailands Museen gehören zu den schönsten in ganz Italien. Fast alle staatlichen Museen sind montags geschlossen. Ansonsten sind sie in der Regel von 9.30/10 bis 17.30/18 Uhr geöffnet. Freien Eintritt gibt es in staatlichen Museen am ersten So im Monat mit entsprechend großem Andrang. Eine Vorausbuchung mit verbindlichem Zeitfenster ist nur für das *Cenacolo*, das „Abendmahl" von Leonardo da Vinci im Refektorium des Dominikanerklosters Santa Maria delle Grazie sowie für den Mailänder Dom obligatorisch. Ermäßigungen: MilanoCard und Lombardia Museo Card.

Notruf

Notrufnummer für alle Belange **112** (Polizei, Sanitäter). **Erste Hilfe** (*Pronto Soccorso*): Croce Verde, ✆ 02/89406035.

Öffnungszeiten

Die meisten Geschäfte in der Innenstadt öffnen Mo–So (!) von 10 bis 20 Uhr, La Rinascente (Kaufhaus neben dem Dom) z. B. schließt erst um 21 Uhr, Fr und Sa um 22 Uhr. Läden außerhalb des Zentrum sind montags häufig halb- bzw. ganztags geschlossen; einige halten Mittagspause von 13.30 bis 14.30/15.30 Uhr.

Parks

Siehe „Orientiert in Mailand", Stadt und Stadtviertel (→ S. 11).

Post

Viele Postämter sind Mo–Fr von 8.20 bis 19 und Sa von 8.20 bis 12.35 Uhr geöffnet (einige schließen bereits um 13.35 Uhr). Die roten Briefkästen besitzen zumeist zwei Einwurfschlitze, einen für stadtinterne Post und die nähere Umgebung, den anderen (*per tutte le altre destinazioni)* für den Rest der Welt.

Zentral gelegen ist das Ufficio Postale Poste Italiana auf der Piazza Cordusio (Via Cordusio 4), Mo–Fr 8.20–19 und Sa 8.20–12.35 Uhr, www.poste.it.

Rauchen

Italien ist eines der Länder mit den weltweit schärfsten Anti-Raucher-Gesetzen. Rauchen in öffentlichen Räumen in Italien ist verboten, Geldstrafen liegen zwischen 27,50 und 270 €. Seit 2016 ist es zudem verboten im Auto zu rauchen, wenn Minderjährige im Fahrzeug sitzen (Bußgeld bis zu 550 €).

Schwimmen

Der schickste und exklusivste Platz im Sommer sind die **Bagni Misteriosi** des Theaters Franco Parenti, ein Schwimmbad mit zwei beheizten Außenpools, Liegewiese, Hintergrundmusik und Bistro *Un Posto Incredibile* (mit Bio-Essen, beliebter Aperitivo-Treff). Am Wochenende findet oft Livemusik statt, dann ist es hier ziemlich voll. Das Bad ist gelegentlich bis Mitternacht geöffnet, im Winter verwandelt es sich in einen Eislaufplatz.

Bagni Misteriosi: Mo–Fr 10–14 Uhr 7 €; 12.30–14.30 5 €, 14–18 Uhr 7 €. Langer Nachmittag: 14–23 (Mi, Do, Fr im Juli) 20 €. Abends: 18.30–23 (Mi, Do, Fr im Juli) 15 €. Sa und So: Tageskarte 14 €, 14–18 10 €. Via Carlo Botta 18, Metro M3, Haltestelle Porta Romana, www.bagnimisteriosi.com.

Das Freibad **Piscina Argelati** befindet sich in der Nähe der Navigli etwa 10

Gehminuten von der Metro-Station Porta Genova entfernt. Es war zu seiner Zeit, 1962, das erste Freibad Mailands und verfügt über drei Becken sowie schattenspendende Bäume.

Via Segantini 6, Metro 2 (Haltestelle Porta Genova). Mo–Fr 7 € (zur Happy Hour ab 17.30 Uhr 3,50 €), erm. (bis 12 J.) 5 €, Kinder unter 5 J frei. Sa, So, Feiertag 8 €, erm. 6 €. Anfang Juni bis 1. Sept. 10–19 Uhr. www.milanosport.it (unter „Impianti").

Sprache und Sprachschulen

Obwohl die meisten jungen Italiener Englisch sprechen, sind sie oft zögerlich es zu benutzen. Die Generation ab 45 Jahren spricht in der Regel kaum Englisch. Wer Italienisch vor Ort lernen will, ist in einer der Sprachschulen Mailands gut aufgehoben. Die **Scuola Leonardo da Vinci** bietet u. a. „Dolce-Vita-Kurse", einen Mix aus Unterricht und Exkursionen, und bietet auch Unterkünfte an (www.scuolaleonardo.com). **La Scuola di Italiano per Stranieri** bietet u. a. Einzellektionen (auch via Skype), Intensiv- oder Wochenendkurse an (www.scuola-italiano-milano.com).

Interessant ist **Adesso**, ein Sprachmagazin (Print oder digital) für Italienliebhaber aus dem deutschen Sprachraum. Alle Artikel sind in die Niveaus *facile*, *medio* und *difficile* eingeteilt. www.adesso-online.de.

Mailand im Kasten

Meneghin – der Mailänder Dialekt

In Italien unterscheidet man zwischen nord-, mittel- und süditalienischen Dialekten, die sich zum Teil sehr stark voneinander unterscheiden. Die Mailänder nennen ihren Dialekt *meneghin* – nach der Figur aus der Commedia dell'Arte. Es kommt durchaus vor, dass Italiener aus einer anderen dialektalen Region typisch mailändische Redewendungen wie *Longh cume la fabbrica del Domm* (lungo come la fabbrica del duomo) – wenn eine Sache kein Ende nimmt–, *Bel 'me el sô* (bello come il sole) – schön wie die Sonne – oder die Zahlen von 1 bis 10 - vün (uno), dü (due), tri (tre), quater (quattro), cinch (cinque), ses (sei), set (sette), vot (otto), nöff (nove), des (dieci) – nicht verstehen. Heutzutage sprechen Mailänder unter 40 Jahren fast ausschließlich Standarditalienisch im Alltag, da Schulunterricht und Medien davon geprägt sind. Die Beliebtheit von Sängern wie etwa Davide Van De Sfroos, der im lombardischen Dialekt singt, ist ein relativ neues Phänomen.

Tabacchi

Die Geschäfte mit dem großen T als Aushängeschild sind in der Regel mehr als Zigarettenhändler und Lottostellen. Das Warensortiment reicht von Süßigkeiten über Zeitungen und Souvenirs bis hin zu Spielzeug. Hier gibt es oft Briefmarken, man kann sein Handy aufladen, Tickets für öffentliche Verkehrsmittel und Parkscheine erwerben etc.

Telefonieren

Reisende können seit 2015 ohne Zusatzkosten im EU-Ausland mobil telefonieren und im Internet surfen.

Vorwahlen: Von D, Ö und der CH nach Italien 0039, von Italien nach D 0049, nach Ö 0043 und in die CH 0041.

Die Vorwahl von Mailand ist 02. Sie muss immer mitgewählt werden, auch bei Telefonaten innerhalb des Stadtgebietes, ebenso bei Anrufen aus dem

Ausland (0039/02 plus Anschlussnummer). In D, Ö und der CH fällt die Null bei der Vorwahl weg (z. B. 0040/89 für München).

Tourist-Information

Gut ausgestattete, aber oft sehr volle Zentralstellen der Touristen-Information Mailands: Yesmilano Tourism Space, Via dei Mercanti 8. Mo–Fr 9–18.30 Uhr, Sa, So, Feiertag 13.30-17.30 Uhr, ✆ 02/85155931. Infomilano, Piazza Duomo 14, Mo–Fr 9-19 Uhr, Sa, So, Feiertag 10–13 Uhr, ✆ 02/88455555. Am 25. Dez. Und 1. Jan. sind die Büros geschlossen. www.turismo.milano.it, Metro M1, M3 Duomo.

Mailand im Kasten

Le vedovelle – Mailands Trinkwasserbrunnen

Quellfrisches Trinkwasser mitten in der Metropole: Über 400 Wasserspender bieten kühle Erfrischung – und das zum Nulltarif. Die Brunnen sind smaragdgrün, tragen das rot-weiße Wappen der Gemeinde Mailands und wurden ab 1931 bis auf einen (der Brunnen auf der Piazza della Scala ist aus Bronze) aus Gusseisen gefertigt. *Vedovelle*, Witwen, nennen Mailänder sie, da der ständig laufende Wasserstrahl an die Tränen einer untröstlichen Witwe erinnere oder *draghi verdi*, grüne Drachen, da der Messingwasserhahn die Form eines Drachenkopfes hat. *Ti offro da bere al Bar del Drago Verde*, ich gebe dir einen Drink aus in der Bar zum Grünen Drachen, lautet ein alter mailändischer Scherz.

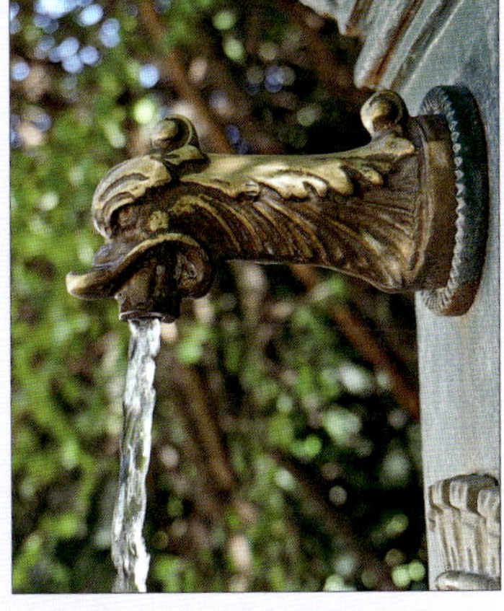

Zeitungen/Zeitschriften

Die überregionalen deutschsprachigen Tages- und Wochenzeitungen (SZ, FAZ, Spiegel, ZEIT) sind bei gut sortierten Zeitschriftenhändlern wie z B. der Edicola di largo Treves im Künstlerviertel Brera, Via Brera 21, erhältlich. Die auflagenstärksten italienischen Tageszeitungen sind der konservative Mailänder *Corriere della Sera*, die linksliberale römische *La Repubblica*, die liberale *La Stampa* aus Turin und das Wirtschaftsblatt *Il Sole 24 Ore* mit Redaktionen in Mailand und Rom. Eine der beliebtesten Zeitungen ist die rosafarbene *Gazzetta dello Sport*.

Zollbestimmungen

Privatpersonen können auf Reisen innerhalb der EU so viel einkaufen und mitnehmen wie Sie möchten, sofern die Waren für ihren persönlichen Bedarf und nicht für den Weiterverkauf bestimmt sind. Als Richtmenge für die problemlose Ein- und Ausfuhr gelten: 800 Zigaretten bzw. 400 Zigarillos, 200 Zigarren oder 1 kg Tabak, 10 l Spirituosen sowie 90 l Wein (davon höchstens 60 l Schaumwein), 110 l Bier (www.europa.eu). Beim Transit durch die Schweiz gelten folgende Freimengen: 250 Zigaretten oder Zigarillos oder 250 g Tabak; 5 l Alkoholika bis 18 % Vol., 1 l Alkoholika über 18 % Vol. (www.ezv.admin.ch).

Kompakt

Alle Museen und antiken Stätten

Kunst

Il Cenacolo Vinciano (Tour 5) Leonardo da Vincis weltberühmtes „Abendmahl" ■ S. 90

Museo del Novecento (Tour 1) Kunst des 20. Jh. ■ S. 30

Museo Teatrale alla Scala (Tour 1) Museum der Mailänder Scala ■ S. 33

Gallerie d'Italia (Tour 1) Kunstwerke aus dem 19. und 20. Jh., verteilt auf drei Stadtpalazzi ■ S. 33

Galleria d'Arte Moderna (GAM) (Tour 2) Vornehmlich Werke italienischer Künstler des 19. Jh. ■ S. 46

Padiglione d'Arte Contemporanea (PAC) (Tour 2) Wechselausstellungen zeitgenössischer Kunst ■ S. 46

Triennale (Tour 3) Design- und Kunstmuseum im Parco Sempione ■ S. 63

Pinacoteca di Brera (Tour 4) Bedeutendste Kunstsammlung der Stadt ■ S. 72

Pinacoteca Ambrosiana (Tour 6) Prunkvolle Gemäldesammlung ■ S. 101

Fondazione Arnaldo Pomodoro (Tour 6) Stiftung von A. Pomodoro mit Wechselausstellungen ■ S. 99

Pirelli HangarBicocca Spektakuläre Installationen zeitgenössischer Kunst ■ S. 116

Fondazione Prada Prächtiger Museumskomplex der Stiftung Prada ■ S. 115

Armani Silos Modetempel von „Re" Giorgio Armani ■ S. 112

Naturwissenschaften

Leonardo3 Museo (Tour 1) Die Welt von Leonardo da Vinci mit vielen nachgebauten Objekten ■ S. 31

Museo Civico di Storia Naturale (Tour 2) Eines der bedeutendsten Naturkunde-Museen Italiens ■ S. 45

Museo Nazionale della Scienza e della Tecnologia Leonardo da Vinci (Tour 5) Fantastisches Museum für Wissenschaft und Technik ■ S. 88

Museen des Castello Sforzesco (Tour 3)

Das Castello Sforzesco beherbergt zahlreiche interessante Museen ■ S. 61

Kirchengeschichte

Museo del Duomo (Tour 1) Großartiges Museum zur Geschichte des Mailänder Doms ■ S. 30

Spezielle Themen

Palazzo Morando (Tour 2) Einziges Modemuseum der Stadt ■ S. 44

Planetario Ulrico Hoepli (Tour 2) Planetarium ■ S46

Acquario Civco (Tour 3) Eines der ältesten Aquarien Europas ■ S. 62

Museo d'Arte e Scienza (Tour 3) Ausstellung über Leonardo da Vinci, buddhistische und afrikanische Kunst ■ S. 64

Museo del Risorgimento (Tour 4) Museum zur Epoche der Nationalstaatsgründung Italiens ■ S. 73

Museo Martinitt e Stelline (Tour 4) Vom Leben der Waisenkinder zwischen 1800 und 1960 ■ S. 90

Museo Mangini Bonomi (Tour 6) Kuriose Alltagsgegenstände verschiedenster Epochen ■ S. 101

Laboratori Ansaldo Bühnenwerkstätten der Mailänder Scala ■ S. 113

Mudec Museum der Weltkulturen ■ S. 113

Museo Mondo Milan Die Welt des AC Milan ■ S. 117

Besondere Häuser und ihre Bewohner

Casa Manzoni (Tour 1) Geburtshaus des berühmten italienischen Schriftstellers ■ S. 34

Museo Poldi Pezzoli (Tour 2) Wertvolle Kunstsammlung in Privatgemächern ■ S. 34

Casa Museo Boschi di Stefano (Tour 2) Außergewöhnliche Sammlung der italienischen Avantgarde ■ S. 45

Museo Bagatti Valsecchi (Tour 2) Schätze der Renaissance ■ S. 44

Villa Necchi Campiglio (Tour 2) Villa der Schwestern der Nähmaschinen-Dynastie Necchi ■ S. 47

Studio Achille Castiglioni (Tour 3) Atelier des verstorbenen Industriedesigners A. Achille ■ S. 64

Casa degli Atellani (Tour 5) Hier wohnte Leonardo da Vinci, als er 91 „Abendmahl" schuf ■ S. 91

Casa Verdi Von Verdi gegründetes Altersheim und Ruhestätte des Komponisten ■ S. 116

Antike Stätten

Teatro Romano (Tour 3) Überreste des römischen Theaters ■ S. 59

Civico Museo Archeologico (Tour 5) Überreste des antiken Mediolanum ■ S. 89

Foro Romano (Tour 6) Reste des antiken Forums ■ S. 101

Leonardo da Vinci umgeben von seinen vier Lieblingsschülern auf der Piazza della Scala

Kompakt

Alle Restaurants

Elegant

Ristorante Don Carlos (Tour 1) Nobles Restaurant im Grand Hotel et de Milan ■ S. 37

DeRos (Tour 1) Gehobenes Lokal mit schönem Ambiente ■ S. 37

Al Cantinone (Tour 1) Traditionslokal in einem Palazzo aus dem 12. Jh. ■ S. 38

Ristorante Boeucc (Tour 1) Ältestes Restaurant der Stadt, seit 1696 ■ S. 38

Il Salumaio di Montenapoleone (Tour 2) Feines Restaurant mit wunderschönem Innenhof ■ S. 48

Drogheria Parini 1915 (Tour 2) Traditionsrestaurant in ehemaliger Kirche ■ S. 48

Ristorante Sadler (Tour 6) Mit Michelin-Stern gekröntes Edelrestaurant ■ S. 106

Erschwinglich

Al Conte Ugolino da Marino (Tour 1) Netter Familienbetrieb, lombardische und toskanische Klassiker ■ S. 37

Bice (Tour 2) Toskanische und mailändische Klassiker ■ S. 48

Ristorante Andry (Tour 3) Exquisite Fischgerichte ■ S. 65

Casa Lodi (Tour 1) Lombardische Salami- und Käsespezialitäten (auch vegan) ■ S. 37

Latteria San Marco (Tour 4) Winziges Lokal, hier stehen die Mailänder Schlange ■ S. 79

Trattoria della Pesa (Tour 4) Cucina tradizionale milanese ■ S. 80

Alla Cucina delle Langhe (Tour 4) Piemontesische Spezialitäten ■ S. 80

Pizzeria di Porta Garibaldi (Tour 4) Gemütliche Pizzeria, Stücke vom Blech bis spätnachts ■ S. 80

La Pizzeria Nazionale (Tour 4) Schönes Ambiente mit vielen Pflanzen ■ S. 80

Osteria dei Poeti (Tour 4) Winzige, familiäre Osteria ■ S. 80

Aimo e Nadia BistRo (Tour 5) Ausgefallenes Bistro und Designerladen ■ S. 92

Da Rita e Antonio (Tour 5) Beliebt bei Theaterleuten des Teatro del Verme ■ S. 92

La Brisa (Tour 5) Restaurant mit schönem Innenhof ■ S. 92

Zibo (Tour 5) Kleines Restaurant mit Schauküche ■ S. 92

Bistrò (Tour 5) Entzückendes kleines Bistro ■ S. 92

Pescheria Spadari (Tour 6) Man speist mitten im Fischgeschäft ■ S. 109

Ristorante al Mercante (Tour 6) Modernes Lokal auf der schönen Piazza Pio XI ■ S. 106

Slow Sud (Tour 6) Süditalienische Küche, wer will, isst auf Schaukeln ■ S. 106

Officina 12 (Tour 6) Schickes Restaurant mit Blick auf den Naviglio Grande ■ S. 106

Ristorante El Brellin (Tour 6) Alteingesessenes Ristorante im Navigli-Viertel ■ S. 106

L'Altro Luca & Andrea (Tour 6) Mein Lieblingslokal im Navigli-Viertel ■ S. 107

Osteria del Gnocco Fritto (Tour 6) Spezialitäten aus der Emilia-Romagna ■ S. 107

Al Pont de Ferr (Tour 6) Nostalgische Osteria im Navigli-Viertel ■ S. 107

Rollend

ATMosfera (Tour 3) Fein dinieren plus Sightseeing in historischer Tram ■ S. 66

Bio und/oder vegetarisch

Joia Kitchen (Tour 2) Feine Mittagsgerichte aus biologischen Zutaten ■ S. 48

Bosco Brera (Tour 4) Bio-Restaurant (auch vegan) im Stil der 1950er-Jahre ■ S. 79

OM Food (Tour 5) Nettes Bistro, ausschließlich Bio-Gerichte ■ S. 92

Green Station (Tour 6) Leichte vegetarische und vegane Speisen ■ S. 107

Feinkosttempel

Eataly (Tour 4) Mehrstöckiger Edel-Supermarkt mit Enoteca, Bars und Restaurants ■ S. 75

Peck (Tour 6) Feinkost und kleine Gerichte, Nobelrestaurant im 1. Stock ■ S. 109

Enoteche/Winebars

Signorvino (Tour 1 und 2) Italienische Weine und kleine Gerichte ■ S. 38, S. 65

N'ombra de vin (Tour 4) Für Weinliebhaber und Nachtschwärmer,■ S. 80

Enoteca Cotti (Tour 4) Alteingesessene Enoteca in Jugendstilpalazzo ■ S. 80

Cantine Isola (Tour 3) Winzige Enoteca (1 Tisch) in Chinatown ■ S. 58

Cafés/Bäckereien

Pasticceria Marchesi (Tour 1, 2 und 3) Der vielleicht beste *caffè* der Stadt ■ S. 36, 49 und 91

Lavazza Flagship-Store (Tour 1) Café, Rösterei und Gourmetlokal ■ S. 36

Caffè Trussardi alla Scala (Tour 1) Edles Café mit Blick auf die Scala ■ S. 36

California Bakery (Tour 1, 4 und 6) Süßes und Pikantes made in America ■ S. 36, 81 und 108

Caffè Sant'Ambroeus (Tour 2) „Süßer Salon" der Stadt seit 1936 ■ S. 48

Pasticceria Cova (Tour 2) Traditionscafé, schickes Publikum ■ S. 48

LùBar (Tour 2) Café im Wintergarten des Palazzo Reale ■ S. 49

Montenapoleone 14 (Tour 2) Designer-Café und Concept Store ■ S. 49

El Tombon de San Marc (Tour 4) Schönes Jugendstil-Café, abends Cocktail-Bar ■ S. 78

Fioraio Bianchi Caffè (Tour 4) Zauberhaftes Bistro mitten im Blumenladen ■ S. 79

Di Viole di Liquirizia (Tour 4) Mini-Café im Shabby-Chic-Stil ■ S. 79

Starbucks Reserve Roastery Milano (Tour 3) Erste Reserve Roastery Europas ■ S. 64

Schicke Aperitivo-Bars

Al Camparino (Tour 1) Der Campari wurde hier erfunden ■ S. 36

Terrazza Aperol (Tour 1) Terrasse mit Domblick ■ S. 37

Terrazza Martini (Tour 1) VIP-Aperitivo-Treffpunkt ■ S. 37

Dolce & Gabbana Martini Bar (Tour 2) Der Place to be der Modeszene zum *aperitivo* ■ S. 49

Bamboo Bar Armani (Tour 2) VIP-Loungebar auf der Terrasse des Armani Hotels ■ S. 49

Ceresio 7 (Tour 4) Mailands schönste Rooftop-Bar ■ S. 150

Bars/Kneipen/Aperitivo

Obicà (Tour 1 und 4) Mozzarella-Bar, aber nicht nur ■ S. 37, 50 und 81

Living Liqueurs & Delights (Tour 3) Lounge-Bar mit Blick auf den Arco della Pace ■ S. 149

Bar Jamaica (Tour 4) Legendäre Bar im Künstlerviertel Brera ■ S. 78

Caffè Radetzky (Tour 4) Eine der angestammten Bars der Gegend ■ S. 78

La Prosciutteria (Tour 4) Uriger Aperitivo-Treffpunkt ■ S. 81

oTTo (Tour 3) Trendiges Lokal (Craft-Beer) in Chinatown ■ S. 58

Bar Magenta (Tour 5) Morgens Café, abends tolles Aperitivo-Buffet ■ S. 91

Berlin Cafè (Tour 6) Hippes Café bei den Colonne di San Lorenzo ■ S. 108

La Sacrestia Farmacia Alcolica (Tour 6) Bohème-Lokal in einer alten Apotheke, Navigli-Viertel ■ S. 108

Museums-/ Theatercafés

Giacomo Caffé (Tour 1) Café in königlichem Palast mit Domblick ■ S. 36

Caffe Letterario (Tour 3) Lauschiges Café im Innenhof des Piccolo Teatro ■ S. 65

Old Fashion Caffè (Tour 3) Designer-Café und Club im Palazzo der Triennale ■ S. 65

Streetfood & Snacks

Luini (Tour 1) Eine Institution, Panzerotti vom Feinsten ■ S. 38

Piadineria La Caveja (Tour 1) Fantasievoll belegte Fladenbrote ■ S. 38

Panino Giusto (Tour 1, 2, 3 und 6) Beliebte mailändische Brötchenkette ■ S. 38, 49 und 81

Chic & Go (Tour 2) Feine Gourmetpanini im Modeviertel ■ S. 49

Al Politico (Tour 3) Kiosk mit *panini* vor dem Castello Sforzesco ■ S. 65

L'Orto di Brera (Tour 4) Leichte Mittagsgerichte mitten im Gemüseladen ■ S. 81

Ravioleria Sarpi (Tour 3) Frisch zubereitete Ravioli in Chinatown ■ S. 58

De Santis (Tour 5) Über 200 Panini-Varianten ■ S. 92

Eisdielen

Gelateria Vanilla (Tour 1) Biologisches und veganes Eis ■ S. 38

Cioccolati Italiani (Tour 1) Nettes Café und ausgefallene Schoko-Kreationen ■ S. 38

Gelateria Tasta Siciliana (Tour 4) Beste Granita der Stadt, aber nicht nur ■ S. 81

Ciacco (Tour 6) Hausgemachtes Eis, hier steht man Schlange ■ S. 108

Grom (Tour 6) Eis aus biologischen Zutaten (auch vegan) ■ S. 108

Rinomata Gelateria (Tour 6) Eine der besten Eisdielen der Stadt ■ S. 108

Kompakt

Alle Shopping-Adressen

Mode

Taglia ist die italienische Bezeichnung für Kleidergröße, wobei die deutschen Kleidergrößen nicht den italienischen entsprechen. Damen müssen (rechnerisch) zwei Größen draufschlagen. Die deutsche Konfektionsgröße 36 entspricht beispielsweise der italienischen Konfektionsgröße 40. Italienische Herrengrößen stimmen weitgehend mit den deutschen überein. Kindergrößen werden meistens in Altersstufen angegeben.

Piumelli (Tour 1) Edle Handschuhe aller Art ■ S. 39

Andrew's Ties (Tour 1) Feine Krawatten, handgefertigt ■ S. 39

Angelo Fusco (Tour 2) Edle handbestickte Krawatten ■ S. 50

Sermoneta Gloves (Tour 2) Lederhandschuhe in allen Farben ■ S. 50

Gallia e Peter (Tour 4) Historisches Hutmacher-Atelier ■ S. 81

Giosá – La Bottega del coccodrillo (Tour 4) Feines aus Krokodilleder, handgefertigt ■ S. 82

Alfonso Garlando (Tour 4) Schuhe, dazu Taschen Ton in Ton ■ S. 82

Boutique Chriscerf (Tour 5) Ausgefallene Damenmode ■ S. 93

Maura Coscia (Tour 5) Handtaschen aus ungewöhnlichen Materialen ■ S. 93

Individuals (Tour 6) Bikinis und Dessous, individuell kombinierbar ■ S. 109

IF Bags (Tour 6) Handgeschneiderte Rucksäcke ■ S. 110

Dambra Borse (Tour 6) Taschen in Handarbeit, sehr teuer ■ S. 110

Vintage Mode

Cavalli e Nastri (Tour 4) Glamouröse Vintage-Mode und Accessoires ■ S. 82

Il Cameo (Tour 4) Winzige Boutique im Künstlerviertel Brera ■ S. 82

Bivio Milano (Tour 6) Alle großen Designer sind vertreten ■ S. 110

Pourquoi Moi Vintage (Tour 6) Vintage für Damen und Herren ■ S. 110

Fede Milano (Tour 6) Ausgefallene Damenmode, Accessoires für jeden Geldbeutel ■ S. 110

Modekaufhäuser & Concept Stores

La Rinascente (Tour 1) Traditionskaufhaus gegenüber dem Dom ■ S. 39

Excelsior (Tour 2) Von Mode über Accessoires bis Food-Hall und Winebar ■ S. 50

Brian and Barry Building (Tour 2) Eine der feinsten Mailänder Adressen ■ S. 50

Armani Concept Store (Tour 2) die Welt von „Re" (König) Giorgio Armani ■ S. 50

10 Corso Como (Tour 4) Kunst, Mode, Design und Café in lauschigem Innenhof ■ S. 83

Flohmärkte

Mercatino dell'Antiquariato (Tour 6) Mailands schönster Flohmarkt im Navigli-Viertel ■ S. 109

Fiera di Senegallia (Tour 6) Ältester Flohmarkt der Stadt ■ S. 109

Outlets

The Highline Outlet (Tour 2) Größter Outletstore in der Innenstadt ■ S. 50

Dmagazine Outlet (Tour 2) Reduziertes großer Marken ■ S. 50

Outlets außerhalb der Stadt Bequem mit Shuttlebussen erreichbar ■ S. 19

Bücher

Feltrinelli (Tour 1) Großer Buchladen mit Musikabteilung ■ S. 39

Rizzoli (Tour 1) Gut sortierter historischer Buchladen ■ S. 39

Libreria Bocca dal 1775 (Tour 1) Älteste Buchhandlung der Stadt ■ S. 39

Mondatori Megastore (Tour 1) Riesige Buchhandlung (auch Musik, Spiele, Filme) auf dem Domplatz ■ S. 39

Libreria Hoepli (Tour 1) Internationaler Buchladen ■ S. 39

American Bookstore (Tour 3) Neues und Gebrauchtes in englischer Sprache ■ S. 66

Libreria del Mare (Tour 3) Hier dreht sich alles um das Meer ■ S. 66

Libreria dello Spettacolo (Tour 5) Werke aus Theater, Tanz, Film, Ballett ■ S. 93

Spielwaren

Disney Store (Tour 1) Alles rund um die Marke Disney ■ S. 39

Lego Store (Tour 1) Für Fans der bunten Bausteine ■ S. 39

Città del Sole (Tour 4 und 6) Kreatives Spielzeug für Kinder von 0 bis 14 Jahre ■ S. 83, 110 und 152

Papier- und Schreibwaren

Cartoleria Pettinaroli (Tour 4) Klassischer, stilvoller Schreibwarenladen ■ S. 82

Rigadritto (Tour 4) Witzige Accessoires u. a. zum Thema Schule ■ S. 82

Cartolibreria Ruffini (Tour 5) Nostalgischer Papierladen ■ S. 93

Wohnen, Haushalt, Design

Alessi Flagship-Store (Tour 1) Italo-Design für Küche und Haushalt ■ S. 39

Griffe Vetrerie di Empoli (Tour 2) Edles aus Glas, individuell kombinierbar ■ S. 50

Nilufar (Tour 2) Eher Galerie als Showroom für Interiordesign ■ S. 50

Donatella Pellini (Tour 2) Top-Adresse für ausgefallenen Schmuck ■ S. 50

Bialetti Flagship-Store (Tour 3) Haushaltswaren und Mokka-Kännchen aller Art ■ S. 66

Lenzuolissimi (Tour 3) Baumwollbettwäsche, individuell kombinierbar ■ S. 66

Dimoregallery (Tour 4) Möbel des Designerduos Moran und Salci ■ S. 83

Spazio Rossana Orlandi (Tour 5) Ausgefallene Designerobjekte der Stil-Ikone ■ S. 93

Il Cimolo (Tour 4) Fundgrube für Vintage- und Retrodesign ■ S. 83

RAW (Tour 4 und 5) Schatzkiste für edle Wohnaccessoires ■ S. 82

Paravicini Milano (Tour 6) Wunderschöne Keramik-Manufaktur ■ S. 109

Nipper Milano (Tour 6) Kunterbuntes (Vintage-)Modernariat ■ S. 109

Brandstorming (Tour 6) Keramik, Möbel, Bilder von Künstlern aus ganz Italien ■ S. 110

Fußball

Juventus Official Store (Tour 2) Fanshop für *Juventini* ■ S. 50

Inter Store Mailand (Tour 2) Fanshop für *Interisti* ■ S. 50

AC Milan (Tour 2) Fanshop für *Milanisti* ■ S. 50

Diverses

Noli Articoli per fumatori (Tour 1) Edles Raucherzubehör in historischem Laden ■ S. 39

Porselli (Tour 1) Ballettschuhe, -röckchen und Accessoires ■ S. 39

Cusi Gioielliere (Tour 2) Mailänder Edeljuwelier seit über 130 Jahren ■ S. 50

Moroni Gomma (Tour 2) Skurrile Designer-Artikel ■ S. 50

Nashi Argan Store (Tour 3) Kosmetik aus biozertifiziertem Argan-Öl ■ S. 66

Bullfrog Barber (Tour 3 und 4) Edles Rasierzubehör und Barbier ■ S. 66 und 83

Giuseppe Monna di Nicola (Tour 3) Fundgrube für Briefmarken- und Münzensammler ■ S. 66

New old Camera (Tour 3) Reich der Vintage-Fotografie ■ S. 66

Coltelleria Lorenzi (Tour 5) Traditionsgeschäft u. a. für Messer aller Art ■ S. 93

Buscemi Dischi (Tour 5) Einer der ältesten Plattenläden der Stadt ■ S. 93

Donatella Pellini (Tour 5) Schmuck, Besteck, Accessoires ■ S. 93

Legatoria Conti Borbone (Tour 5) Handgemachtes aus Leder: Bücher, Alben etc. ■ S. 93

Photo Veneta Ottica (Tour 6) Museumsartiger Laden für Vintage-Brillen ■ S. 109

Al Pascia (Tour 6) Traditionsgeschäft für Rauchwaren aller Art ■ S. 109

La Nazionale Manifatture Bandiere (Tour 6) Flaggen, Wimpel, Schärpen, Kochmützen ■ S. 110

Il Discomane (Tour 6) Origineller Plattenladen im Navigli-Viertel ■ S. 110

Ifiorinellarete (Tour 6) Blumenladen und Nostalgisches ■ S. 110

Kräuter, Tees und Düfte

Officina Profumo Farmaceutica di Santa Maria Novella (Tour 4 und 5) Edle Seifen, Kerzen, Cremes und feinste Liköre ■ S. 83 und 93

Kusmi Tea (Tour 4) Zahlreiche Teesorten, Tassen, Kannen ■ S. 83

Feinkost & Süßes

Eataly (Tour 4) Mehrstöckiger Edel-Supermarkt mit Enoteca, Bars und Restaurants ■ S. 75

Peck (Tour 6) Feinkost und kleine Gerichte, Nobelrestaurant im 1. Stock ■ S. 109

Drogheria Soana (Tour 5) Alteingesessener Feinkostladen ■ S. 92

ODStore Outlet (Tour 6) Outlet für Süßigkeiten ■ S. 109

Venchi Shop (Tour 3) Turiner Institution in Sachen Schokolade ■ S. 65

Etwas Italienisch

Konversation

Minimal-Wortschatz

ja	si
nein	no
danke	grazie
bitte	per favore
bitte (gern geschehen)	prego
Entschuldige/entschuldigen Sie	Scusa/Scusi
Guten Tag	Buongiorno
Guten Abend (ab nachmittags)	Buona sera
Gute Nacht	Buonanotte
Auf Wiedersehen	Arrivederci
Hallo/Tschüss	Ciao
Wann?	Quando?
Wie viel kostet ...?	Quanto costa ...?
Geld	i soldi
mit/ohne ...	con/senza ...
offen/geschlossen	aperto/chiuso
Wie sagt man?	Come si dice?
warum?	perché?
Wo ist die Toilette?	Dov'è il bagno?
Touristeninformation	l'ufficio turistico

Wochentage

Montag	lunedì
Dienstag	martedì
Mittwoch	mercoledì
Donnerstag	giovedì
Freitag	venerdì
Samstag	sabato
Sonntag	domenica
Wochenende	fine settimana (auch: weekend)

Smalltalk/Orientierung

Ich heiße ...	Mi chiamo ...
Wie heißt du?	Come ti chiami?
Ich bin aus Wien	Sono di Vienna
Woher kommst du?	Di dove sei?
Wie geht's dir/Ihnen?	Come stai/sta?
Ich verstehe nicht	Non capisco
Wie bitte?	Come, prego?
Sagen Sie es bitte nochmals	Lo può ripetere per favore?
Ich spreche kein Italienisch	Non parlo italiano
Sprechen Sie Deutsch/Englisch?	Parla tedesco/inglese?
Das macht nichts	Non fa niente
Wie spät ist es?	Che ore sono?
Es ist drei Uhr/ Es ist halb vier	Sono le tre/ sono le tre e mezza
rechts	a destra
links	a sinistra
geradeaus	dritto
zurück	indietro
Stadtplan	mappa della città

Einkaufen

Haben Sie ...?	Ha ... ?
Wie viel kostet ...?	Quanto costa ...?
Gefällt mir/ gefällt mir nicht	mi piace/ non mi piace
Das ist zu teuer	è troppo costoso/costosa
Ich nehme es	lo prendo
Geschäft	il negozio
Markt	il mercato
Supermarkt	il supermercato
Apotheke	la farmacia
Bäckerei	il panificio
Konditorei	la pasticceria
Konfektionsgröße	la taglia
Schuhgröße	numero di scarpa

Bus/Zug/Auto

Streik	sciopero
Fahrkarte	il biglietto
U-Bahn/Bus/ Straßenbahn	la metro/il pullman/ il tram
Zug	il treno
hin und zurück	andata e ritorno
Ein Ticket von A nach B	un biglietto da A a B
Gleis	binario
Abfahrt	partenza
Ankunft	arrivo
hat Verspätung	è in ritardo
Eingang	entrata
Ausgang	uscita
Wo/wo ist ...?	Dove/dov'è?
- der Bahnhof	la stazione
- der Taxistand	la fermata del taxi
Ich möchte ein Auto mieten	Vorrei noleggiare una macchina
Tankstelle	il distributore

Bank/Post/Telefon

Wo ist eine Bank?	Dov'è una banca?
Kreditkarte	la carta di credito
Bancomat	il bancomat
Postamt	ufficio postale
Brief	la lettera
Postkarte	la cartolina
Briefmarke	il francobollo
Briefkasten	la cassetta postale

Im Hotel

Ich suche ein Hotel	cerco un albergo
Haben Sie ein Einzel-/ Doppelzimmer?	Avete una camera singola/doppia?
Wie viel kostet das Zimmer?	Quanto costa la camera per notte?
ein ruhiges Zimmer	una camera tranquilla
Können Sie mir ein Zimmer zeigen?	Potrebbe mostrarmi una stanza?
Haben Sie ein anderes Zimmer?	Avete un'altra camera?
Wir haben reserviert	abbiamo prenotato
Ein Zimmer für ...	una camera per ...
- eine Nacht	una notte
- zwei Tage	due giorni
- eine Woche	una settimana
Ich nehme es/ wir nehmen es	La prendo/ La prendiamo
Funktioniert nicht	non funziona
Gepäck	il bagaglio
Schlüssel	la chiave
Frühstück	la colazione
Halbpension	mezza pensione
Vollpension	pensione completa
Kann ich mit Kreditkarte bezahlen?	Posso pagare con la carta di credito?
Wi-Fi-Passwort	La password del Wi-Fi
Wo kann ich parken?	Dove posso mettere la macchina?

Kleines Speiselexikon

Im Restaurant

Haben Sie einen Tisch für x Personen?	C'è un tavolo per x persone?
Ich möchte für 20 Uhr einen Tisch für x Personen reservieren	Vorrei prenotare un tavolo per due persone per stasera alle venti.
Kellner/in	cameriere/-a
Speisekarte	il menu
Ich hätte gerne ...	vorrei ...
Ich bin Vegetarier/-in bzw. Veganer/-in	Sono vegetariano/a bzw. vegano/a
glutenfrei	senza glutine

Guten Appetit	buon appetito
Löffel/Gabel/ Messer	cucchiaio/forchetta/ coltello
Vorspeise	antipasto
Mittagessen	il pranzo
Erster Gang	il primo piatto
Zweiter Gang	il secondo piatto
Beilage	il contorno
Dessert	il dolce
Käse	il formaggio
Abendessen	la cena
Eine Quittung bitte	Vorrei una ricevuta per favore
Das war sehr gut	Era buonissimo
Trinkgeld	la mancia
Aufschlag für Service und Brot	il coperto
Knabberei (zum Aperitif)	stuzzichini
Zum Wohl/Prost	Cin-cin
Die Rechnung bitte!	Il conto per favore!

Getränke (bevande)

stilles Wasser	acqua naturale
Mineralwasser mit Kohlensäure	acqua frizzante
Wein	vino
weiß	biancho
rosé	rosato
rot	rosso
Sekt	spumante
kleines Bier	birra piccola
großes Bier	birra media
Saft	succo di (z. B. limone)
Milch	latte
kalt	freddo
warm	caldo
heiß	bollente
Kaffee	un caffè (bedeutet immer Espresso)
Orangenlimonade	aranciata
frisch gepresster Saft	spremuta
Orangensaft	spremuta d'arancia
Tee	un tè oder una tisana (=Kräutertee)
Glas	un bicchiere
Flasche	una bottiglia
¼ Liter	un quarto di litro
½ Liter	un mezzo litro

Zubereitung (preparazione)

geräuchert	affumicato
mit Sahne	con panna

Caffè macchiato, Espresso mit liebevoll verziertem Häubchen heißer Milch

roh	crudo
im Ofen überbacken	al forno
am Spieß	allo spiedo
mit Tomatensauce	al pomodoro
gebraten	arrosto
gekocht	bollito (auch: cotto)
gefüllt	farcito
hausgemacht	fatto in casa
frisch	fresco
frittiert	fritto
gegrillt	grigliato (auch: ai ferri)
im Saft geschmort	in umido
scharf	piccante

Beilagen (contorni)

Spargel	asparago
Rote Bete	barbabietola
Artischocke	carciofo
Karotten	carote
Blumenkohl	cavolfiore
Kohl	cavolo
Gurke	cetriolo
Zwiebel	cipolla
weiße Bohnen	fagioli
grüne Bohnen	fagiolini
Fenchel	finocchio
Pilze	funghi
Salat	insalata
Hülsenfrüchte	legumi
Linsen	lenticchie
Auberginen	melanzane
Kartoffeln	patate
kleine Pfefferschote	peperoncino
Paprika	peperone
Erbsen	piselli
Maisbrei	polenta
Steinpilze	porcini
Radicciosalat	radicchio
Spinat	spinaci
Wirsing	verze
Kürbis	zucca
Zucchini	zucchine

Nudeln (pasta)

dünne, spaghettiförmige Hohlnudeln	bucatini
lange, dicke Röhrennudeln (gefüllt serviert, z. B. mit Ricotta und Spinat)	cannelloni
Nudeln in Schmetterlingsform	farfalle
relativ schmale Bandnudeln	fettuccine
Spiralnudeln	fussili
kurze Röhrennudeln	maccheroni
Öhrchen	orecchiette
Pasta in der Form einer sehr großen Röhre	paccheri
extra breite Bandnudeln	pappadelle
Röhrennudeln	penne
Buchweizennudeln	pizzoccheri
rechteckige, gefüllte Teigtaschen	ravioli
Bandnudeln	tagliatelle
gefüllte Teigtaschen	tortellini
große Tortellini	tortelloni
dünne, verdrehte Nudeln	trofie (trofiette)

Fisch & Meeresfrüchte (pesce e frutti di mare)

Aal	anguilla
Sardellen	acciughe
Languste	aragosta
Stockfisch	baccalà
Tintenfische	calamari
Miesmuscheln	cozze
Garnelen	gamberi
Kabeljau	merluzzo
Seehecht	nasello
Goldbrasse	orata
Schwertfisch	pesce spada
Oktopus	polpo
Steinbutt	rombo
Lachs	salmone
Seebarsch	spigola
Makrele	sgombro
Seezunge	sogliola
Thunfisch	tonno

Forelle	trota
Muscheln	vongole

Fleisch (carne)

Lamm	agnello
Ente	anatra
Beafsteak	bistecca
luftgetrockneter Rinderschinken	bresaola
Zicklein	capretto
Hirsch	cervo
Wildschwein	cinghiale
Kaninchen	coniglio
Leber	fegato
Filet	filetto
Fleischrouladen	involtini
Hase	lepre
Zunge	lingua
Schwein	maiale
Rind	manzo
durchwachsener Bauchspeck	pancetta
Huhn	pollo
Fleischklößchen	polpette
Schinken	prosciutto
- roher Schinken	- crudo
- gekochter Schinken	- cotto
Salami	salame
würzige Wurst	salsiccia
Truthahn	tacchino
Kutteln	trippa
Kalb	vitello
Schweinshaxe	stinco

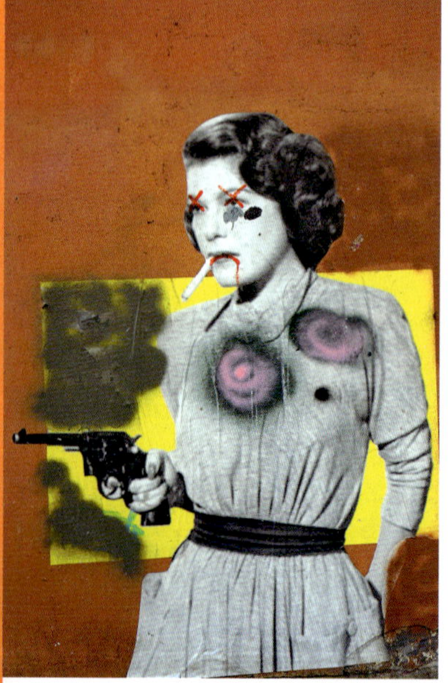

Verschiedenes

Essig	aceto
Knoblauch	aglio
Brühe	brodo
geröstetes Brot mit Öl, Knoblauch, Tomaten	bruschetta
Butter	burro
Kapern	capperi
Käse	formaggio
Eiswürfel	ghiaccio
Schnecken	lumache
Suppe	minestra/zuppa
Öl	olio
Brot	pane
Brötchen	panino
Pfeffer	pepe
Salz	sale
Salbei	salvia
Trüffel	tartufo
Ei/Eier	l'uovo/le uova
Zucker	zucchero

Obst (frutta)

Aprikose	albicocca
Ananas	ananas
Wassermelone	anguria
Orange	arancia
Banane	banana
Kirsche	ciliegia
Feigen	fichi

Erdbeeren	fragole
Waldfrüchte	frutti di bosco
Himbeeren	lamponi
Zitrone	limone
frischer Obstsalat	macedonia
Apfel	mela
Honigmelone	melone
Heidelbeeren	mirtilli
Birne	pera
Pfirsich	pesca
Weintrauben	uva

Krankheit & Hilfe

Hilfe!	aiuto!
Wir hatten einen Unfall	Abbiamo avuto un incidente
Erste Hilfe	pronto soccorso
Krankenhaus	ospedale
Ich brauche einen Arzt	Ho bisogno di un medico
Fieber	la febbre
Durchfall	la diarrea
Halsweh	mal di gola
Ich bin krank	Sono malato/malata
Zahnweh	mal di denti
Zahnarzt	dentista

Ein kleines Fußball-Wörterbuch

Tor!	Goal! oder Rete!
Foul!	fallo!
Fußballsport	il calcio
Spiel	la partita
Stadion	lo stadio
Mannschaft	la squadra
Torhüter	il portiere
Trainer	il tecnico oder il mister
Libero	il libero
Mittelfeldspieler	il centrocampista
Stürmer	l'attacante
Fußball	il pallone
Schiedsrichter	l'arbitro
Abseits	fuorigioco
Eckball	il calcio d'angolo
Strafstoß	il calcio di punizione
Elfmeter	il calcio di rigore
Erste/zweite Halbzeit	primo/secondo tempo
Nachspielzeit	il tempo di recupero
Sieg/Niederlage/ Unentschieden	la vittoria/la sconfitta/ il pareggio
Meister	il campione

Zahlen

0	zero
1	uno
2	due
3	tre
4	quattro
5	cinque
6	sei
7	sette
8	otto
9	nove
10	dieci
11	undici
12	dodici
13	tredici
14	quattordici
15	quindici
16	sedici
17	diciasette
18	diciotto
19	diciannove
20	venti
30	trenta
40	quaranta
50	cinquanta
60	sessanta
70	settanta
80	ottanta
90	novanta
100	cento
200	duecento
1000	mille
2000	duemila

Verzeichnisse

Kartenverzeichnis und Zeichenerklärung

- Mehrspurige Straße
- Hauptstraße, Mauerring
- Nebenstraße, Rad-/Fußweg
- Straße im Bau
- Fußgängerzone
- Treppe
- Tour-Rundgang
- Stadtmauer
- Bahn, S-Bahn
- (S-)Bahn im Untergrund
- U-Bahn (Metro)
- Straßenbahn (Tram)
- O-Bus (Trolleybus)
- Fließgewässer

- Besonderes Gebäude
- Sonstiges Gebäude
- Bebaute Fläche
- Unbebaute Fläche
- Platz
- Bildung/Forschung
- Sperrgebiet
- Sportplatz, Stadion
- Grünfläche
- Schrebergarten
- Friedhof
- Kirche, Kloster
- Gewässer, Wasserbecken

- Information
- Sehenswürdigkeit
- Museum
- Synagoge
- Stadttor
- Krankenhaus
- Flughafen
- (S-)Bahnhof
- Metrohaltestelle
- Taxi
- Parkplatz, -haus
- Tourstart/-ende

▼ Kartenausschnitte im Buch

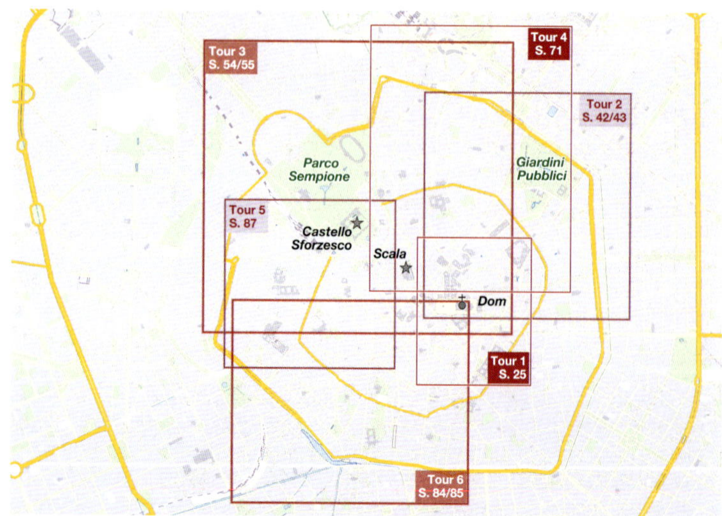

Mailand im Kasten

Was haben Sie entdeckt?

Haben Sie ein besonderes Restaurant, ein neues Museum oder ein nettes Hotel entdeckt? Wenn Sie Ergänzungen, Verbesserungen oder Tipps zum Buch haben, lassen Sie es uns bitte wissen!

Schreiben Sie an: Beate Giacovelli, Stichwort „Mailand“ | c/o Michael Müller Verlag GmbH | Gerberei 19, D – 91054 Erlangen | beate.giacovelli@michael-mueller-verlag.de

Impressum

Text und Recherche: Beate Giacovelli | **Lektorat:** D&M Services GmbH: Christine Beil | **Redaktion:** Ute Fuchs | **Layout:** D&M Services GmbH: Jana Locker, Mirko Graf | **Karten:** Janina Baumbauer, Hans-Joachim Bode, Theresa Flenger, Judit Ladik | **Herausnehmbare Karte:** Janina Baumbauer | **Fotos:** Beate Giacovelli außer: 114, 115 (Alberto Fanelli), 167 (Alice Germignani), 125, 126 (Archivio Comune di Brescia), 32, 33 (brescia e Amisano © Teatro alla Scala), 124, (Cristian Chiodelli), 132 (© Flanker, Fale, CC BY-SA 3.0, https://creativecommons.org/licenses/by-sa/3.0), 122 (Foto Autodromo Nazionale Monza), 148 (Just Cavalli), 163 (NU Hotel Milano), 44 (Ruggero Longoni), 2 (Samuele Giacovelli), 123 (Villaggio Crespi), 120, 121 (Visit Bergamo) | **Covergestaltung:** Karl Serwotka | **Covermotive:** vorne: Galleria Vittorio Emanuele II, © mauritius images / Bailey-Cooper Photography / Alamy; hinten: Pizzeria in Brera, © Beate Giacovelli.

Vielen Dank!

Ich danke allen Personen (Priestern, Kellnern, Köchen, Baristi, Geschäfts- und Kioskinhabern, Angestellten in Museen etc. sowie den älteren Signori auf Parkbänken), für die Zeit, die sie sich genommen, Tipps, die sie mir gegeben und Geschichten, die sie mir erzählt haben. Ein ganz besonderer Dank geht an meinen Mann und meinen Sohn, die mir halfen, Zeit für dieses enorme Projekt freizuschaufeln. Sowie an alle Mitarbeiter des Michael-Müller-Verlages, die mich von Anfang an unterstützt und ermutigt haben.

Die in diesem Reisebuch enthaltenen Informationen wurden von der Autorin nach bestem Wissen erstellt und von ihr und dem Verlag mit größtmöglicher Sorgfalt überprüft. Dennoch sind, wie wir im Sinne des Produkthaftungsrechts betonen müssen, inhaltliche Fehler nicht mit letzter Gewissheit auszuschließen. Daher erfolgen die Angaben ohne jegliche Verpflichtung oder Garantie der Autorin bzw. des Verlags. Autorin und Verlag übernehmen keinerlei Verantwortung bzw. Haftung für mögliche Unstimmigkeiten. Wir bitten um Verständnis und sind jederzeit für Anregungen und Verbesserungsvorschläge dankbar.

ISBN 978-3-95654-689-1

 Druck: Westermann Druck Zwickau GmbH.

Newsletter

Aktuelle Infos zu unseren Titeln, Hintergrundgeschichten zu unseren Reisezielen sowie brandneue Tipps erhalten Sie in unserem regelmäßig erscheinenden Newsletter, den Sie im Internet unter **www.michael-mueller-verlag.de** kostenlos abonnieren können.

Register

Die in Klammern gesetzten Koordinaten verweisen auf die herausnehmbare Mailand-Karte.

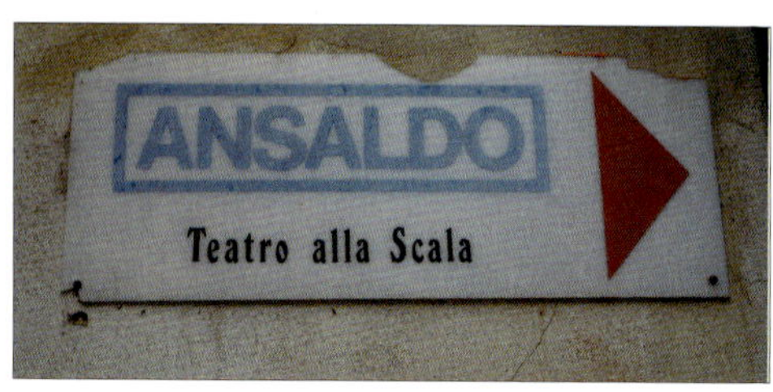
ANSALDO
Teatro alla Scala

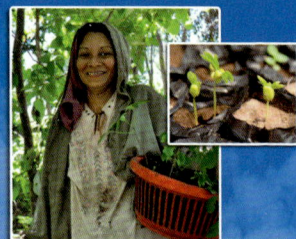

Die Apps aus dem Michael Müller Verlag

mmtravel® Web-App und mmtravel® App

Mit unseren beiden Apps ist das Unterwegssein einfacher.
Sie kommen schneller an Ihr Wunsch-Ziel.
Oder Sie suchen gezielt nach Ihren persönlichen Interessen.

Die mmtravel® Web-App ...

... erhalten Sie gratis auf www.mmtravel.com

... funktioniert online auf jedem Smartphone, Tablet oder PC mit Browserzugriff.

... zeigt Ihnen online sämtliche Sehenswürdigkeiten, Adressen und die Touren aus dem Buch (mit Seitenverweisen) auf einer Karte. Aktivieren Sie das GPS, sehen Sie auch Ihren Standort und alles Interessante in der Umgebung.

... ist ideal für das Setzen persönlicher Favoriten. Dazu legen Sie einfach ein Konto an, das Sie auch mit anderen Geräten synchronisieren können.

www.mmtravel.com

Die mmtravel® App ...

... verknüpft die mmtravel Web-App mit einem intelligenten E-Book. Mit dieser Profi-Version sind Sie komplett unabhängig vom Internet.

... kaufen Sie für Apple und Android in einem App Store.

... verortet sämtliche Adressen und Sehenswürdigkeiten aus dem Buch auf Offline-Karten. Mit zugeschaltetem GPS finden Sie darauf Ihren Standort und alles Interessante rund herum.

... informiert über Hintergründe und Geschichte.

... liefert die kompletten Beschreibungen unserer Autoren.

... eignet sich sowohl zum Schmökern als auch zum intuitiven Wechseln zwischen Karte und Text.

... lässt sich nach Bestätigung eines individuellen Kontos auf bis zu drei Geräten verwenden – und das sogar gleichzeitig.

... wird durch eigene Kommentare und Lesezeichen zum persönlichen Notizbuch.

RETE METROPOLITANA E LINEE FERROVIARI
METRO NETWORK AND SUBURBAN RAILWAY

M1 Metro Linea / Line 1
M2 Metro Linea / Line 2
M3 Metro Linea / Line 3
M5 Metro Linea / Line 5
Stazione accessibile (ascensori) Step-free station (lifts)
Stazione accessibile (montascale) Step-free station (stairlifts)
ATM Point: informazioni e punto vendita ATM Point: information and sales point
Linee ferroviarie regionali Regional railways
Interscambio con rete ferroviaria Connection with railway system
Linea 73 per Aeroporto di Linate Line 73 to Linate Airport
Bus per Aeroporto di Linate, Malpensa e Orio al Serio Bus service to Linate, Malpensa and Orio al Serio Airports
Malpensa Express
Terminal bus lunga percorrenza Long distance bus terminal
Parcheggio di corrispondenza ATM ATM car park

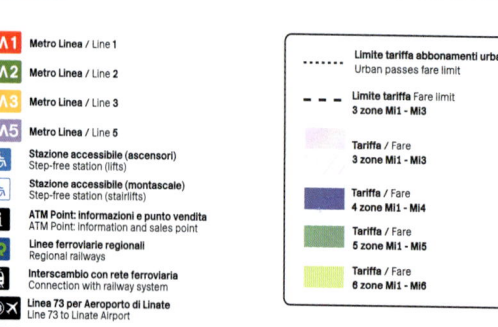

Limite tariffa abbonamenti urbani Urban passes fare limit
Limite tariffa Fare limit 3 zone Mi1 - Mi3
Tariffa / Fare 3 zone Mi1 - Mi3
Tariffa / Fare 4 zone Mi1 - Mi4
Tariffa / Fare 5 zone Mi1 - Mi5
Tariffa / Fare 6 zone Mi1 - Mi6

S5
S6

Limite tariffa Fare limit 3 zone Mi1 - Mi3

SETTIMO MILANESE

Linee ferroviarie suburbane
Suburban railways

S1 Saronno - Milano Passante* - Lodi
S2 Mariano Comense - Milano Passante* - Milano Rogoredo
S3 Saronno - Milano Bovisa - Milano Cadorna
S4 Camnago Lentate - Milano Bovisa - Milano Cadorna
S5 Varese - Milano Passante* - Treviglio
S6 Novara - Milano Passante* - Treviglio
S7 Lecco - Molteno - Milano P. Garibaldi
S8 Lecco - Carnate - Milano P. Garibaldi
S9 Saronno - Milano Greco - Albairate
S11 Chiasso - Milano P. Garibaldi - Rho
S12 Melegnano - Milano Passante* - Milano Bovisa
S13 Pavia - Milano Passante* - Milano Bovisa

***STAZIONI** / STATIONS:
Lancetti - P. Garibaldi - Repubblica - P. Venezia - Dateo - P. Vittoria

Luglio 2019/*July 2019*

www.a